아픈 자 돌보는 자 치료하는 자
모두를 위한 의료윤리

아픈 자

돌보는 자

치료하는 자

모두를 위한 의료윤리

김준혁 지음

들어가며

지금 의료윤리를 말한다는 것

의료윤리라는 말이 이곳저곳에서 빠지지 않고 등장하는 요즘이지만 그 의미를 정확히 아는 사람은 그리 많지 않다. 물론 우리는 '의료'를 경험했고 '윤리'를 배웠다. 그래서 당연히 '의료윤리'를 알고 있다고 여긴다. 정말 그럴까? 의료윤리는 응용윤리의 한 분야로서 전통 윤리학과는 차이가 있다. 윤리학이 명료하게 이론을 탐구하는 학문이라면, 의료윤리는 답을 내리기 어려운 현실의 문제를 가지고 싸운다. 예컨대 다음 사례를 보자.

> 뱅상 랑베르는 교통사고를 당해 사지 마비, 미약한 의식 상태로 11년을 지냈다. 주변의 자극에 반응하지 않았고 영양 튜브로 음식을 공급받아야 했지만, 그는 자발적으로 호흡하며 가끔 눈을 떴다. 의료진과 뱅상의 아내는 그의 생명을 연장하고자 하는 노력이 더는 무의미하다고 판단해 연명의료를 중단하려 했다. 반면 뱅상의 부모는 가톨릭교회의 지원을 얻어 아직 살아 있는 뱅상을 죽일 수는 없다고 주장했다. 여러 의료윤리학자가 저마다 의견을 개진하고 법의 결정도 몇 번이나 뒤바뀌는 과정을 겪은 끝에, 최고법원의 판결에서 뱅상 랑베르의 최종 치료 중단이 결정되었다.

환자는 의식도 없고 회복의 가망도 없다. 이때 서로 다른 입장이 충돌한다. 의료진과 뱅상의 아내는 더 이상은 의료적 개입을 하지 않는 편이 좋겠다고 생각한다. 추가 의료 행위가 오히려 뱅상을 괴롭히는 것이라고 믿는다. 미약한 의식이 있다 해도 아무것도 할 수 없는 채로 병상에 누워 삶을 고통스럽게 지속하는 일은 고문과 같다는 것이다. 반면 뱅상의 부모와 가톨릭교회는 치료를 지속해야 한다고 주장한다. 나아가 의료 행위를 중단하는 것은 뱅상을 살해하는 일이나 마찬가지라고 본다. 이들은 살아 있는 생명을 의도적으로 죽여선 안 된다고 믿는다.

각각의 주장을 뒷받침하는 원칙은 다음과 같다. 의료진과 아내의 주장은 환자에게 위해를 끼쳐선 안 된다(고통을 주어선 안 된다)는 원칙을, 부모와 가톨릭교회의 주장은 환자를 살해해선 안 된다는 원칙을 바탕으로 한다.

윤리학은 각 입장에 따른 원칙을 수정같이 갈고닦으면서 원칙을 적용하는 일의 논리적 귀결을 좇는다. 이를테면 환자에게 위해를 끼쳐선 안 된다는 원칙이 얼마나 보편적으로 적용 가능한지, 그것을 뒷받침하는 주장과 근거는 무엇인지, 그 원칙을 따라 판단을 내릴 때는 어떤 점을 고려해야 하는지 등을 살핀다. 그렇다면 의료윤리는 어떨까? 윤리학과 마찬가지로 원칙을 살피고 사례에 적용 가능한지 따진다. 하지만 의료윤리는 윤리학과는 다른 방식으로 문제에 접근한다.

예컨대 위 사례의 경우 의료진과 가톨릭교회 모두 나름대로 타당한 원칙을 좇고 있다. 환자에게 위해를 끼쳐선 안 된다는 주장도 맞고, 환자를 살해해서는 안 된다는 주장도 맞는다. 여기서 이론은 사례를 두고 어느 쪽 주장이 맞는지 학문적 논의를 거듭할 것이다. 하지만 현실은 좀 다르다. 그 시점에서 확인된 내용을 토대로 치료를 중단할지 말지에 관해 가능한 한 빠르게 결정을 내려야 하기 때문이다. 이에 의료윤리는 당면한 '상황'에서 맞는 두 원칙 중 어떤 것을 따를지 다양한 측면에서 고민한다.

그렇다면 우리는 왜 지금 의료윤리를 이야기해야 하는가? 뇌리에 강렬하게 남은 최근의 보건의료 이슈들을 떠올려 보면 그 이유를 알 수 있다. 2011년 가습기 살균제 사건, 2014년 요양병원 화재 사고와 신해철 의료사고 사망 사건, 2015년 중동호흡기증후군(메르스MERS, Middle East Respiratory Syndrome) 발생, 2017년 '약 안 쓰고 아이 키우기' 사태, 같은 해 소위 '문재인 케어'로 불리는 건강보험 보장성 강화 대책과 관련한 이슈, 2018년 연명의료결정법 시행, 2019년 헌법재판소 낙태죄 헌법불합치 결정, 2020년 코로나19 팬데믹, 같은 해 크리스퍼CRISPR-Cas9 유전자가위 기술 개발자 노벨화학상 수상……. 그동안 발생한 수많은 보건의료 사건들은 사회경제에는 물론 일상에도 큰 영향을 미쳤다. 이제 질병과 돌봄, 치료는 우리 삶과 떼어놓을 수 없는 문제가 되었다.

따라서 건강과 질환 문제의 접근 방식 또한 중요해졌다. 보건의료 문제를 풀어나갈 때 각자가 어떤 원칙과 가치를 가지고 문제에 접근하느냐에 따라 그 문제의 구성과 전개, 해결 과정은 크게 달라진다. 원칙과 가치를 따지는 것은 윤리의 문제이다. 그러니 지금이야말로 친숙하지만 낯선 이 "의료윤리"라는 주제를 같이 생각해볼 때가 된 것 아닐까.

이 책은 안락사, 임신중절, 치매 돌봄, 감염병, 유전자조작, 건강세 등 현재 가장 논쟁적이며, 익숙하지만 좀 더 깊은 논의가 필요한 의료윤리적 쟁점을 다룬다. 각 쟁점들의 역사적 배경을 우선 살피고, 문제를 풀어나가는 데 필요한 이론이나 원칙으로는 어떤 것들이 있는지를 소개한다. 이때 실제 사례는 물론 문학작품과 영화, 드라마 등의 이야기를 함께 펼친다. 이를 통해 우리는 의료 관련 사건이 어떤 배경에서 어떻게 벌어지고 있는지 확인하는 한편, 의료윤리 및 해당 사안의 여러 쟁점에 관한 이해를 얻을 수 있을 것이다.

이 책에는 의료 제도와 그 역사에 대한 지식이 담겨 있지만, 지식 전달을 위해서는 아니다. 나는 독자가 책장을 덮고 난 후 스스로 의료윤리 및 관련 논쟁을 진단하고 각자 나름의 방향을 찾을 수 있기를 기대한다. '의료윤리'는 의료인만이 지켜야 할 규칙을 따지는 것이 아니다. 연명의료 중단이나 안락사를 선택할 것인가? 임신중절은? 노인을 포함한 돌봄의 문제는? 당면하지 않았을 뿐, 그것은 환자와 가족, 돌봄 종사자, 사회와 국가의 문제, 즉 나의 문제다. 언젠가는 누구에게나 문제가 될 수 있는 이야기다. 그리고 문제를 당면하게 됐을 때 우리는 최선의 선택을 해야만 한다. 아픈 당신은, 언젠가 아플 수 있는 당신은, 주변 사람의 아픔을 함께 겪고 그들을 돌보게 될 당신은 의료윤리의 문제를 직접 껴안을 수밖에 없다.

결정의 순간, 아마도 우리는 머뭇거릴 것이다. 중대한 결정일수록 더 그럴 것이다. 중환자실에 가족이 누워 있다면, 그의 치료를 중단해야 하는지 아닌지를 손쉽게 결정할 수 있는 사람은 없다. 그러나 어떤 결정이든 내려야만 한다. 이 결정은 자신이 감내해야 하는 몫이기에 우리에겐 도움이 필요하다. 물론 결정하기 전에 의료인과 먼저 상의할 것이다. 하지만 이런 상황이 닥치기 전에 내가 나와 타인의 건강과 질병에 대한 문제를 고민해본다면 어려움을 마주할 준비를 보다 단단히 하는 것이 된다. 절벽에 선 듯 난감한 고민과 갈등의 순간에서 우리를 구해줄 밧줄과 같은 역할을 의료윤리가 해줄 것이다.

이 책의 공은 휴머니스트 편집부에 온전히 돌아가야 할 것이다. 여러 생각이 뒤섞인 글을 정리하고 좀 더 많은 사람에게 다가갈 수 있도록 다각도의 노력을 기울여준 덕분이다. 만약 모자란 점이 있다면 오로지 필자 탓이다. 우리의 의료가 당면한 여러 과제를 해결하는 데 있어 더 많은 사람의 관심과 관점을 끌어오는 출발점이 되어준다면, 부족한 이가 쓴 글로서는 충분히 제 역할을 다한 것일 테다. 부디, 그런 책이 될 수 있길 바란다.

2021년
복잡하고 힘겨운 시간을 보내며,
연구실에서

김준혁

차례

들어가며 지금 의료윤리를 말한다는 것 · 5

1부 누구의 문제인가

1장 연명의료 중단과 안락사 · 15
— 법과 윤리 사이에서

존엄사와 안락사는 어떻게 다른가 · 16
'자발적 안락사'는 자살 행위일까? · 31
연명의료를 둘러싼 생각의 차이 · 45

2장 낙태죄가 사라진 빈자리에서 · 59
— 낙태, 임신중절, 임신중지

낙태죄를 떠나보내며 · 60
임신중절 허용 논의의 쟁점들 · 76
임신중절, 더 넓은 시야로 보기 · 94

3장 치매와 돌봄의 윤리 · 105
— 치매 환자를 대할 때 우리는 무엇을 바라는가

국가, 치매를 관리하다 · 106
자율의 이상을 넘어서는 일에 관하여 · 116
아픈 사람을 모시는 일이란 · 131

4장 감염병과 윤리 · 143
— 코로나19가 지나간 뒤 남을 풍경들

배제와 강제의 대상, 감염병 · 144
백신을 반대해도 되는가 · 163
백신 분배와 국가주의 · 174

2부 어떻게 할 것인가

5장 유전자조작의 실현 · 189
— 유전자조작 기술이 삶을 지배할 수 있을까, 아니 지배해도 될까

유전자조작, 이제 시작이다 · 190
예방 원칙 vs 사전주의 원칙 · 205
인간, 인간, 인간 · 227

6장 보건의료에서 정의 말하기 · 237
— 건강의 공정, 형평은 가능할까

부족한 의료 자원, 누구에게 먼저 줄 것인가 · 238
의료 분야에서 정의란 무엇인가? · 254
당신의 건강을 위해 세금을 납부하세요 · 269

7장 의료 정보는 어디까지 지켜야 할까 · 285
— 정보 공개와 사생활 보호의 충돌

어디까지 환자 정보를 알려도 될까? · 286
개인과 집단의 이익이 충돌할 때 · 301
사회가 개인에게 어떤 것을 요구하는 방식 · 316

8장 환자와 의료인이 만나다 · 329
— 지금, 우리의 병원 풍경을 결정하는 것들

의사와 파업 · 330
환자와 의료인은 서로를 어떻게 바라보는가 · 340
의료 전문직이란 무엇인가 · 353

맺음말 미래의 의료윤리와 서사윤리 · 369
미주 · 378

1부
누구의 문제인가

1장 연명의료 중단과 안락사
— 법과 윤리 사이에서

2장 낙태죄가 사라진 빈자리에서
— 낙태, 임신중절, 임신중지

3장 치매와 돌봄의 윤리
— 치매 환자를 대할 때 우리는 무엇을 바라는가

4장 감염병과 윤리
— 코로나19가 지나간 뒤 남을 풍경들

1장. 연명의료 중단과 안락사

법과 윤리의 사이에서

존엄사와 안락사는
어떻게 다른가

보라매병원 사건과 김 할머니 사건

1997년 12월 4일, 서울 동작구에 위치한 보라매병원으로 한 환자가 보호자 없이 응급 후송됐다. 50대 후반의 남성 환자로 집에서 넘어져 머리를 다친 상태였다. 의료진은 응급수술을 시행해 일단 상태를 안정시켰다. 환자는 중환자실로 옮겨졌으나 뇌부종cerebral edema*으로 인해 호흡에 어려움을 겪었다. 뇌부종 수술이 성공적으로 이루어져 환자 상태가 호전되고 지속적 치료를 받을 경우 환자는 회복 가능성이 있었다. 그러나 다음 날 병원으로 찾아온 아내는 병원비를 감당할 수 없으므로 퇴원하겠다는 의사를 밝혔다. 주치

* 수분이 뇌의 세포 내나 세포 사이 공간에 축적되어 뇌압 상승이 나타나는 상태를 말한다.

의는 반대했으나 보호자가 워낙 완강한 태도를 보이니 그 뜻을 거스를 수 없어 귀가 서약서를 받고 환자를 퇴원시켰다. 퇴원 후 환자가 사망하더라도 그에 대해 법적으로 이의 제기를 하지 않겠다는 내용이었다. 환자는 구급차로 집까지 이송되었으며, 인공호흡 장치를 제거하자 이내 사망했다.

그 후 환자의 누이가 환자의 아내와 담당 의료진을 고발했다. 7년 동안 법정 공방이 이어졌는데, 이 과정에서 피고인은 계속 다르게 정의됐다. 법원은 1심에서 아내를 살인죄 공범(교사범), 의료진을 살인죄 공동정범으로 인정했다. 환자를 살인한 것은 의료진이고, 아내는 이들이 범죄행위를 하도록 이끌었다는 것이다. 2심에서는 아내를 부작위에 의한 살인죄의 정범으로, 의사를 공범(방조범)으로 판단했다. 부작위란 법적 의무를 행하지 않았다는 뜻으로, 환자가 생명을 유지하도록 할 의무가 아내에게 있음에도 이를 이행하지 않았다고 본 것이다. 즉 아내로서 남편의 생명을 지켜야 한다는 의무를 지키지 않아 환자가 사망했으므로 아내는 살인을 행한 자라는 결정이었다. 한편 의료진은 아내의 범행 사실을 알고도 방기했으며 심지어 이를 도왔다고 봤다.

2004년 대법원은 의료진에 징역 1년 6개월, 집행유예 2년을 선고한 원심을 확정했다. 대법원 판결의 요지는 피해자의 생사가 의료진에 맡겨졌는데도 자신들의 의무를 환자 보호자에게 떠넘겼다는 것이었다. 더구나 의료진은 환자의 인공호흡 장치가 제거될 수 있도록 놓아둠으로써 아내가 남편을 살인하는 행위를 더 용이하게 한 것이라고 판단했다.

보라매병원 사건의 여파는 한동안 이어졌다. 사건 이전에는 소생 가능성이 없는 환자를 퇴원시켜 집에서 임종을 맞도록 하는 것이 일반적이었다. 그러나 이 사건 이후 병원은 환자를 잡아두고자 했다. 환자를 퇴원시켰다가 고발당하는 일을 피하려는 것이었다. 문제는 이 경우 소생 가능성이 없는 환자의 생명을 무의미하게, 그저 형식적으로만 유지하는 일 또한 생긴다는 점이었다. 입원 환자에게 인공호흡기와 인공 영양공급 장치를 사용하지 않는 것은 의료인으로서 마땅한 책임을 다하지 않는 일이 되기 때문이다. 환자 측에서 "죽고 싶어도 죽지 못한다"라는 불만이 나오기 시작하던 때, 이른바 '김 할머니 사건'이 터졌다.

2008년 세브란스병원에 입원해 폐암 조직검사를 받던 김 할머니가 과다출혈로 인한 뇌 손상으로 식물인간 상태에 빠졌다. 가족은 무의미한 연명의료를 중단해달라고 요청했으나 병원은 거부했다. 보라매병원 사건 판결 이후 대개의 병원들이 말기 치료를 중단하고 퇴원시켰다가 혹시라도 살인죄로 고발당할까 두려워했고, 그리하여 환자가 병원에서 임종을 맞는 것이 어느새 당연한 일이 된 탓이다. 이에 가족은 병원을 상대로 할머니의 인공호흡 장치 중단을 요구하는 소송을 제기했다.

1심에서 법원은 인공호흡기 제거 판결을 선고했다. 병원은 항소했지만, 2009년 대법원은 최종적으로 가족의 손을 들어주었다. 대법원은 질병 호전 없이 현 상태를 유지하기만 하는 연명의료는 무의미하며 인간의 존엄을 해하므로 존엄과 가치, 행복추구권에 기초하여 자기결정권을 행사할 수 있을 때는 연명의료 중단을 허용할 수 있다고 판결했다. 요컨대 개인은 자신의 몸에서 벌어지는 일을 스스로 결정할 수 있으며, 이 사건의 경우 환자를 대신한 가족의 결정이 유효하다는 것이었다. 병원은 2009년 6월 김 할머니의 인공호흡기를 제거했고, 김 할머니는 7개월을 더 생존하다가 2010년 1월 사망했다.

김 할머니 판결은 한국에서 최초로 존엄사death with dignity를 인정한 사례였다.* 존엄사란 위 사례에서 언급한 대법원 판결과 같이 연명의료 등이 자신의 존엄을 해한다고 판단한 개인이 치료 중단을 요구하고 의료진이 그 뜻을 수행해 추가 치료나 산소·영양 공급 등을 멈춘 상태에서 환자가 사망하는 것을 의미한다. 이렇게 연명

* 여러 문헌에서 존엄사와 안락사를 혼용하곤 하는데, 명확히 구분할 필요가 있다. 일각에선 존엄사를 연명의료 중단과 안락사를 포괄하는 표현으로 사용하고, 따라서 수동적 존엄사와 적극적 존엄사라는 표현을 쓴다. 그런데 이하에서 상술하겠지만, 존엄이란 철학자 이마누엘 칸트가 정의한 맥락에 따라 목적 자체인 인간이 가지는 비교할 수 없는 가치를 의미한다. 그렇다면 존엄을 지닌 채 죽는다는 것은 자기 스스로 부과한 법칙을 따라 행하는 이성적 존재자로서 인간이 외적 결정을 거부하고 치료를 받지 않을 권리를 행사해 죽음을 맞이하는 것으로 해석돼야 한다. 그런데 미국에서 "품위 있는 죽음을 위한 법(Death With Dignity Act)"이 '의사조력자살'(이에 관해서는 이후 본문에서 좀 더 자세히 언급한다)을 허용하는 제도를 규정하는 명칭으로 사용되고 있어 문제다. 품위(dignity)라는 표현이 겹쳐 등장함으로써 혼동을 일으키는 것이다. 여기서 '품위'란 '존엄'과는 다른 의미로, 곧 '품위 있는 죽음'이란 고통받지 않고 죽을 권리를 의미한다. 정리하면, 오히려 안락사가 포괄적인 용어로서 연명의료 중단, 의사조력자살, 말기 환자의 직접자살까지 모두를 지칭한다. 반면 존엄사란 본문에 기술한 것과 같이, 연명의료를 중단하며 환자가 사망에 이르도록 놓아두는 것을 의미한다.

의료를 중단할 경우 사망할 것으로 예측되는 환자를 '말기 환자'라는 용어로 부른다.

김 할머니 사건에 대한 판결과 함께 대법원은 연명의료 중단의 법제화를 권고했다. 오랜 논의를 거쳐 '호스피스·완화의료의 이용 및 임종과정에 있는 환자의 연명의료결정에 관한 법률'(이하 '연명의료결정법')이 2016년 1월 국회를 통과해 2018년 시행에 들어갔다.

우리는 이 두 가지 사건을 두고 여러 질문을 제기할 수 있다. '보라매병원 사건'에서 재판부는 왜 의료진의 살인죄를 인정했을까? '김 할머니 사건'에서 말하는 연명의료 중단이란 무엇인가? 연명의료 중단 결정의 기초가 되는 '존엄'이란 무엇이며, 이때 언급되는 자기결정권은 어떻게 이루어지는가? 현재 연명의료결정법은 어떻게 운영되고 있는가? 존엄사는 무엇이고, 안락사와는 어떤 차이가 있는가?

이 질문들과 함께 생각해볼 것이 있다. 사회의 변화에 따라 법은 바뀐다. 이때 법을 바꾸는 기준을 어디에 두어야 하는가? 보라매병원 사건과 김 할머니 사건은 각기 어떤 기준을 따르고 있는가? 1장에선 의료윤리적 탐구에 필요한 이 기본 질문들을 던져보려 한다. 먼저 존엄사와 안락사를 둘러싼 다양한 논의를 살피고, 그다음으로 의료적 상황에서 윤리는 법과 왜, 어떻게 달라지는지 논의를 이어가보자.

인공호흡기의 발명과 연명의료의 시작

사람은 심장 박동이나 호흡이 멈추면 사망한다. 오랫동안 이것은 당연한 이치였다. 하지만 20세기 미국의 발명가 존 에머슨John Haven Emerson의 노력으로 인공호흡기가 발달하기 시작했다.[1] 여러 의료 장비를 개발한 에머슨은 소아마비 환자를 위한 산소공급기˙를 개발하다가 이후 마취를 위한 호흡보조기로 연구를 확장했다. 1950년대 이후 여러 모형이 출시되어, 1971년 환자의 호흡에 따라 산소 공급량이 조절되는 자동제어 장치가 달린 인공호흡기가 출시되면서, 이후 병원 중환자실에서 빼놓을 수 없는 기계가 됐다.

환자의 생명을 유지하는 또 다른 장치로 영양공급 장치 또는 튜브를 빼놓을 수 없다. 음식 섭취를 제힘으로 할 수 없는 환자에게 장기간 영양을 공급하기 위해 위나 장에 직접 영양관을 삽입할 때 쓰는 도구다. 정맥을 통해서도 영양분 공급이 가능하지만, 도관이 감염되거나 도관 삽입 과정에서 손상이 발생할 수 있고 무엇보다 대사 합병증이 발생할 소지가 있다. 다시 말해, 혈액에 영양분을 직접 공급하면 위장관이 활동을 멈추면서 지방증steatosis, 담즙정체증cholestasis˙˙ 등이 나타날 수 있다.

˙ iron lung, 즉 철(鐵)의 폐(肺)라고 불린 이 호흡보조기는 음압을 형성, 환자의 호흡 근육이 약해지거나 잘 통제하기 어려운 경우 쉽게 호흡할 수 있도록 돕는 장비다. 소아마비 환자에서 호흡 근육에 문제가 생기는 경우 사용했으나, 점차 다른 치료법과 장비가 개발되고 소아마비가 근절되면서 생산이 중단되었다. 그러나 2020년 코로나19 치료에서 환자의 호흡을 돕기 위한 간이 장비로 다시 주목을 받았다.

인공호흡기와 영양공급 장치의 활용과 함께 환자 상태가 악화했을 때 교정하는 치료법이 발전하면서 의식이 없거나 심지어 식물인간 상태인 환자도 상당히 오랜 기간 생명을 유지하는 것이 가능해졌다. 이렇듯 의학적 개입이 없는 한 사망이 분명한 환자의 생명을 연장하는 것, 예컨대 말기 암 환자에게 혈액투석 등을 실시하여 생존 기간을 늘리는 것을 연명의료라고 부른다.

사실 연명의료는 보라매병원 사건 이전만 해도 한국 사회에서 낯선 개념이었다. 앞서 언급했듯 그때만 해도 병원에서 죽음을 맞아야 한다는 인식이 없었다. 병원에 가지 않고 의료진의 개입 없이 집에서 조용히 삶을 마무리하는 것을 오히려 호상好喪이라 부르며 선호하는 문화가 있었다. 하지만 보라매병원 사건을 계기로, 병원 치료를 중단하고 퇴원해서 사망에 이르면 그건 병원의 책임이 될 수 있다는 인식이 사회에 두루 퍼졌다. 그리하여 어느새 죽음은 병원에서 맞는 것, 장례식은 병원에서 치르는 일이 되고 말았다.

죽음에 대한 이 같은 인식 변화는 비단 우리나라만이 아니라 다른 나라들에서도 관찰되는 방향이었다. 사회학자 노르베르트 엘리아스Norbert Elias의 《죽어가는 자의 고독》이 그려냈듯 세상을 떠나는 이의 침상을 둘러싸고 가족이 함께하던 죽음은 이제 병원으로 가

•• 지방증이란 세포나 조직에 비정상적 지방 축적이 일어나는 현상을 가리키며, 주로 간세포에서 일어난다.(이를 지방간이라고 부른다.) 담즙정체증은 간에서 십이지장으로 분비되어야 하는 담즙(bile)이 담도 폐쇄 등으로 분비 장애가 일어나 간에 담즙이 축적되는 상태를 가리킨다.

려지며 위생화됐다.² 다시 말해 죽음은 이제 병원에서 이루어져야 하는 일이 됐다. 우리의 삶과 죽음이 빠르게 소독되고 있으며 병과 죽음이 시야에서 점차 가려져 없는 것처럼 여기게 한다고 엘리아스는 진단했다. 일각에선 인간의 극적 순간인 탄생과 죽음이 모두 병원에서 처리되는 이런 상황을 의료화medicalization라고 부르기도 한다.

우리의 경우, 죽음과 관련한 문화적 변화를 추동한 것은 제도였으며 이것이 환자, 보호자, 의료진 사이에 긴장을 만들어냈다. '꼭 병원에서 죽어야 하는가?' '곧 죽을 거라면 퇴원해 자신의 방식으로 삶을 마무리해선 안 되는가?' 김 할머니 사건의 판례가 이러한 질문에 대해 생각의 여지를 남겼으며 그것이 연명의료결정법으로 구체화됐다.

'존엄한 죽음'이란 무엇인가

연명의료결정법이 다루는 것이 바로 존엄사다. 존엄한 죽음이란 무엇인가? 아니, 존엄이란 무엇이기에 죽음이 존엄할 수 있는가? 표준국어대사전에 따르면, 존엄이란 '인물이나 지위 따위가 감히 범할 수 없을 정도로 높고 엄숙함'을 의미하며, '높고 거룩함'을 뜻하는 단어 '숭고'의 유의어다. 하지만 죽음이 높고 엄숙하다는 말은 어딘가 이상하다. 타인의 죽음에 입회할 때 엄숙한 자세를 지녀야 한다는 말은 할 수 있지만, 죽음의 지위가 높다는 말이나 그것이 엄숙한 대접을 받아야 한다는 말은 어떤 뜻인지 잘 파악하기가 어렵다.

죽음이란 오히려 피하고 싶은 것이 아니던가. 죽음의 세계로 여행을 떠난 《오디세이아》의 오디세우스나 《신곡》의 단테Dante Alighieri가 경험하는 것은 현실 질서의 역전이니, 죽음은 삶을 뒤집은 것이라 말할 수도 있다. 그렇다면 우리가 존엄한 죽음이라고 할 때 존엄이라는 말은 사전적 의미와는 다르게 사용되고 있다고 봐야 할 것이다.

헌법 제10조는 "모든 국민은 인간으로서의 존엄과 가치를 가지며"라고 규정하고 있다. 여기서 존엄은 독일어 würde에서 나온 것으로, 독일 철학자 이마누엘 칸트Immanuel Kant가 쓴 표현이다. 이때 '존엄'은 품위라는 말로 바꿔 쓸 수 있는 것으로, 인간은 목적 그 자체이니 인간을 목적이 아닌 수단으로 취급할 수 없음을 의미한다. 즉 존엄한 죽음이란 단순히 엄숙한 죽음을 가리키는 것이 아니라, 죽음 앞에서 인간은 그 자체로 목적이지 다른 어떤 것의 수단으로 기능해선 안 된다는 의미다. 이를테면 재산 분배 문제 때문에, 죽어가는 노인의 삶을 인위적이고 기계적인 방식으로 연장하거나 줄이는 일이 허용될 수 없다는 말이다.

그런데 이 존엄한 죽음이 현대 의학과 만나면 다른 색깔을 띠게 된다. 어떻게든 당장에는 환자가 생명을 연장할 방법이 있다고 해보자. 그렇더라도 이것은 그 자체로 환자에게 고통을 줄 뿐 환자의 상태 자체를 호전시키지는 못한다. 더구나 이 자원을 다른 환자에게 사용하면 그 환자는 상태가 호전되거나 질병이 치료될 수도 있다. 의료 자원은 희소하기에 필요에 따라 적절히 나눠 써야 한다. 이런 맥락에서 볼 때 당사자인 환자의 고통을 연장할 뿐인 치료는 무익하다. '치료' 행위의 전제 조건이 어떤 효용을 가져다주는 것이어야 한다면, 이런 무익한 치료futile medicine를 '치료'라고 부르는 것은 적절치 않다고까지 말할 수 있다.

한 걸음 더 나아가, 무익한 치료는 환자를 수단으로 만든다. 치료가 환자에게 어떤 이득을 줘야 하는데 그럴 수 없으니, 환자는 그저 처치의 대상, 즉 의학적 진행 과정의 한 요소가 될 뿐이기 때문이다. 의료적 과정에서 환자가 다시 인간으로서 존엄을 회복하기 위해, 즉 다시 온전히 목적 그 자체로 여겨시기 위해 환자는 치료와 관련한 모든 결정을 스스로 내리고 그에 따라 행동할 수 있어야 한다. 이 결정권을 돌려받음으로써 환자는 자신의 존엄을 회복해 존엄한 죽음을 맞을 수 있게 된다.

그러므로 '어떻게 죽을 것인가'는 그 누구도 아닌 바로 우리 자신에게 주어진 문제다. 연명의료를 받을 것인가, 말 것인가. 이 결정은 그저 삶의 길이를 정하는 것 이상의 의미를 갖는다. 그것은 '나'를 소외시키던 의료화의 물결에서, '나'를 객체로 만들던 의료 시스템에서 벗어나는 결단을 의미한다.

죽음을 결정할 권리는 누구에게 있는가

존엄사가 환자의 결정권을 의료 현장의 한복판에 가져다 놓는다면, 안락사는 그 결정권의 경계를 묻는다. 무엇이든 결정할 수 있다면 환자는 자신의 생명을 끊을 권리도 갖는다는 말인가.

일단 표현부터 보자. 안락사euthanasia는 '좋은'이란 의미의 라틴어 접두사 eu-가 '죽음'을 의미하는 thanasia와 결합한 단어다. 이것을 우리말로 직역하다 보니 '안락사'가 되었지만 'euthanasia'는 편안하고 즐거운 죽음을 가리키는 말이 아니다.

안락사를 이해하기 위해 우리는 다시 '무익한 치료'라는 문제로 돌아가야 한다. 연명의료를 중단해도 어떤 환자는 몇 주 또는 몇 개월 이내에 사망하지 않고 생존한다. 하지만 그의 질병을 치료할 방법은 여전히 없다. 그 환자 역시 남은 시간 동안 신체적 혹은 정신적 고통으로 힘겨운 삶을 이어가야 한다. 그렇다면 이 고통을 감내해야 할 이유는 없는 것 아닐까. 환자의 상태가 회복될 수 없다면, 그의 고통을 멈춰주는 것이 좋은 일이라고 말할 수도 있지 않을까.

끔찍한 고통을 겪는 이에게 죽음을 선사하여 고통으로부터 해방되도록 해주는 것. 이것은 좋은 죽음이라 말할 수 있다. 하지만 문제가 있다. 개인이 이런 식으로 죽음을 선택할 수 있다면 자살도 허용해야 한다는 말이 되기 때문이다.

안락사를 주장하는 이들은 안락사와 자살은 다른 범주에 속한다고 주장한다. 한편 자살 또한 허용해야 한다고 주장하는 이들이 있으나, 많지는 않다. 자살은 죽음이 목적이거나, 또는 그렇게 가정된다. 하지만 안락사는 한 개인이 자신의 고통을 줄이는 것이 목적이며 죽음은 그저 수단으로 택한 것이다. 개인은 극심한 고통을 피할 권리가 있다. 따라서 죽음을 택할 권리는 없다 할지라도 고통을 피할 권리는 갖고 있다는 견지에서 안락사를 허용해야 한다고 보는 것이다.

물론 자살과 안락사에 대한 이 구분이 다분히 자의적이라는 비판은 피해 갈 수 없다. 질병의 고통으로 인한 죽음을 안락사로 분리한다 해도, 자살도 결국 다른 고통을, 이를테면 경제적·정신적 고통을 면하기 위한 것 아닌가? 그렇다 보니 안락사 찬성론자들은 안락사의 허용 가능한 형태로 여겨지는 의사조력자살Physician assisted suicide*, 즉 의사가 약물을 처방하거나 주사하여 안락사를 원하는 환자의 사망을 돕는 일에서 의사의 조력이라는 측면에 방점을 찍는다. 이때 의사는 환자가 정신적 이유, 예컨대 우울증 등으로 인해 자살을 선택하지 않도록 상담을 진행하고, 환자의 의사意思가 명확

* 니체(Friedrich Nietzsche)는 《우상의 황혼》에서 자신의 이성적 자살론을 밀어붙여, 의사에게 환자의 이성적 자살을 도울 의무가 있다고 주장한다. 니체에게 자연사는 자연의 강압에 끌려갈 뿐인 비겁, 비참이다. 반면 이성적 개인은 자유로운 결단과 합리적 선택을 통해 자신의 삶을 완성하기 위해 자살을 선택한다고 니체는 설파한다. 그리고 개인이 이성적 자살을 결단했다면 의사는 그것을 존중해 그를 도울 도덕적 의무가 있다. 그러나 니체의 실존론적 자살관을 그대로 수용한다 해도, 카뮈(Albert Camus)가 《시지프 신화》에서 살핀 것처럼 자살 또한 도피일 뿐이라는 비판을 넘어서기 어렵기에 니체의 이성적 자살론 자체에 큰 의미를 부여하기는 어렵다. 단, 그가 환자의 자유로운 결단을 존중해야 한다는 의사의 윤리적 의무를 주장했으며, 그것이 의사조력자살의 형태를 띠었다는 점에서 이하의 논의와 무관하진 않을 것이다.

한지 확인하는 절차도 세심히 진행하게 된다.

철학적으로 더 깊이 들어가면 안락사 논의는 매우 난해한 이슈다. 만약 존엄사가 허용된다면 안락사 또한 허용돼야 한다는 주장에선 '환자의 끔찍한 고통'을 가장 중요한 문제로 본다. 즉 존엄사란 환자의 끔찍한 고통을 없애기 위한 것이며, 안락사도 동일한 목적으로 수행되므로 허용해야 한다는 관점이다. 그러나 존엄사에서 핵심은 죽음 앞에서 환자의 결정권을 다른 무엇보다 우선해야 한다는 생각이며, 이에 따라 환자가 갖는 결정권은 다름 아닌 연명의료를 받을지 여부다. 즉, 존엄사와 안락사는 결정권의 대상이 다르다. 안락사는 환자가 능동적으로 자기 죽음을 결정하는 것이다. 그러나 과연 죽음을 결정할 권리가 개인에게 있는 건가? 이는 각자의 철학적 견해에 따라 상이한 결론에 도달할 수 있는 문제다. 따라서 합의점을 도출해내기 어렵다.

안락사, 허용해도 될까?

안락사는 찬성과 반대 의견이 첨예하게 부딪치는 쟁점이므로 합의의 중간 지대를 좀처럼 발견하기 어렵다. 이런 문제를 논할 때는 사안에 따라 다르게 해석해선 안 된다고 말하는 이도 있다. 안락사는 허용 또는 금지의 문제이지, 어떤 경우에는 허용해주고 어떤 경우에는 허용하지 말아야 한다는 것이다. 이런 생각은 잘 받아들여지지 않는다. 허용과 금지 중 하나만 가능하다는 주장은 어떤 문제를 다룰 때 보편적 해결 방법을 찾아내야만 한다는 생각에서 출발한다. 보편적 해결 방법이 없다면 어떤 문제의 해결은 상대적인 것이 되고 말기에 결국 개인마다 답은 달라진다는 것이다. 이런 생각을 상대주의라고 한다. 상대주의는 문화권이나 세대마다 경험이나 인식이 다르므로 윤리적 문제 또한 그 답에 도달하는 결론이 다를 수밖에 없다는 견해를 취한다. 예컨대 인종 차별이나 성차별은 이전 특정 시대엔 구성원이 지켜야 할 도덕 규범의 범주에 들어갔으나 지금은 이를 금하고 있으며, 이렇게 된 이유는 문화가 변했기 때문이고, 따라서 보편적 윤리란 없다는 것이다.

만약 그렇다면 윤리를 책이나 토론으로 따질 필요가 없다. 어차피 개인이 알아서 결정할 문제인데 공론장에 가지고 나오는 게 다 무슨 소용인가. 이런 맥락에서 상대주의는 다음과 같이 결론지어진다. 안락사니 임신중절이니 모두 각자 처한 상황에 따라 개인이 결정할 문제다.

그러나 상대주의는 현실의 문제에 아무런 답도 내놓지 않는다. '안락사를 허용해도 되는가?'라는 질문에 상대주의는 '사회가 규정해선 안 된다'라는 답을 반복할 뿐이다. 쟁점이 되는 문제 앞에서 회피하는 태도는 우리를 어느 곳으로도 이끌지 못하며, 문제를 유보할 때 결국 더 나쁜 결과로 이어지는 것을 역사는 계속 증명해왔다. 제2차 세계대전, 그 속에서 벌어진 유대인 학살 사건은 문제를 생각하지 않고 그냥 따르는 태도, 즉 한나 아렌트Hannah Arendt가 '악의 평범성'이라고 불렀던 사고방식이 얼마나 큰 악을 불러올 수 있는지를 적나라하게 보여준 악몽과 같은 사건이었다.

더구나 우리는 선한 것the good과 옳은 것the right이 있다고 믿으며, 이성을 통한 합리적 결정이 가능하다고 생각하고 있지 않은가. 비록 선한 행동이 문화권마다 시대마다 다르게 정의될지라도 분명 선한 행동은 있다. 노인의 옳은 결정과 어린이의 옳은 결정이 다를 수는 있지만 분명 누구든 옳은 결정을 내릴 수 있다. 이런 선함과 옳음에 도달하는 길은 개인의 숙고와 성찰이다.

사람마다 무엇이 선함이고 옳음인지 관념은 다를 수 있다. 예컨대 기독교인과 이슬람교도는, 한국인과 미국인은 선에 관한 견해가 다를 수 있다. 이런 견해 차를 가진 사람들이 모여 사회를 이루고 있으므로, 우리에겐 충돌하는 개념과 상황을 해결할 방법이 필요하다. 이를 다원주의라고 한다. 답이 없다고 말하는 상대주의와 달리 다원주의는 각자 답은 다를 수 있으나 이 답을 모으는 방법이 있어야 한다고 말한다.

우리는 고민해야 한다. 다른 견해를 가진 사람들이 모여 어떤 방법으로 결론에 도달할 수 있는지 생각해봐야 한다. 자신의 견해가 옳다며 강요하는 것이 아니라, 여럿이 가지고 있는 옳음 사이에서 모두가 수용할 수 있는 결정을 내리는 방법을, 자신만이 선이라고 강제하는 것이 아니라 여럿이 생각하는 선 사이에서 모두에게 더 나은 결론으로 나아가는 방법을 말이다.

'자발적 안락사'는 자살 행위일까?

안락사는 윤리에 관한 다원주의적 접근을 설명하기에 가장 좋은 예다. 선과 옳음에 관한 작은 생각의 차이가 안락사 찬성 또는 반대라는 완전히 다른 결론으로 이어진다는 점에서 특히 그렇다. 이를 살펴보기 전에 먼저 관련 개념을 정리할 필요가 있어 보인다. 존엄사와 안락사라는 표현이 무엇을 가리키는지 모호해 문제를 어렵게 만들기 때문이다.

앞에서 언급했지만, 존엄사는 연명의료 유보나 중단을 가리키는 표현이다. 곧 사망할 것으로 예상되는 환자에게 연명의료를 시행하지 않는 것이 연명의료 유보이며, 현재 연명의료를 받고 있는 환자에게 연명의료 시행을 멈추는 것이 연명의료 중단이다. 응급 상황에서 심폐소생술을 받지 않겠다고 서약하는 DNR Do Not Resuscitate

이 연명의료 유보에 속한다. 환자가 더는 연명의료를 받지 않겠다고 결정하여 인공호흡기를 떼는 것이 연명의료 중단에 속한다. 이를 존엄사라 부르는 것은 연명의료가 환자의 존엄을 빼앗는다고 보기 때문이다.

한편 안락사는 환자의 동의 여부에 따라 자발적 안락사, 비자발적 안락사, 강제적 안락사 등 세 가지로 나뉜다. 자발적 안락사는 환자가 스스로 안락사를 선택하여 시행하는 것을 말한다. 비자발적 안락사는 환자가 스스로 의견을 표현하거나 결정할 수 없는 경우에 시행하는 안락사로, 심한 장애를 가지고 태어난 영아에게 안락사를 제공하는 것이 그 예다. 강제적 안락사는 환자 또는 대상자가 반대 의견을 표명했음에도 안락사를 하는 것이다. 나치 독일이 장애인이나 유대인을 대상으로 시행한 그 끔찍한 일이 여기 해당한다.

안락사의 시행 자체를 개인 스스로 할 수도 있으나 이는 자살과 구분하기 어렵기에 현재 논의되는 안락사의 구현 방식은 대개 의사조력자살이다. 즉, 의사가 환자에게 치사량의 약물을 처방하거나 혈관에 주입해 환자의 사망을 돕는 것이다. 안락사 시설로 유명한 스위스의 디그니타스Dignitas는 의사와 상담 후 약을 처방해주는 방식을 택하고 있다. 반면 안락사를 법적으로 허용하는 네덜란드의 경우 전신마취 후 약물을 주입하는 방식도 쓴다.

흔히 스위스 디그니타스의 방식을 자발적 안락사로, 네덜란드의 방식을 비자발적 안락사로 오해하는데 둘 다 의사조력자살의 방법이며, 의사가 직접 약을 주입하느냐 여부는 자발적 안락사 개넘과 무관하다. 사실 의사조력자살 외에 다른 방식도 가능하다. 이를테면 의사 외 간호사 등 다른 의료인이나 보건 계통의 공무원이 조력하는 방법, 본인이 직접 약물을 주입해 안락사를 시행하는 방법도 있다. 그러나 현재 안락사 논의에서 이런 방법은 고려되지 않고 있다.

안락사를 찬성하는 쪽도, 반대하는 쪽도 분명 여러 근거를 갖고 있다. 우선 찬성하는 측에선 환자에게 고통을 강요하는 것은 잘못이라는 주장과 존엄사를 허용한다면 안락사를 허용하지 않을 이유가 없다는 주장이 도드라진다. 반대하는 측에선 안락사를 자살의 연장으로 보고 사회적으로 자살을 강제하는 것이라는 주장과 안락사를 제한된 형태로라도 허용하기 시작하면 결국에는 더 완화된 형태까지 허용하게 될 수밖에 없다고 보는 주장이 강력하다. 찬성과 반대 각각의 입장에서 첫 번째 주장을 강요의 문제로, 두 번째 주장을 경사길의 문제로 놓고 자세히 짚어보자.

경제적 이유로 안락사를 '강요'당하는 상황을 마주한다면

누군가가 참을 수 없는 고통을 겪고 있다. 진통제가 있으나 중독과 내성 문제가 있으니 최종적 해결책은 아니다. 따라서 고통이 없어질 가망은 없다. 최근 유전자조작을 통해 고통 전달을 차단할 방법이 개발될 가능성도 높아졌으나 유전자조작 기술에 관한 염려가 먼저 해소되어야 한다는 문제가 있다. 이런 상황에서 어떤 사람이 계속 고통에 시달리게 두어도 되는가? 그를 살아 있게 하는 일은 계속 고통을 당하도록 강요하는 일이다. 누군가에게 고통을 강요하는 일은 잘못이라 말할 수 있을 것이다.

고통의 문제에 정답은 없다. 사람들은 저마다 고통을 이해하고 받아들이는 방식이 다르므로 고통은 소통 가능한 대상이 되기 어렵다. 그저 내가 겪은 고통에 비추어 상대방의 고통을 짐작할 따름이다. 극심한 고통을 겪는 사람에게 안락사를 허용해야 한다는 주장은 설득력이 없지 않으나 이 지점에서 한계를 보인다. 나는 그런 끔찍한 고통을 겪어보지 못했으니 그것을 막아야 한다고도 말하기 어려운 것이다. 내가 겪은 가장 끔찍한 고통은 죽음을 정당화할 만한 것인가? 그보다 심한 고통이라 하면 얼마만큼 극심한 것인가? 이런 질문에 대해 꼭 맞는 답을 찾기란 쉽지 않다. 그래서 고통을 없애기 위하여 안락사가 필요하다는 주장보다는, 심한 고통을 느끼는 개인이 계속 고통받게 두어선 안 된다는 주장에 더 주목하게 된다. 실제로 그 주장에 반대하기란 누구든 쉽지 않다.

한편 이런 의문도 든다. 안락사를 허용했다가 자칫 그것이 사회경제적으로 주변부에 있는 사람에게 강제성을 띠게 되진 않을까? 안락사가 허용된 국가를 가정해보자. 여기, 경제적으로 어려운 형편에 처한 사람이 있다. 그 자신은 죽고 싶은 마음이 없다. 하지만 자신이 계속 치료를 받을 경우 가족에게 미칠 경제적 부담이 염려되어 안락사를 택하려 한다. 이 사람은 자발적으로 안락사를 택한 것인가, 아니면 경제적 이유로 안락사를 강요당하는 것인가?

말기 의료*와 호스피스 돌봄 비용을 모두 국가에서 부담하는 영국 같은 나라에서는 이런 논의가 중요하지 않을 것이다. 병상이 부족해 치료받을 때까지 기다릴지언정 돈이 없어 치료를 받지 못하는 일도, 그것이 가족에게 부담을 줄 일도 없으니 말이다. 그러나 치료비를 환자 및 가족이 부담해야 하는 우리나라나 미국 같은 국가에선 이 부분을 무시할 수 없다. 이 경우 그것은 "자발적" 안락사라고 부르기 어려울 것이다.

안락사 논의는 문화와 사회에 따라 상대적이다. 고통을 참는 것을 상상만 해도 불쾌한 일로 여기는 문화권에선 고통받도록 놓아두어선 안 된다는 주장이 설득력을 가질 것이다. 그러나 고통을 참는 것을 당연하게 받아들이는 국가에서도 마찬가지 결정이 나올지는 의문이다. 또 사회적 비용 지불을 주저하거나 사회안전망이 약한 나라에서는 안락사가 강요될 소지가 있지만 의료비를 사회가 껴안거나 누군가의 경제적 부담을 사회가 같이 지는 나라에서는 경제적 이유로 인한 안락사는 생각하기 어렵다.

'더미의 역설'과 '미끄러운 비탈길' 문제

논리학에서 더미의 역설sorites paradox이라 부르는 논증이 있다.

---

* 말기 환자의 고통을 완화, 경감하기 위해 주어지는 치료적 접근을 말한다.

> 쌀 한 알은 쌀더미가 아니다.
> 쌀 한 알이 쌀더미가 아니면, 쌀 두 알도 쌀더미가 아니다.
> 쌀 두 알이 쌀더미가 아니면, 쌀 세 알도 쌀더미가 아니다.
> (연속하여 적용한다.)
> 쌀 999,999알이 쌀더미가 아니면, 쌀 100만 알도 쌀더미가 아니다.
> 따라서 쌀 100만 알은 쌀더미가 아니다.

흠잡을 데 없는 전제와 추론에서 오류가 도출되는 논증의 역설이라 하겠다. 쌀 100만 알은 왜 쌀더미가 아닌가. 이는 '더미'라는 표현이 가진 문제, 즉 어디부터 어디까지가 '더미'에 포함되는가 하는 모호성에서 비롯한다. 이 역설 문제를 해결하는 방법은 여러 가지이지만 상당히 복잡하다. 이를테면 '더미'라는 모호한 표현을 제거하자는 주장이나, "더미와 더미 아닌 것의 경계는 있지만, 흐려서 확정할 수 없다"라는 주장이 제시되었다.•

이 논리 방식을 우리는 경험적 사안에도 적용하곤 한다. 이를테면 보수 기독교 진영이 차별금지법을 반대하는 것은 자신들의 성소수자 비판이 제재를 받을 수 있기 때문이라고들 한다.[3] 아마도 보수 기독교의 반발은 차별금지법이 결국에는 종교의 자유 및 존립

• 이런 분석철학적 접근 방법은 보통 '일상 용어'의 부정확함을 공격하여 철학적인(또는 더 정확한) 용어를 사용해야 한다는 식으로 이어지곤 한다. 하지만 우리는 모호함이나 부정확함이 없는 '이상적 언어'를 일상생활에 도입하지 않을 것이고 그럴 수도 없기에 이런 논의가 실용적이라고 보긴 어렵다.

을 위협할 것이라고 여기기 때문이리라. 그들은 왜 차별금지법이 종교의 자유를 위협한다고 볼까? 차별금지법 시행으로 자신들이 '성소수자 비판을 하지 못하면 성소수자가 많아질 것이고, 성소수자가 많아지면 반기독교 문화가 확산될 것이며, 이것이 반기독교 정서를 보편화하여 점차 기독교가 설 자리는 사라질 것'이라는 논리일 터이다. 앞서 살펴본 '더미의 역설'이 지닌 논증의 형태에 맞춰 이 주장을 다시 살펴보자.

> 성소수자를 비판하지 못하면 성소수자가 늘어난다.
> (성소수자의 성적 자유는 반기독교적이라는 가정하에) 성소수자가 늘어나면 반기독교적 문화가 확산한다.
> (연속하여 적용한다.)
> (어떤 문화가 퍼지면 그것은 보편화되므로) 반기독교 정서가 보편화되어 기독교가 설 자리가 사라진다.
> 따라서 종교의 자유가 위협당한다.

이 주장은 나름 타당해 보이기도 하지만 몇 군데 논리의 도약이 있다. 괄호 안에 적은 주장이 그러하다. 이것을 어떻게 다루냐에 따라 위 논리의 수용 여부가 결정된다. 이런 논증은 결론에 도달하기 위해 작은 주장 여러 개를 연결해놓은 것이므로 그 참을 따져보려면 각각의 주장이 참인지를 살펴봐야 한다. 그런데 엄밀히 분석해 들어가보면 각각의 주장 사이에 논리적 비약이 포함되어 있는 이런 식의 주장을 논리학에서는 '미끄러운 비탈길'이라고 부른다. 작은 일을 허락하면 점점 더 큰 일을 허락할 수밖에 없고 결과적으로 도달하는 마지막 지점을 절대 용인할 수 없으므로 처음부터 막아야 한다는 식의 주장이다. 영원하지 않은 것에 매달리다 절망하고, 결국 죽음에 이르는 병에 도달한다던 덴마크의 철학자 키르케고르Søren Kierkegaard의 말도 비슷한 궤에서 살펴볼 수 있다.

안락사 논의에도 유사한 논리가 등장한다. 이 논리를 '더미의 역설' 형식에 따라 살펴보자. 이를 위해서는 이전의 연명의료 중단이나 존엄사를 반대하는 지점에서 출발해야 한다.

> 연명의료 중단을 허용하면 자발적 안락사를 허용해야 한다.
> 자발적 안락사를 허용하면 비자발적 안락사를 허용해야 한다.
> 비자발적 안락사는 강제적 안락사의 인정으로 이어진다.
> 강제적 안락사는 허용할 수 없다.
> 따라서 연명의료 중단을 허용하면 안 된다.

이런 주장은 타당한가? 언뜻 보기에는 맞는 이야기 같다. 실제로 연명의료 중단은 이제 여러 국가에서 법적으로 허용되고 있으며, 그러자 점차 자발적 안락사에 관한 논의도 확산하고 있다. 자발적 안락사를 허용한 네덜란드의 경우, 2004년 제출된 흐로닝언 의정서Groningen Protocol가 아직 자신의 의사를 밝힐 수 없는 어린이를 대상으로 한 안락사를 시행할 수 있는 조건을 명시한 바 있으므로 점차 비자발적 안락사의 시행으로 나아가고 있는 게 아니냐고 물을 수도 있다.[4]

하지만 이전 단계의 논리에서 다음 단계의 논리로 나아가는 것이 필연적인 '더미의 역설'과 달리, '미끄러운 비탈길' 형식의 논증은 중간 단계의 비약으로 인해 한 단계에서 다음 단계로의 이행이 보장되지 않는다. 앞 단계에서 연명의료 중단이 허용됐다고 해서 그다음 단계에서 자발적 안락사 허용이 보장되는 건 아니라는 이야기다.

물론 반박하기 어려운 지점은 있다. 연명의료 중단의 허용 근거와 자발적 안락사의 허용 근거가 동일하기 때문이다. 즉 양쪽 모두 말기 환자의 고통을 연장하는 것은 잘못이라고 본다. 전자는 치료를 중단하는 것, 후자는 약물 투여 등 의료적으로 개입하는 것이라는 행동방식상의 차이가 있을 뿐이다. 그러므로 연명의료 중단을 허용하면서 자발적 안락사를 허용하지 않을 수 있는지는 추가로 살펴봐야 할 문제로 남는다.

치료 가망 없이 계속 고통받는 환자의 연명의료를 중단해 사망하게 두는 것과 그가 사망에 이르도록 하는 약을 처방해주는 것 사이에는 근본적으로 수동적으로 기다릴 것인가 능동적으로 행동할 것인가의 차이밖에 없다. 의도와 결과가 동일하다면 행위 여부가 허용의 기준 요소가 되기 어렵다. 따라서 연명의료 중단을 허용하면 자발적 안락사도 허용해야 한다는 주장도 그럴듯하게 들린다. 하지만 논증적 차원과 제도 시행의 차원은 매우 다른 것이며, 제도 시행 여부를 결정하는 데는 사회문화적 요인 또한 고려되어야 한다. 즉 논리적 정합성이 있다고 해서 그에 따라 무조건 제도를 시행할 수는 없는 것이다.

반면 자발적 안락사를 허용하면 비자발적 안락사도 허용될 수밖에 없다는 주장은 논증적 측면에서도 더 깊이 숙고해볼 필요가 있다. 존엄사나 자발적 안락사의 핵심은 환자의 자발적 결정을 다른 무엇보다 존중한다는 데 있다. 연명의료 중단을 타인이 결정해줄 수 없고, 자발적 안락사를 도입할 때도 이행 시 가장 고민해야 하는 것은 환자의 자발적 결정을 어떻게 돕느냐다. 하지만 비자발적 안락사는 말 그대로 비자발적 조치다. 아직 자발적 의사를 표현할 수 없는 아이나 자발적 의사 표현에 한계가 있는 장애인의 경우 그들의 자발적 의사를 존중해 안락사를 시행한다 해도 앞뒤가 맞지 않는 이야기가 되는 것이다. 자발적 안락사 허용과 비자발적 안락사 허용 사이에는 분명 상당한 틈이 존재한다.

'간병살인'이 일어나는 사회에서 안락사는 어떤 의미인가?

우리 사회는 환자가 스스로 결정을 내릴 수 있도록 지원하고 있는가? 이 질문에 답하려면 경제·사회학적 고찰이 필요하다. 《간병살인, 154인의 고백》(2018)을 참고하여 현재 한국 사회의 가족 간병 실태를 살펴보자. 《간병살인, 154인의 고백》은 〈서울신문〉 탐사기획 보도의 결과물이다.[5] 여기에서 '간병살인'이란 간병 과정에서 환자를 살해하려 시도하거나 성공한 것, 그리고 간병인이 자살한 사건까지 포함한다. 2006년부터 2018년 8월까지 총 173건이 발생했으며 희생자는 213명이었다. 책 제목에 명기된 154인은 가해자의 수다.

그동안 한국 사회는 간병과 같은 돌봄 노동에 관심을 갖지 않았다. 돌봄은 가족의 책무였고, 이를 방기하면 사회적 지탄의 대상이 되곤 했다. 돌봄을 공동의 문제로 생각해야 한다는 주장은 불꽃처럼 피어오르다 금세 꺼졌다. 그러는 사이 OECD 회원국 중 최저 출산율 및 독거노인 고립과 고독사 문제가 사회적 이슈로 터져 나왔다. 환자 돌봄 환경의 취약함이 간병살인이라는 뼈아픈 상황까지 불러오고 있다. 그동안 한국 사회에서 아픈 가족을 돌보는 것은 효와 가족애의 이름으로 치장되었으나 도움을 줄 만큼 경제적 여유가 없는 경우도 있다. 그 결과로 나타나는 것이 간병살인이라면 이는 누구의 책임인가? 그 상황을 버티지 못한 가족, 주변에서 도움이나 지원의 손길을 만나지 못한 가족의 잘못인가?

《간병살인, 154인의 고백》에 소개된 사례를 몇 가지 살펴보자. 한 노인은 인지 장애와 퇴행성 척추 질환을 3년 동안 앓아온 아내를 살해했다. 54년 동안 함께한 이를 살해한 그는 말한다. "살날이 얼마 안 남은 걸 느꼈어. 내가 먼저 죽으면 아내는 아픈 아들 내외에게 큰 짐이 될 수밖에 없잖아. 그래서 아내와 내가 함께 가려고 했어." 아이를 간병하던 부모는 전기료를 낼 형편이 되지 못하자 산소공급기를 껐다. 유방암 진단을 받은 아내의 자살을 도운 남편은 말한다. "아직까지도 '아내가 떠나는 순간에는 고통에서 벗어나 편하게 갔을까' 하는 생각을 합니다. 어릴 적에 집에 화재가 난 적이 있어요. 그 화재로 동생을 잃었어요. 그 불이 얼마나 뜨겁고 고통스러웠겠어요. 아내도 잠들긴 했지만 본능적으로 고통스러웠을까요." 발달장애 아들을 망치로 내려친 아버지는 말한다. "다시 내가 그때로 돌아간다고 해도 똑같이 했을 거요. 지금 생각해도 내 결정이 틀린 것 같지 않습니다. 내가 죽고 나면 큰애를 누가 책임질 수 있소? 멀쩡한 둘째라도 자기 생을 살아야 하지 않겠소."

어쩌다가 이런 상황까지 내몰렸을까? 간병이 사회의 책임이라는 사실을 인식하지 못했기 때문이다. 만성 질환을 앓고 장애를 지니는 것은 매우 특별한 경우를 제외하곤 개인의 책임이 아니다. 질환에 취약한 유전자, 장애를 유발하는 유전자를 지닌 것은 개인의 책임이 아니며, 그런 유전자를 지니고 있음을 아는 부모가 아이를 낳는 것에 대해서도 책임을 물을 수 없다. 이런 경우엔 오히려 사회가 그 책임을 지는 것이 마땅하다. 혹 사회가 그 책임을 다 지진 못하더라도, 개인이 간병과 일을 병행할 수 있도록 지원하고 필요한 간병 서비스를 제공해야 한다. 이러한 지원 없이 간병을 그저 가족의 책임으로 두는 것은 사회가 자신의 책임을 방기하는 일이다.

소설가 정영수의 단편 〈더 인간적인 말〉에는 안락사를 결정한 이모가 등장한다.[6] 소설에 등장하는 화자의 이모는 그저 지금의 삶을 끝내고 싶어 스위스에 가서 안락사를 택하겠다고 말한다. 큰 병에 걸린 것도 아니고, 향정신성 약물 복용, 우울감, 환각, 실연, 협박, 종교적 체험 등 소설의 화자가 생각할 수 있는 어떠한 이유에도 이모는 해당하지 않는다. 즉, 그 어떤 외부의 압력 없이 오로지 자기 나름의 판단으로 안락사를 택한 것이다.

 소설 속 화자는 이모의 그 결정을 놓고 고민하지만, 현실로 돌아와서 따져보자면 사실 이모는 병에 걸린 것이 아니기에 스위스에 가도 안락사를 시행받지 못한다. 하지만 지금 우리의 논의에서는 소설 속의 안락사 절차가 현실에 잘 들어맞느냐가 중요한 게 아니다. 〈더 인간적인 말〉은 안락사를 완벽한 삶이 무엇인지 묻는 장치로 등장시킨다. 물론 우리는 완벽한 삶을 위한 마무리로서 안락사를 고려하지는 않는다. 그런 것은 안락사가 아니라 자살이라 불러야 한다. 물론 누군가는 자살을 지지할지 모르나 사회 전체가 자살을 지지할 수는 없다. 자살이 되었든 안락사가 되었든, 개인이 그러한 결정을 내릴 때 외부 강압이 미치지 않도록 관련 요소를 사회가 최대한 개선하거나 보조하느냐가 가장 중요한 문제다. 적어도 한국 사회는 그 점에서 명백히 실패하고 있다.

 안락사를 허용할 것인가. 이는 분명 윤리적 주제다. 안락사를 허용해야 할 이유도 분명 있다. 하지만 안락사를 허용하자는 쪽이든 허용을 반대하는 쪽이든 논의 이전에 먼저 해결할 일이 있다. 사회가 돌봄의 책임을 지지 않는다면, 개인에게 부당한 부담을 계속 지우고 있다면 그 사회에선 안락사를 논의하기조차 어려울 수 있다는 점이다. '안락사'가 잘못된 것이라서가 아니라 우리 사회가 아직 그것을 실행하기에 여러 면에서 부족하기 때문이다.

 안락사 찬반을 말하기 위해서는 우선 해야 할 일이 있다. 환자와 가족의 불필요한 고통을 줄이는 것이다. 찬성하는 쪽에서 환자의 불필요한 고통을 줄여야 하며 안락사가 고통을 없애줄 최후의 방법이라고 말하려면 그 전에 이미 다른 노력도 해봤음을 증명해 보여야 한다. 반대하는 쪽도 환자의 고통을 줄여야 한다는 생각은 마찬가지인데, 그렇다면 고통을 줄여보려는 시도도 없이 안락사를 반대하는 것 역시 무책임하다.

하지만 한국 사회는 질환이 가져오는 사회경제적 부담을 "세계적으로 뛰어난 보험제도"라는 자기 자랑 뒤에 숨겼다. 그 대표적 예가 간병 부담이라면, 안락사와 존엄사 논의 이전에 이 부분부터 고민해야 하지 않을까. 이런 미흡함은 현재 시행 중인 '연명의료 중단'에서도 잘 드러난다. 2018년 법이 적용되어 채 몇 년도 지나지 않았으나 연명의료 중단 결정 및 임상 수행 과정에서 어려운 점이 적지 않다. 그것은 이론과 실제 사이의 괴리이기도 하고, 법과 윤리 사이의 괴리이기도 하다.

연명의료를 둘러싼 생각의 차이

연명의료결정법이 도입된 후 시행 과정에서 여러 문제가 나타나고 있다.[7] 연명의료 결정과 관련하여 의료인이 겪는 실무적 어려움을 조사한 연구에 따르면, 전산 처리나 윤리위원회 활성화, 절차의 복잡성, 인력 부족과 같이 업무 수행상 구체적 변화가 필요한 부분이 지적됐다.

그리고 의료인이 이 제도에 대해 부정적 인식을 가지고 있다는 점이 흥미로운데, 의료인들은 연명의료 중단을 자신이 수행한 의료적 개입이 실패한 증거로 여겨 기피한다는 것이다. 다시 말해 우리나라 의료인은 "살려야 한다"라는 강박을 쉽게 떨치지 못해 삶의 질이나 환자의 뜻이 어떻든지 간에 일단 목숨을 살리는 데 진력하곤 한다.

환자의 생명을 반드시 유지시켜야 한다는 생각은 의사와 의료인류학자 등 말기 환자 돌봄과 관련된 이들을 인터뷰한 기사에서도 확인할 수 있다.[8] 그리고 이런 강박적 사고방식은 환자 또는 가족의 선택과 충돌하곤 한다. 어느 의사는 말한다. "애초 연명의료결정법도 병원에서 생긴 사회적 갈등이 번번이 법정으로 넘어오는 것을 막기 위해 현장에서 해결하라는 취지로 만들어진 법이잖아요."

연명의료결정법 제1장 제1조는 이것이다. "이 법은 호스피스·완화의료와 임종과정에 있는 환자의 연명의료와 연명의료중단등결정 및 이행에 필요한 사항을 규정함으로써 환자의 최선의 이익을 보장하고 자기결정을 존중하여 인간으로서의 존엄과 가치를 보호하는 것을 목적으로 한다."[9] 이 조항을 곰곰 생각해보면 현장의 인식과 법이 규정하는 방식 사이에 간극이 있다는 말로 들린다. 즉 법이 규정한 것은 환자의 이익 보장과 결정 존중인데, 많은 의료인이 이것을 무시하고 있다고 말하는 것 같다.

환자의 '이익'이란 무엇인가?

중요한 것은 환자가 얻게 될 "최선의 이익"이다. 누군가에게 가장 좋은 것이란 무엇인가. 지금 가장 큰 쾌락을 주는 일인가. 곧바로 수긍하긴 쉽지 않다. 마약은 당장에는 크나큰 쾌락을 줄지 모른다. 하지만 마약 복용은 결코 좋은 일이 아니다. '누군가를 행복하게 만드는 일'이라는 말은 그럴듯하지만 이 말에 대해 누군가는 행복을 무엇으로 정의하느냐고 되물을 수 있다. 더구나 행복은 처한 상황이나 입장에 따라 다른 모습을 한다. 직업적 측면에서 행복이란 성취일 것이고, 경제적 측면에선 수익의 크기일 것이고, 소비의 측면에서는 바라던 물건의 구입일 것이다. 목록은 한없이 확장된다.

의료 측면에서 행복을 생각해보자. 철학자 노르덴펠트L. Nordenfelt는 행복을 "바라는 일을 할 수 있는 능력"이라 정의한다.[10] 의료적 차원에서 '바라는 일을 할 수 있음'이란 신체적·정신적 측면에서 목적 수행의 가능성을 갖는다는 의미다. 예컨대 어떤 조각가가 눈을 다쳐 조각을 할 수 없으면 그는 불행하다. 그러나 시각장애인 조각가는 눈을 다친 조각가와 동일한 신체적 조건을 가지고 있을지언정 불행하다고 느끼지 않는다. 앞을 볼 수 없지만, 그는 조각을 통해 자기 삶의 목적을 실현하고 있기 때문이다.

한편 '가장 좋은 것'을 웰빙 개념으로 설명하려는 이도 있다. 삶이 별다른 문제 없이 잘 진행되는 것을 가리키는 말인 '웰빙well-being'●은, 문제가 될 것이 없음을 누가 따질 것인가에 따라 다른 방식으로 해석될 수 있다. 개인이 자신의 웰빙을 정의하는 주관적 웰

● 웰빙이란 번역하기 까다로운 단어다. '참살이'라는 순우리말로 쓰기도 하나 웰빙이 의미하는 바와 참살이가 의미하는 바는 조금 다르다. 영어에서 well-being은 누군가의 삶(being)이 잘(well) 이어지고 있음을 의미한다. 참살이란 '참-' 과 '-살이'가 결합된 것으로, 진짜 또는 우수한 생활을 가리킨다. 물론 웰빙 문화, 즉 웰빙이 잘 먹고 잘사는 것을 의미할 때는 참살이라고 써도 좋다. 하지만 우리가 가장 좋은 것이 웰빙이라고 할 때 이것을 참살이라고 바꾸어 쓰면 '좋은 것은 좋은 삶'이라는 동어반복이 될 뿐이다. 그런 의미에서, 이전에 웰빙의 번역어로 사용한 '안녕'도 잘 맞지 않는 부분이 있다. 누군가의 안녕이란 탈 없음을 의미하는데, 탈이 없는 것과 잘되고 있는 것은 엄연히 다르기 때문이다.

빙과 사람들이 합의한 생활수준 목록에 따라 웰빙이 정의될 수 있다는 객관적 웰빙으로 나뉜다고 봐도 좋겠다.

이 주관적 웰빙에 따른 '의료에서 웰빙'이란 아프지 않은 것이 가장 중요할 것이며, 그다음으로는 원하는 것을 할 수 있는가를 따지는 행복 추구의 문제와 연결된다. 반면 객관적 웰빙의 견해를 따른다면 우리는 의학적 목록을 나열하는 방식으로 접근할 수 있다. BMI(체질량지수), 혈압, 맥박, 심박 수와 심전도 파형, 근육량 등을 살펴 문제가 발생할 수 있는 범주에 들어가진 않는지, 각 기관에 기능 장애는 없는지, 운동이나 활동을 할 때 불편을 느끼는 부분은 없는지 등을 따져보게 될 것이다. 이 목록은 사회적 조건도 포함할 것이다. 경제 수준, 가족 관계, 사회적 지지 수준 등.

우리가 누군가에게 최선의 이익을 제공하고자 한다면 객관적 웰빙으로 접근하는 것이 설득력이 있다. 쉬운 예로, 부모가 자녀의 진로를 지도한다고 해보자. 부모는 자녀가 하고 싶은 것을 하면서 살길 바란다. 그런데 자녀가 바라는 그 삶이 현재의 사회적 조건에서 볼 때 아무래도 힘겨운 길이 되리라고 판단된다면, 부모는 자녀의 바람보다는 재능에 맞고 사회적 전망도 괜찮은 일을 권할 것이다. 왜냐하면 부모는 자녀가 얻게 될 최선의 이익을 따지기 때문이다. 철학자가 되려는 자녀에게 어느 부모가 법관의 길을 권유하는 모습을 보게 된다면(조금 다른 형태로 내가 두 차례 경험한 일이기도 하다) 아마도 두 가지 생각이 떠오를 것 같다. 하나는 자녀 입장에서 보기에 부모가 지나치게 간섭하고 있구나 싶은 것, 다른 하나는 부모 입장에서 보기에 먹고살 길이 막막한 오늘날의 현실에서 자녀의 꿈이 비현실적이라고 걱정하는구나 싶은 것. 황희 정승 식으로 부모의 간섭도, 자녀의 꿈도 모두 맞는다고 말할 수도 있겠지만, 너무 심한 간섭을 하는 것이 아니라면 부모의 이런 모습은 어느 정도 수긍할 만하다. 부모의 지식과 사회적 경험, 그리고 자녀를 향한 사랑을 무시하지 않는다면 말이다.

마찬가지로 환자에게도 행복이나 주관적 웰빙은 중요한 요소다. 하지만 의료인은 환자에게 어쨌든 '타인'이므로 객관적 웰빙을 생각하는 방식으로 접근할 수밖에 없다. 환자가 무엇을 더 중요하게 여기는지 알고 그의 성향과 목적을 이해하는 데는 오랜 시간이 필요하다. 가족 간에도 서로 제대로 알기가 어려운데, 어떻게 가족 아닌 다른 사람을 금방 이해할 수 있겠는가. 여러 업무로 분초를 다투며 일해야 하는 종합병원에서는 더군다나 환자를 속속들이 알기 어렵다.

이런 상황에서 의료인은 자신의 의학 지식에 기초하는 웰빙 목록에 비추어 환자를 따져볼 수밖에 없다. 이것은 충분히 윤리적인 선택일 수 있다. 의학 지식을 많이 알고 있지 못한 환자를 대신하여 의료인이 '환자에게 좋은 것'을 결정해주는 것이니 말이다. 비록 이런 접근이 후견주의paternalism라는 비난을 받고는 있으나, 그것은 후견주의(이럴 때는 가부장주의라고 불린다)에 흔히 따라다니는 단서, 즉 상대방의 이익 여부와 관계없이 자신의 옳고 그름이나 관점에 따라 상대방이 내려야 할 결정을 대신하는 것과는 다르다.

의료인이 치료라는 행위 자체에만 목을 매는 탓에 환자의 자기

결정을 부정하는 것이 아니다. 그보다는 아직 우리의 객관적 웰빙 목록에 연명의료 중단을 통한 고통 줄이기가 들어 있지 않다고 보는 것이 맞는다. 오히려 우리는 죽음에 관해 대화를 나눌 때 발생하는 심리적 고통이 더 크다고 여기곤 하니까 말이다.

그러므로 공론장에서의 논의와 문화적 변화가 절실하다. 다만 더 생각해볼 지점도 몇 가지 보인다. 하나는 법과 윤리는 다르다는 사실이다. 연명의료결정법이 시행됐다고 해서 모두가 연명의료 중단을 권하지는 않는다. 어떤 의료인은 자신의 윤리적 신념에 따라 환자에게 연명의료 중단을 권하지 않을 수 있다. 이 점도 깊이 생각해봐야 한다. 단, 자신의 윤리적 신념으로 환자에게 연명의료 중단을 권하지 않는 것이 아닌, 기존의 방식과 관점을 고수하려는 관성에서 연명의료 중단을 반대하는 경우 또한 있다. 연명의료 중단이 환자의 권리라고 주장하며 변화를 촉구하는 목소리가 나오는 이유다. 의료인이라면 자신이 현재 행하는 일이 깊은 윤리적 성찰에서 나온 것인지 점검해보아야 한다는 주장이다.

그런데 이쯤에서 짚고 넘어갈 문제가 하나 있다. "생각한 대로 살지 않으면 사는 대로 생각하게 된다"라는 금언이다. 이 금언은 생각의 중요성을 강조하는 것이지만, 나로서는 멈칫하게 하는 부분이 있다. '과연 생각한 대로 살 수 있는가.' 이런 고민을 하게 만들기 때문이다.

이론과 현실 사이에는 높다란 벽이 있다

생각과 행동 사이에는 벽이 있다. 행동이 생각을 잘 따라가지 못하기 때문일 수도 있고, 생각이 현실을 충분히 반영하지 못했기 때문일 수도 있다. 너무 흔한 일이라 이런 생각이나 고민이 과연 의미가 있긴 한가 싶을 때도 있다. 그런 생각이 사실에 관한 판단이 아니라 방향이나 지향에 관한 것일 때는 더 그렇다. 방향이나 지향에 관한 생각의 대표 격인 윤리적 성찰은 말해 무엇 하랴.

앞서 나는 의료인이 지닌 윤리적 '신념'에 관해 언급했다. 의료인은 자신의 가치관이나 신념에 따라 연명의료에 동의할 수도 반대할 수도 있다. 법에는 연명의료 중단이라는 결정권을 환자에게 주는 것으로 설정되어 있으나 이 과정에 주치의 확인이 필요하므로 주치의가 반대한다면 환자가 원해도 진행하지 못할 수 있다. 여기서 법과 윤리가 갈라진다. 법이 규정하더라도 의사 각각은 자신의 신념에 따라 다르게 행할 수 있는 것이다.

그렇다고 의료인이 상황에 개입하지 않는다면 그것도 문제다. 환자가 원하는데 의료인이 무조건 반대하는 것도 윤리적 잣대로 보면 잘못이라 말할 수 있기 때문이다. 게다가 결정에 영향을 미치는 사람은 환자와 의료인만이 아니다. 가족도 있고 공동체나 사회 또한 이러한 결정에 영향력이 있다. 이런 복잡한 조건과 상황 속에서 의료 행위에 관한 결정을 내려야 하기 때문에 이론과 현실 사이에 벽이 생길 수밖에 없다.

연명의료 중단 문제 또한 마찬가지다. 우리는 이 제도가 환자의 결정을 존중해주고 환자가 이득(환자 고통의 최소화)을 얻도록 해주고자 마련됐다고 믿는다. 그러나 제도가 존중하는 것이 정말로 '환자의 결정'일까.

환자 개인의 자율성을 과도하게 강조하기보다 가족 및 공동체의 영향을 폭넓게 받아들여 함께 결정하는 문화를 만드는 것은, 개인이 너무 강조되어 파편화된 사회의 해악을 말하는 서구에선 유익할 수 있다.[11] 최근 서구에서 개인주의적 이론의 한계를 비판하면서 공동체주의적 이론이 부상했다. 어떤 개인도 원자로 존재하지 않으며, 그는 태어날 때부터 특정한 공동체의 영향 아래 그 가치와 문화를 습득하며 성장한다. 이런 점을 무시하고 온전히 자율적인 개인을 상정하는 것은 잘못이라고 공동체주의자는 지적한다. 이런 지적은 이론적으로 타당하다. 타인을 신경 쓰지 않고 결정을 내리는 것이 때로 문제가 되는 미국과 유럽 사회에선 더더욱 그렇다.

그러나 지역과 동료의 압력으로 하고 싶은 것을 하지 못하고, 심지어 죽음을 택하기도 하는 한국이나 일본의 상황에도 이런 이론을 그대로 적용해도 될지는 의구심이 든다. 특히 한국은 환자가 자신과 관련된 일을 스스로 결정하는 경우보다 가족이 결정권을 행사하거나 환자 결정에 큰 영향을 미칠 때가 많다.[12] 가족의 강력한 영향력이 환자의 목소리를 침묵시킬 수 있는 한국 사회에서 가족의 결정을 환자 결정을 대신하는 것으로 받아들이는 문제에 대해서는 생각해볼 여지가 있다.

의료 현장에서 환자에게 가장 이득이 되는 방향은 무엇인지 살펴 이를 지원할 수 있도록 정책을 수정해야 한다. 그러려면 이론적 뒷받침이 돼야 하지만, 이론을 현실에 구현한답시고 현실을 이론에 짜 맞추어선 안 된다. 이때 이론은 그저 가닿을 수 없으나 길을 인도하는 북극성 역할을 하는 것이다. 내가 어디서 별을 바라보느냐에 따라 내가 나아가야 할 길 또한 달라진다. 현실에 바탕을 둔 이론 해석과 그 방향으로 현실을 바꾸기 위한 분투의 순환이 이어지는 것이다.

누구에게나 각자의 의료윤리가 있기 때문에 이를 주체적으로 도움이 되는 결정으로 바꿔내는 건 이론적 종합이 아닐지도 모른다. 이론을 아무리 모아도 그 자체로 현실이 되지는 않기 때문이다. 중요한 것은 현실이 이론을 어떻게 조명하는지, 이론에서 다시 현실로 넘어올 때 어떻게 해야 하는지 살피며 둘 사이의 간극을 넘는 일이다.

우리가 지금까지 살펴본 안락사 관련 이론 또한 그저 이론일 뿐 환자에게 실질적 도움을 주는 것은 무엇인가 하는 물음과는 거리가 있다. 환자의 고통을 줄일 방법을 알아내려면 현실을 살펴야 하고, 환자의 필요를 제대로 이해해야 한다. 이 일은 사회학적 조사로 가능하지 않다. 무엇보다 내 앞의 환자를 이해해야 하는 일이기 때문이다. 환자는 환자대로, 자신이 처한 상황을 이해해야 하고 허물어져가는 삶을 바로잡아야 하며 새로운 관계에 적응해야 한다. 질환의 폭풍 앞에서 큰 혼란을 겪고 있는 환자야말로 스스로를 이해할 방법을 찾고 도움을 받아야 하는 존재인 것이다.

안락사나 존엄사를 이해하는 한 방법: 서사윤리의 활용

앞서 살펴본 '김 할머니 사건'은 결과적으로 연명의료중단법을 낳았다. 하지만 그 전에 만약 '보라매병원 사건'이 없었다면 김 할머니 사례도 없었거나 완전히 다른 형태로 전개되었을지 모른다. 이 책에서 연명의료와 존엄사 문제를 고민하는 것은 그간 우리 사회가 심층적 논의 없이 허겁지겁 이 과정을 지나왔기 때문이다.(고작 10년밖에 안 됐다.) 이 문제가 사회문화적 논의를 불러오지 않은 건 '죽음'이 의료나 병원의 문제이지 사회의 일은 아니라는 생각이 작용한 탓이 아닌가 한다.

성급한 결정과 논의의 불충분함이 최근 연명의료를 둘러싼 새로운 쟁점을 불러오고 있다. 이를테면 환자는 연명의료를 바라지만 가족이 반대하는 경우 그 사이에서 의료인은 어느 편도 들 수 없어 난처한 상황에 처하는 것이다. 또한 환자와 의료인 간에 지향점이 다를 때 서로를 중재할 방법이 부재하는 등의 문제가 발생한다.

입장에 따라 판단과 선택은 다를 수 있다. 그런데 병원에서는 당장 눈앞의 고통을 해결해야 한다는 명제에 시선이 고정되어 다른 곳을 돌아보기가 쉽지 않다. 환자 쪽에서도 마찬가지다. 당장 아프고 힘든데 의료인의 상황이나 사정까지 어찌 헤아리랴.

사람과 사람은 비슷한 것 같으면서도 엄청난 거리를 두고 돌고 있는 위성과 같은 존재다. '나'와 타인 사이에는 선이 그어져 있다. 하지만 그 선을 넘어가볼 방법이 전혀 없는 것은 아니다. '이야기'라는 방법을 통해 우리는 서로의 영역으로 갈 수 있다. 다시 말해 우리는 타인의 삶을 이야기 형태로 만들어서 전하고 삼킨다. 그렇게 우리는 삶의 질곡을 건강과 병을 중심으로 이해하기 위해 다른 사람들의 이야기를 경유할 수 있다. 또한 존엄사나 안락사를 요청하는 환자를 이해하기 위해서, 그들을 곁에서 돌보며 때로 좌절하고 때로 안도하는 의료인을 이해하기 위해서도 우리는 이야기를 필요로 한다.

예를 들어, 한 사람이 죽어가는 장면을 상상해보기 위해 조조 모예스Jojo Moyes의 소설 《미 비포 유》를 빌려 올 수 있다. 이 작품을 통해 우리는 교통사고로 인한 전신마비에서 벗어나고자 안락사를 선택하려는 윌과, 우연한 기회로 그를 간병하게 된 루이자가 사랑에 빠지고 그의 안락사를 막으려 하는 모습에서 죽음 앞의 선택이란 과연 무엇인지를 숙고해보게 된다. 윌과 루이자가 안락사를 놓고 다투는 모습을 보는 것이 안락사 찬성파와 안락사 반대파의 이론적 논쟁을 살피는 것보다 더 가까이 다가온다. 클린트 이스트우드Clint Eastwood, Jr 감독의 영화 〈밀리언달러 베이비〉에서 자신의 죽음을 요청하는 마거릿의 모습이나, 알레한드로 아메나바르Alejandro Amenábar 감독의 영화 〈씨 인사이드〉에서 전신마비로 26년간 침상에서 생활하며 자신이 안락사를 시행할 권리가 있음을 주장하며 투쟁을 벌이는 라몬의 모습을 떠올릴 때 우리는 환자의 고통을 훨씬 더 생생하게 느낀다.

《죄와 벌》로 보는 의료윤리

《죄와 벌》은 러시아의 대문호 표도르 도스토옙스키의 대표작 중 하나다. 주인공 라스콜리니코프는 세상 사람이 두 부류, 즉 평범한 사람과 비범한 사람으로 나뉜다고 생각한다.[13] 여기서 평범한 사람이란 기존의 질서를 따르는 사람이고, 비범한 사람이란 기존의 질서를 벗어나 새로운 질서를 만들어내는 사람이다. 라스콜리니코프는 비범한 사람으로서 새로운 질서를 만들어내려면 현재의 것을 파괴할 수 있거나 파괴해야 한다고 믿는다. 그런데 이 파괴의 과정을 보증해주는 건 없다. 그가 파괴에 성공한다면, 즉 자기 앞에 놓인 장애를 넘어선다면 그때 비로소 비범한 사람이 되는 것이다. 라스콜리니코프의 생각에 나폴레옹은 비범한 사람인데, 그것은 그가 수많은 장애를(전쟁을) 넘어섰기 때문이다.

라스콜리니코프는 스스로를 시험하길 원한다. 나, 라스콜리니코프는 비범한 사람인가? 그의 앞에, 그 자신이 보기에 (라스콜리니코프의 기준에 따른 것일 뿐이지만) 살아 있는 것이 오히려 남에게 해가 되는 존재가 나타난다. 전당포를 운영하는 알료나. 라스콜리니코프는 생각한다. '저 늙은 여자를 죽이고 붙잡히지 않는다면 나는 비범한 사람일 것이다.'

라스콜리니코프는 수없이 많은 사고실험을 통해 자신은 완벽한 살해 계획을 세웠다고 믿는다. 하지만 결행의 날, 라스콜리니코프는 알료나 곁에 여동생 리자베타가 있음을 알게 된다. 리자베타는 알료나로부터 구박받는 나이 많은 여자로, 소소한 선행을 하며 살아간다. 라스콜리니코프는 리자베타가 밖에 나갔을 시간을 틈타 알료나의 집을 찾는다. 그러나 계획은 계획일 뿐 라스콜리니코프는 리자베타를 어쩔 수 없이, 반쯤은 충동적으로 살해하게 된다. 이후 그는 견딜 수 없는 번민에 사로잡힌다. '나는 사실 비범한 사람이 아님을 인정해야 하는가, 아니면 내 생각이 틀린 것인가.'

라스콜리니코프가 맞닥뜨린 이 장벽은 의료윤리를 생각해보는 우리에게도 의미심장하다. 우리들 각자는 의료윤리의 쟁점을 놓고 자신의 생각을 정립했고, 그것을 현실에서 구현하려 한다. 그런데 이론과 현실이 딱 맞진 않는다. 그 원인은 물론 이론의 문제일 수도, 현실의 문제일 수도 있지만 어쨌든 둘은 불일치하며, 이는 곧 이론의 폐기를 요청하는 것이 아닐까. 애초 현실화될 수 없는 건데 굳이 고민할 이유가 무엇이란 말인가.

생각 속에서만 살던 라스콜리니코프가 마침내 현실과 조화를 이루게 되는 것은 자기 생각을 구현하기 위해 흘린 피의 무거움 때문도, 그를 향해 내리쳐진 법의 날카로운 채찍 때문도 아니다. 라스콜리니코프는 묵묵히 삶을 살아내는 소냐를 보며 자신이 바라봐야 할 것이 무엇인지 깨닫는다. 가족의 가난을 책임지며 길거리에서 살지만 신의 뜻을 궁구하는 소냐의 모습을 보면서 라스콜리니코프는 차츰 변해간다.

나는 의료윤리가 맡아야 하는 역할을 《죄와 벌》의 소냐에 비추어 생각해보곤 한다. 물론 의료윤리가 치열한 철학적 논증을 거치는 과정에서 사람들이 미처 생각지 못한 사안을 밝혀낸 일도 있다.

이후에 다루겠지만, 의료윤리의 네 가지 원칙을 확립한 일이나 충분한 설명에 의한 동의 원칙이 결정된 것, 연구윤리에서 기관윤리위원회를 만들고 연구 참여자의 이득과 위해를 살피고자 하는 것 등이 그 예다. 그 덕분에 오늘날 우리는 나치 시절에 자행됐던 그 끔찍한 인간 대상 연구나 환자를 무시하는 의료적 결정이 이뤄지리라고 더는 생각하지 않는다.

하지만 '윤리'라는 것은 반드시 현실에서 작동해야 한다는 대전제를 지닌다. 의료윤리는 특히 그렇다. 현실과 동떨어진 추상적 논의는 의료윤리에서 무의미하다. 의료윤리는 이론적 논의를 현실에 적용해 현실 속에서 문제를 풀어내는 것이어야 한다.(그래서 응용윤리*의 대표 분야로 꼽힌다.) 그런데 이때 현실의 문제를 푼다는 것은 그 시시비비를 가려 일도양단의 결정을 내리는 일을 가리키지 않는다. 그 결정은 법의 영역에 맡겨두자. 의료윤리는 다만, 현실의 문제를 묵묵히 살아내야 한다. 그 '살아냄'에서 의료윤리적 통찰이 나온다.

- 전통적으로 윤리학은 세 분야로 구분된다. 우리의 윤리적 행동이나 삶을 규정하는 규범을 탐구하는 규범윤리, 윤리적 태도나 판단 등의 본성을 묻는 메타윤리, 실제 생활의 영역에서 발생하는 윤리적 문제를 살피는 응용윤리가 그것이다. 규범윤리에는 "살인하지 말라"와 같은 법칙들로 구성된 의무론이나 "최대 다수의 최대 행복"을 추구하는 공리주의가 있다. 메타윤리 분야에선 "선이란 무엇인가?", "왜 윤리적으로 살아야 하는가?" 등의 질문을 던진다. 의료윤리, 연구윤리, 공학윤리 등이 응용윤리 영역이다.

2장. 낙태죄가 사라진 빈자리에서

낙태, 임신중절, 임신중지

낙태죄를 떠나보내며

2019년 4월 11일, 헌법재판소는 산부인과 의사 A씨가 낸 헌법소원 사건에서 자기낙태죄(형법 제269조)와 동의낙태죄(형법 제270조)에 대해 헌법불합치 결정을 내렸다. 헌법불합치 결정은 위헌으로 판단된 법 조항에 있어 혼란을 줄이기 위하여 일정 기간 법을 유지하는 것으로, 지정 기간까지 법이 개정되지 않으면 해당 법은 폐지된다. 결국 2020년 12월 31일까지 현행법이 개정되지 않아 2021년 1월 1일 낙태죄를 규정한 법은 폐지됐다.

물론 이렇게 되기까지 모두가 손을 놓고 있었던 것은 아니다.[1] 법무부는 2020년 10월, 임신 14주 이내에선 조건 없이 임신중절을 허용하며, 임신 15~24주 이내엔 임신중절을 허용하는 현행 조항(강간 등)에 따르는 개정안을 발표하였다. 이에 대한산부인과학회는 의료계 의사를 반영한 법 개정을 촉구하며 '선별적 낙태 거부'를 선언, 법무부 개정안의 임신 14주를 임신 10주 미만으로 당기고 24주 또한 22주로 당기며 상담 절차도 마련해야 한다고 주장했다.

2021년 현재, 아직 향후 법안에 관한 논의의 가닥이 잡히지 않은 가운데 다시 각계의 의견 취합이 필요한 상황이다. 중지를 모아야 하는 문제로는 세 가지가 있다. 첫째, 낙태죄는 무엇이며 한국 사회에서 어떤 의미를 지니는가. 둘째, 낙태죄 폐지 이후 어떤 사항이 논의되어야 하는가. 셋째, 앞서 언급한 두 사항을 어디서 어떻게 논의할 것인지 결정해야 한다.

우선, 전후 한국에서 낙태죄가 형성되고 운영되어온 제도의 역사를 살펴보자. 그런 다음 이것이 의료윤리와 어떤 관계를 맺고 있는지, 의료윤리는 여기에 어떤 답을 내놓을 수 있는지 확인해보고자 한다. 그래야만 한국 사회가 임신중절이라는 사안을 가지고 숙고해볼 사항이 무엇인지 명확히 파악할 수 있다.

이야기를 시작하기에 앞서, 용어부터 정리하자. 낙태, 임신중절, 임신중지는 같은 행위를 가리키는 세 가지 표현이다. 임신 중인 모체에 개입하여 배아 또는 태아를 제거하는 일을 의미하는 이들 표현은, 맥락에 따라 조금씩 다르게 사용되고 있다. 낙태는 국가 또는 외부의 개입으로 인한 행위를 의미하거나 부정적 함의를 담아 이야기할 때, 임신중절은 의학적 행위로서 언급할 때, 임신중지는 해당 행위가 여성의 선택으로 이뤄질 때 사용된다. 이 책에서 나도 이 세 단어를 교차하여 사용할 것이며, 그 용례는 설명한 바와 같다.

낙태죄의 시작: 1953년 입법

조선 시대는 낙태를 암묵적으로 인정했던 것으로 보인다. 다만 타인이 폭력을 행사하여 임신이 종결된 경우에는 나라에서 처벌했다.[2] 임신한 여성을 구타하면 법적 처벌을 받았고, 이는 명明의 형법을 가져온 것이었다.[3] 이 기조는 조선 말기까지 유지되었으며, 대한제국의 형법대전은 약물 등으로 낙태를 행한 자를 처벌하는 규정을 마련하였으되 낙태한 여성에게는 죄를 묻지 않았다.

임신한 여성 스스로 낙태를 했을 경우에 죄를 묻는 자낙태自落胎 규정이 도입된 것은 1910년 이른바 '경술국치' 이후다. 1912년에 개정된 형법은 일본 형법을 따랐는데, 임신한 여성이 약물 등의 방법으로 낙태할 때 처벌하는 규정이 여기서 처음 등장했다.

해방 후 1947년 구성된 법전편찬위원회가 형법 초안을 작성하며 낙태죄의 형량을 줄였다. 그러나 변진갑 의원이 낙태죄 전부 삭제안을 주장하면서 논쟁이 벌어졌다.[4] 이미 당시에도 사문화된 규정이었다는 점, 사회경제적 사유로 인한 경우 낙태를 허용해야 한다는 점, 인구 증가의 문제와 영아 살해 방지, 다수 출산 경험 여성의 건강 문제 등이 주장의 근거로 제시됐다. 하지만 국력 향상을 위한 인구 증식*의 필요성, 인간 존엄성 말살, 풍기 문란 등이 낙태죄 법안 삭제 반대 이유로 제시되었고 이는 국회 심의 과정에서 낙태

---

* 인구학적 관점에서 인구수는 명백히 자원이며, 따라서 정책적 개입을 통한 '증식'(늘려서 많게 함)과 '조절'(균형이 맞게 바로잡음)이라는 표현을 사용한다.

죄 존폐 논쟁으로 이어졌다. 표결에 따라 삭제안이 부결돼 결과적으로 1953년 9월 18일 대한민국 형법 제정에 포함됐다. 그 후 66년 동안 약간의 수정을 거치며 낙태죄는 계속해서 형법 속에 자리 잡고 있었다.

1973년 모성보호법과 가족계획

1961년 4월 대한가족계획협회가 창립했는데,[5] 국제가족계획협회의 지원과 국내의 관심에 힘입은 결과였다. 1960년 말 진행된 인구총조사는 소위 베이비붐 세대의 인구 성장에 경각심을 품게 했다. 인구가 늘어나면 안 된다는 이러한 생각은 맬서스 인구론을 연상케 한다. 즉, 개발도상국의 폭발적 인구 성장이 경제 발전을 저해하고 사회를 위협한다는 맬서스의 이론이 반영된 것이다.

실제로 한국의 인구정책이 급격히 변화하던 1990년대 초 보건복지부 장관을 역임한 서상목은 한국이 경제 발전에 성공한 반면 필리핀이 그렇게 되지 못한 원인을 인구수 조절에서 찾고 있다.[6] 이런 생각은 인구학자를 중심으로 오랫동안 이어져왔고, 지금도 여전히 남아 있다. 무엇보다도, 1961년 구성된 군사정부가 이런 인식을 공유했다.

1961년 5월 발족한 국가재건최고회의는 국가경제개발계획을 수립하면서 인구수 통제가 경제 계획의 성패를 가를 것이라 보고, 가족계획사업을 국가 시책으로 채택했다. 이는 국가가 '의학'과 '인구학'이라는 두 가지 지식 체계를 동원해 국민의 몸을 통제해나갔음을 잘 보여준다. 이들은 우선 현대 의학에 대한 사람들의 거부감을 희석시키며 의료 제도를 일반화했다. 다른 한편에선 인구학이 빠르게 발전하며 그 중요성을 더해갔다.[7] 의학과 인구학은 인구 자체가 국력임을 인지했던 근대국가가 인구수 조절을 위해 사용한 대표적 지식 체계다. 군사정부 또한 의학과 인구학을 체계적으로 활용해 몸을 정책의 대상으로 삼기 시작했음을 가족계획사업이 잘 보여준다.

구체적으로, 1960년대의 가족계획사업은 주로 피임 방법을 알리고 반영구적 피임 기구인 리퍼스 루프Lippes loop를 자궁 내에 위치시키는 시술과 정관수술 무료 제공으로 이뤄졌다. "아들딸 구별 말고 둘만 낳아 잘 기르자"라는 표어는 언뜻 자녀의 성별에 얽매이지 말자는 이야기처럼 들리지만 실은 아들 하나와 딸 하나로 이루어진 쌍이 이상적임을 제시하는 가족계획 시책이다.•[8] 이를 피임만으로 이루는 것은 불가능했고, 따라서 정부는 낙태를 조장했다. 그 결과물이 1973년에 제정, 공표된 모자보건법이다.

1970년대, 피임만으로는 인구 조절에 한계가 있음을 확인하면서 낙태를 제도적으로 수용할 필요성이 제기됐다. 1953년의 낙태법은

• 엄밀히는, 누나와 남동생의 남매 쌍이다. 여기서도 아들에게 가족의 모든 자원을 투자하겠다는 생각이 엿보인다. 한국의 빠른 성장 과정에서 전통적 가치와 유입된 가치가 충돌했다고 말하지만, 가족계획의 이상은 두 가치가 표면적으로 반목하되 뒤에선 제휴하고 있었음을 잘 보여준다. 가족은 재테크의 수단으로 변했다.

어떤 경우에도 낙태를 허용하지 않았기에 가족계획 시책의 하나로 낙태를 활용하기 위한 법적 개선이 요청됐다. 그 결과, 모자보건법이 낙태 허용 사유를 제시하는 것으로 귀결됐다. 여전히 남아 있는 모자보건법의 낙태 허용 조항은 우생학적 또는 유전학적 이유, 전염성 질환, 강간, 혈족 간 임신, 모체의 건강상 이유이다.[9]

강간, 모체의 건강상 이유는 아주 보수적인 낙태 반대론자가 아닌 한 어느 진영에서든 임신중절 사유로 받아들일 수 있는 것들이었다.[10] 혈족 간 임신은 오랫동안 유지돼온 동성동본 금혼 제도를 보강하여 남성 혈통 중심의 가정이 계보를 잇는 것을 이데올로기로 다시 확고히 하는 역할을 했다.[*] 한편 우생학적 또는 유전학적 이유와 전염성 질환 이슈가 더해지면서 국가가 원하는 낙태는 허용할 수 있게 됐다. 이는 국가가 이제 신체상의 조건을 가지고 국민 자격 여부를 결정하기로 한 것으로도 볼 수 있다. 즉 장애인이나 "열등 인자"는 국민으로 태어날 수 있는 자격 자체를 어머니의 태중에서 아예 박탈당했다.

이렇게 가족계획사업은 음성적으로 낙태를 합법화했다. 이를 '음성적'이라 보는 것은 가족계획사업이 낙태를 통해 인구를 조절

- 혈족 간 임신의 중절 허용은 일견 많은 국가에서 유지하고 있는 근친혼과 임신의 금지로 여겨지나, '혈족'의 범위가 문제가 된다. 해당 조항은 "법률상 혼인할 수 없는 혈족 또는 인척 간"의 임신을 문제 삼으며, 따라서 동성동본 금혼 조항(부계 혈통만을 기준으로 촌수와 관계없이 혼인을 금지, 남성 혈통만을 우선시함)이 살아 있던 시기에 해당 법을 강화하는 역할을 수행했다.

한다는 언급을 의식적으로든 무의식적으로든 명시적으로는 하지 않았기 때문이다. 하지만 부부와 몇 명의 자녀로 구성된 소위 "정상 가정"에서 가족 구성원을 맞추기 위해 낙태라는 방식이 선택되었으며 이것이 전통적 남아선호 사상과 결합했다. 그 결과 성감별을 통해 여아를 기피하려 할 때나 아이를 더 원하지 않을 때 사용할 수 있는 도구로 낙태가 자리 잡았다. 한편 이른바 "정상 가정" 밖에서의 임신은 부정되었고, 임신중절의 대상에서도 배제됐다. 결국 1960~1970년대의 낙태는 인구정책의 도구였을 뿐 모체나 태아의 권리와는 무관한 것이었다.

1980년대 가족계획사업의 기조 변화와 1996년 낙태죄 처벌의 시작

1980년대 말 가족계획사업이 안정기에 들어서면서 관련 예산도 삭감됐다. 그리고 1994년 카이로에서 인구개발에 관한 국제회의가 열렸다. 회의는 이제 많은 국가가 저출산 현상을 보임을 알리고, 따라서 가족계획사업은 산아제한 대신 재생산 건강reproductive health을 목표로 해야 한다고 천명했다.

사실 가족계획이 전 세계적 운동으로 자리 잡고 있던 20세기 초, 그 중심적 역할을 했던 미국의 간호사이자 사회사업가인 마거릿 생어Margaret Sanger가 피임을 보급한 것은 인구 조절이 아니라 여성 건강을 위해서였다. 하지만 생어는 실용적 노선을 견지했고, 피임 보급을 위해 여러 진영과 언제든 손잡을 준비가 되어 있었다.[11] 생어는 인구학자, 우생학자, 의학자 등 다양한 집단과 교섭했으며, 그 결과 피임이 전 세계로 보급되었다.

그러나 사실 피임 보급은 생어의 노력에 의한 결과라기보다는 당시 각 국가가 국력 향상을 위해 받아들인 인구학의 영향이 컸다. 인구수 조절을 천명하던 인구학과 여성 건강을 위한 피임 보급이라는 생어의 주장이 맞아떨어졌던 것이다. 하지만 1980년대에 들어서자 인구학과 여성 건강 논의 사이에 다시 균열이 생기기 시작했다.

가족계획의 그림자와 함께 사회경제적 영향으로 한둘의 아이를 낳아 키우는 것이 당연한 시대가 되자, 이젠 오히려 저출산에 대한 경고등이 켜졌다. 1989년 일본의 '1.57 쇼크'도 이러한 위기감에 한몫을 했다. 1966년 일본은 악재가 겹치며 출생률이 급격히 떨어져 1.58을 기록*했다.[12] 병오년에 태어난 아이는 불행해진다는 속설, 주가 급락 등의 경제 불황이 겹친 탓이었다. 이후 출생률은 한 번도 1966년보다 낮아지지 않다가, 1989년 처음으로 합계출생률이 1.57로 그보다 더 낮아지면서 일본과 주변국에 커다란 충격을 안긴 것이다.[13]

1990년대, 아직 한국은 출생률 1.6대를 유지하고 있었다. 하지만

- 세계은행 자료 기준, 1966년 전 세계 평균 출생률은 4.99였다. 미국은 2.72, 한국은 4.94이던 시기다. 일본 안에서만 보아도, 1965년 출생률 2.14, 1967년 출생률 2.02로 1966년만 두드러진 감소를 보였던 것을 확인할 수 있다.

인구 억제를 주안으로 삼던 가족계획사업 방향의 변화는 필요했고, 그 초점은 피임을 통한 산아제한에서 벗어나 인구 구조를 바꾸는 데 모아졌다. 이러한 기조 변화에 따라 성비와 연령비가 가족계획사업에서 중요하게 다뤄졌으며 특히 성비가 주요 쟁점이 됐다.

다자녀 가정이 대부분일 때는 태어날 아이의 성별을 그렇게까지 중요하게 여기진 않았는데, 낳다 보면 남아도 태어나리라 기대했기 때문이다. 하지만 두 명의 자녀를 갖는 것이 바람직한 가족 구성이라는 인식이 사회 전반에 자리 잡으면서 둘 중 하나는 꼭 남아여야 한다는 생각이 강해져 성감별을 통해 낙태를 시행하는 일이 생겨났다. 1980년대의 성비는 자연 출생 성비(104~105)에 근접한 107이었으나 1990년이 되면 이 수치가 116.5로 상승한다. 이는 태어날 아이의 성별을 부모가 인위적으로 선택했음을 보여주는 주요한 증거다.[14]

이에 정부는 1987년에 의료법을 개정해 태아의 성감별 행위를 금지한다. 1987년 의료법 제19조 제2항은 의료인이 진찰이나 검사 과정에서 태아의 성별을 알게 된 경우 이를 임부나 가족에게 알리지 못하도록 했다. 그런데 2008년 이 조항은 부모의 알 권리와 의료인의 직업 수행상의 자유를 제한한다는 판단하에 헌법불합치 결정을 받았다. 사실 1987년 개정 때도 이 조항은 문제가 있다고 여겨졌으나 당시 성감별에 따른 낙태가 워낙 횡행했기에 어쩔 수 없이 법 개정이 이뤄졌던 것이다.

개정된 법 조항이 실질적 역할을 한 시기는 1996년이다. 이전까지 검찰은 성감별 및 낙태죄를 거의 처벌하지 않아 이로 인해 구속되는 사례는 극히 드물었다. 그러다 1996년, 태아 성감별을 해주거나 미혼모의 남아를 원하는 가정에 돈을 받고 넘겨주는 등의 행위를 한 산부인과 의사 14명과 조산사를 적발하고, 태아 성감별을 한 산부인과 의사와 조산사 7명을 의료법 위반 혐의로 기소했다. 즉 1996년은 처음으로 낙태죄 처벌을 통해 국가가 출산에 개입하기 시작한 시점이다.

이전까지 국가가 낙태를 통해 인구를 조절하려는 의지를 표명했다면, 이 시기부터 국가는 낙태를 줄여 출생률을 늘리려는 구체적 노력을 기울이기 시작했다고 볼 수 있다. 그러나 이전까지 가족계획사업이 정부의 강력한 시책으로 운영된 것과 달리 이 시점부터 인구정책은 힘을 잃었고 여성 신체에 대한 국가의 개입만이 정책의 잔재로 남았다. 인구정책이 더는 의미가 없어진 시점에서 그 정당성이 소실되었음에도 여성 신체에 대한 간섭과 법적 제재는 유지되었다고 볼 수 있다.

2010년 프로라이프 의사회의 고발

2009년 11월 1일, '진정으로 산부인과를 걱정하는 의사들 모임'이 '대한산부인과개원의사회' 명의로 불법 낙태 근절 성명을 발표했다. 이들은 그동안 사회경제적 사유와 태아 이상을 이유로 자행돼 온 인공임신중절은 현행법상 불법이므로 불법 낙태 시술 요구에응하지 않겠다고 선언했다. 이들은 태아 생명 존중을 앞세웠지만 산부인과 진료 환경 개선이 실은 더 중요한 의제였다. 불법 임신중절 수술을 하지 않으면 산부인과 운영이 어려운 현실에서 분만 등 필수 진료의 낮은 수가를 개선하고자 했던 것이다.[15]

2009년 12월, '진정으로 산부인과를 걱정하는 의사들 모임'은 '프로라이프 의사회'를 결성한다. 이들은 낙태 시술 근절을 목표로 낙태구조센터와 낙태제보센터를 운영했고, 2010년 2월 산부인과 병원 세 곳을 지속해서 불법 낙태 시술을 한 혐의로 검찰에 고발했다.[16] 이에 보건복지부는 2010년 3월 '불법 인공임신중절 예방 종합계획'을 수립, 추진했다.[17] 이러한 사건들로 진료 환경에 큰 변화가 일어나지는 않았다지만,[18] 임신중절 시술이 불법이라는 인식에 따라 시행을 꺼리게 된 것은 사실이다.

프로라이프 의사회의 낙태 반대 운동은 여성단체를 중심으로 임신중지의 권리를 요구하는 움직임을 일으키는 시발점이 됐다.[19] 2010년 3월 '임신·출산결정권을 위한 네트워크'가 결성되었고, 이들은 모자보건법에 '사회경제적 사유'에 의한 임신중절을 허용할 것을 촉구했다. 이 운동의 성과는 빠르게 가시화했다. 2012년 8월 헌법재판소의 낙태죄 위헌 여부 판결이 당시 사회의 인식을 보여주는 온도계다. 2010년 10월, 낙태죄로 기소된 조산사가 형법 제270조 1항에 대해 헌법소원을 제기했고, 2012년 8월 23일 헌법재판소는 합헌 4명, 위헌 4명으로 법 조항 유지 결정을 내렸다. 합헌 측 의견은 태아의 생명권을 인정해야 하고, 낙태를 처벌하지 않을 때 낙태가 만연하게 될 것이며, 모자보건법이 일정 사유로 낙태를 인정하고 있으므로 임부의 자기결정권을 과도하게 제한하는 것이 아니라고 봤다.

주목할 것은 여기에 태아생명권이 중심 논의의 대상으로 들어왔다는 점이다. 이런 방향성은 물론 외국의 임신중절 찬반 논의에선 쉽게 찾아볼 수 있는 것이지만, 과연 국내에서도 타당한 논거인지는 생각해볼 대목이 있다. 국내의 낙태죄 조항은 애초 태아생명권을 지키기 위해 만들어진 것이라 보기 어려운데도 이를 조항 유지의 근거로 삼을 수 있을까? 더불어, 임신중절을 제한하는 방법이 임부를 처벌하는 자기낙태죄와 의료인을 처벌하는 동의낙태죄만 있다면 이는 어쩔 수 없는 선택일지 모른다. 그러나 의료 시술을 제한하는 방법은 여러 가지다. 이는 이후 다시 살펴보기로 하고, 여기서는 2012년 판결이 드러내는 당시 상황을 살펴보자.

먼저, 임신중절은 2010년에야 사회적 논의의 대상이 됐다. 물론 특정 시기에 쟁점이 되기는 했으나 그때마다 경제력 또는 국력 증진이라는 잣대로 정책적 판단과 결정이 내려졌다. 태아생명권과 여성의 자기결정권이라는 생명윤리적 갈등 구조가 그다지 본격적으로 다뤄지진 않았던 것이다. 그러다 프로라이프 의사회와 임신·출산결정권을 위한 네트워크라는 단체 결성으로 구체화했다.

태아생명권과 여성의 자기결정권은 양립할 수 없으므로 필연적으로 갈등을 일으킨다. 그리고 2012년 헌법재판소는 태아생명권 일반을 인정함으로써 낙태죄 존치 결정을 내렸다. 이는 비록 오래

전은 아니지만 당대의 한계를 드러낸 결정이라 할 수 있는데, 이미 진료에선 시험관 아기가, 연구에선 줄기세포와 유전자 기술이 확립된 상황에서, 배아에게 생명권을 부여한다면 이런 치료법과 연구는 시행이 불가능해질 것이었다. 그런데도 당시 판결은 모든 태아의 생명권을 인정했으며, 이후 상당 기간 낙태 단속 정책이 실제로 시행되어 상당한 제한을 가하게 된다.[20]

한편 여성의 '자기결정권' 주장은 '생명권'에 앞설 수 없다는 근원적 한계를 지니므로(이를테면 자살이 법률로 인정받지 못하는 것은 개인의 생명도 스스로 결정할 순 없기 때문이다) 관련 논의는 '자기결정권'에서 '재생산권reproductive right'으로 방향을 선회한다. 1994년 카이로 국제인구개발회의에서 채택된 카이로 강령에 따르면, 재생산권이란 자녀의 수와 양육 환경을 충분한 정보와 수단 아래서 자유롭게 결정할 권리를 의미하며, 이를 위해서는 '재생산 건강'이 보장되어야 한다. 그런데 이 권리는 그 성격이 복합적이고 범위가 넓을 뿐아니라,[21] 자녀의 수와 양육에 관한 자유로운 결정이 의미하는 바가 무엇인지를 구체화해야 한다는 과제를 제시한다.

2019년 헌법불합치 판결과 그 이후

2019년 4월 11일, 헌법재판소는 자기낙태죄와 동의낙태죄의 헌법불합치 결정을 내렸다. 헌법불합치 4명, 단순위헌 3명, 합헌 2명으로 의견이 갈렸다.[22] 헌법불합치 의견과 단순위헌 의견은 낙태죄가 제대로 작동하지 못해 법이 태아의 생명을 보호하지 못하는 상황에서 자기낙태죄 조항이 태아생명권을 내세울 수 없고, 반면 여성이 안전하지 않은 방법으로 임신중절을 시행하게 만들고 여러 이유로 발생하는 임신중절 관련 갈등 상황에서 임신유지를 강제하고 있어 여성의 자기결정권을 과도하게 제한하고 있다고 보았다. 단, 헌법불합치 의견이 해당 조항의 단순위헌 결정의 경우 법적 공백을 발생시킬 수 있으므로 개선 조항을 내놓을 것을 요구했으며 단순위헌 의견은 임신 제1삼분기(대략 마지막 생리기간의 첫날부터 14주 무렵까지)에는 자유로운 임신중절 결정이 가능해야 한다고 주장했다. 2020년 12월 31일까지 개선 입법이 이뤄져야 했으나 낙태죄 완전폐지안, 임신 14주까지는 허용하자는 내용의 정부안, 임신 14주를 기준으로 한 법안 등 6개 안이 올라온 상황에서 코로나19 팬데믹 상황 등의 사유로 논의가 진척되지 못했다.[23]

낙태죄 폐지로 모든 갈등과 논쟁이 마무리된 것은 아니다. 단지 공백 상황을 맞았을 뿐이다. 따라서 이제 우리는 논의를 다시 전개해야 한다. 일단, 기본 질문으로 돌아가자. 낙태죄를 폐지해야 할까? 다시 입법할 필요는 없을까?

왜 낙태죄를 폐지해야 하는가?

근대 정부는 끊임없이 인구의 조절에 개입해왔다. 19세기에는 의학과 통계학을 국가가 포섭했고 20세기에는 인구학까지 국가의 손아귀에 들어갔다.[24] 의학, 통계학, 인구학 등의 지식을 이용해 국가는 국민을 통제했으며 그들의 신체를 산업의 도구로 삼아 국력으로 전환하는 한편 인구수 조절에도 나섰다. 이것이 20세기 중엽 가족계획이 모든 국가에서 당연한 과제로 실현될 수 있었던 배경이다.

철학자 미셸 푸코Michel Foucault가 정치 전략의 핵심으로 생명을 분석해낸 그 지점에서 우리는 낙태죄를 살펴야 한다. 낙태죄 문제가 우생학, 인간 생명을 선별하는 학문과 떼려야 뗄 수 없는 관계를 지니는 이유가 거기 있다. 낙태죄는 국가가 다시 인구 증가를 시도하려는 시점에서 문제가 됐다. 당시 국가의 인구정책은 "인구 자질 향상", 즉 적정인구 유지를 통해 인구 구성의 연령비, 성비를 조절하려 한 것이었다.[25] 따라서 남아 비율이 높았던 1990년대엔 성감별이, 아예 출산율 자체가 문제가 된 2000년대엔 낙태 시술이 문제가 됐다. 다시 한번 강조하자면 낙태죄는 태아를 보호하기 위한 것도, 여성을 처벌하기 위한 것도, 의사와 조산사의 비위를 막기 위한 것도 아니었다. 그것은 단지 인구 통제를 위한 국가의 장치였다.

어디서도 태아생명권에 대한 깊은 관심은 찾아보기 어렵고, 적정인구 확보를 위한 국가의 시책이 있었을 뿐이다. 2012년 헌법재판소가 이 문제를 생명권 대 자기결정권의 문제로 호도했다는 지적은, 그러므로 타당하다.[26] 낙태죄가 인구 통제를 위해 여성을 인간이 아닌 수태의 수단으로 여기는 정책의 발로라면, 당연히 낙태죄는 폐지되어야 하고 이는 재론의 여지가 없다.

하지만 낙태죄 폐지가 논의의 끝은 아니다. 완전히 자유로운 임신중절의 허용 여부를 다시 살펴야 하고, 만약 임신중절을 특정 기간이나 특정 사유로 인해 허용하진 않을 것이라면 낙태죄 대신 어떤 방법으로 임신중절을 막을지도 고민해야 한다. 이에 대한 생각이나 견해 또한 매우 달라 현재 여러 논의가 부딪치고 있다. 어느 수준에서 어떤 방법의 임신중절이 모체와 태아를 보호해줄 수 있는지, 임신중절이 문제가 되는 시점은 언제인지를 세밀히 살펴보아야 한다.

임신중절 허용 논의의
쟁점들

임신중절 허용 논의에서 논쟁점은 다양하지만 몇 가지 중요한 고려 사항이 있다. 가장 중요한 것은 모체의 건강이다. 임신중절이라는 의료 술식이 모체의 건강을 위협하는 경우가 있다면 그 허용은 주의 깊게 이뤄져야 할 것이다. 그다음으로 2019년 헌법재판소의 판결이 태아의 선택적 보호를 명시한바, 태아를 언제부터 보호해야 하는지, 이 문제를 다룰 때 또 다른 고려 사항은 없는지도 살펴야 한다. 아울러 출산과 양육은 분리할 수 없는 문제이므로 양육 환경이 임신중절 논의에 미치는 영향도 확인해야 할 것이다. 또한 임신중절의 결정이 모체, 더 나아가 가정과 사회라는 연관 항 속에서 어떤 식으로 작동할지 고려해야 하며 이 결정이 모두에게 이익이 되는 방향 또한 잘 따져봐야 한다. 마지막으로, 이 과정에서 당사자의 목소리를 어떻게 담아낼지도 매우 중요하나 이 부분은 오랫동안 무시됐던 것이 사실이다. 이제 그 중요성을 더해가고 있다는 점을 잘 인식해야 한다.

이 모든 주제를 세세히 다루려면 아마도 별도의 책이 필요할 것이다. 이 책은 임신중절 정책에 관한 연구서가 아니므로, 이러한 여러 논점을 다음 네 가지 질문으로 간추려 살펴보려 한다.

- 임신중절 허용 또는 불허용이 모체의 건강에 위해를 끼치는 지점은 어디인가?
- 아직 태어나지 않은 존재를 어디까지 보호해야 하는가?
- 임신중절 논의는 태어날 아이의 양육 환경과 어떻게 연결되는가?
- 임신중절 결정이 여성과 사회 사이에서 작동하는 방식은 무엇이며, 여기에서 여성 당사자의 목소리를 어떻게 반영할 것인가?

이 글은 논의를 종결하고자 함이 아니라 이제 막 시작된 논의에서 무엇을 어떤 방식으로 살펴야 할지 생각해보자는 데 목적이 있으며, 따라서 간략한 지도 역할을 수행할 것이다.

임신중절 허용 또는 불허용이 모체의 건강에 위해를 끼치는 지점은 어디인가?

임신 후 태아는 약 40주 동안 모체를 일부 점유한다. 이때 모체는 여러 신체적 변화를 겪게 되는데 이러한 증상은 대개 모체가 태아를 보호하기 위한 반응이라는 식으로 설명되곤 한다. 이를테면 입덧은 음식을 가려 먹어 태아에게 해로운 물질을 먹이지 않으려는 신체적 변화라는 것이다.[27] 그러나 생물학적 관점에서 볼 때 태아의 세포는 모체와 유전자가 상당한 차이를 보이므로, 모체와는 별개의 조직이다. 모체의 면역 기능이 태아의 세포를 공격하지 않는 것이 오히려 예외적이며, 이를 모체 면역 관용maternal immune tolerance이라 부른다. 진화적 관점에서 보면 모체와 태아의 관심은 전적으로 일치하는 것이 아니다. 진화생물학자 데이비드 헤이그David Haig가 내놓은 모체-태아 경쟁 가설maternal-fetus competition hypothesis에선 모체와 태아가 영양을 놓고 경쟁한다고 본다.

모든 생명체는 번식 기능을 갖고 있다. 이것이 자연적인 것이라고 보는 데는 큰 무리가 없다. 그러나 자연적인 것이 언제나 당연한 것은 아니다. 모성이 아름답고 신성한 것으로 여겨지지 않아도 모성은 존중받을 수 있다. 물론 임신부의 불편은 고려돼야 하지만, 여성은 반드시 임신해야 하고 어머니로서 그 과정을 기쁘게 받아들여야 한다는 것이 당위가 된다면 그것이야말로 여성에게 과중한 부담감을 지우는 일은 아닌지 생각해봐야 한다.

우선 임신중절이 모체의 건강에 위해를 끼칠 수 있는지 그것부터 살펴보자. 임신중절이 위해가 되는 경우는 크게 세 가지다. 첫째, 안전하지 않은 임신중절unsafe abortion, 즉 허가받은 의료 시설에서 임신중절 시술을 받지 못할 때다. 둘째, 임신 제3삼분기, 즉 27주 이후의 임신중절은 모체에 위험할 수 있다. 셋째, 임신중절은 정신건강에도 영향을 미칠 수 있다.

먼저, 안전하지 않은 임신중절의 피해는 이미 여러 연구 문헌에서 명확히 밝힌 바 있고 그것이 임신중절을 제도화해야 하는 이유로 여겨지기도 했다. 2010년대 후반, 전 세계적으로 해마다 평균 7,330만 건의 임신중절이 이뤄졌으며 15~49세 여성 1,000명 중 39명이 인공임신중절을 경험한다.[28] 이 중 절반이 위험한 조건에서 임신중절을 수행하고, 안전하지 않은 임신중절의 대부분(97%)은 저개발 국가에서 이뤄진다.[29] 모체 사망의 4.7~13.2%가 안전하지 않은 임신중절에서 기인하는 것으로 보인다.[30] 목숨을 잃지는 않더라도 출혈, 감염, 자궁 천공, 장기 손상 등 합병증이 발생할 수 있다.

한국은 오랫동안 낙태죄를 유지해왔으며, 법적 처벌을 받지 않기 위해 안전하지 않은 임신중절 시술을 받다가 사망하거나 범죄 행위의 대상이 된 여성들이 있었다. 병원에서 시술을 받더라도 낙태죄 처벌이 두려워 병원을 찾는 시기가 늦어지고 약물과 같은 더 안전한 방법*을 사용하지 못해 위험도가 올라가기도 했다.

다음으로, 임신 제3삼분기의 임신중절은 모체에 위험한가다. 독일의 경우 태아가 장애가 있는 경우 이 시기에도 임신중절을 시행

- 임신중절 방법에는 크게 두 가지, 약물과 수술이 있다. 후술하겠지만, 약물은 임신 초기에 복용하면 자연유산과 같은 반응을 유도해 매우 안전하지만 성공률이 100%는 아니다. 수술도 물론 숙련된 의료인이 위생적인 환경에서 수행한다면 위험하지 않지만, 위에서 기술한 여러 조건으로 인하여 임신중절 수술은 안전하지 않은 환경에서 이루어지는 경우가 많다. 2020년까지 낙태죄가 임신중절에 관한 의학적 논의마저 틀어쥐고 있었으므로, 임신중절 약물 수입 및 처방이 금지되어 있었고 의과대학도 임신중절에 관한 교육을 충분히 시행하지 않았다.

할 수 있다. 그러나 이 시기의 임신중절을 허용하는 국가가 많지 않아 관련 통계 자료가 부족하다. 임신 초·중기의 임신중절로 인한 사망률 자료를 보면, 임신 8주까지는 10만 명당 0.2명, 16~20주까지는 10만 명당 5.9명, 21주 이후에는 10만 명당 16.7명으로 증가하여 출산 시 사망률(10만 명당 6.7명)을 넘어선다.[31] 이는 적어도 21주 이후 임신중절을 하는 것은 모체에 위해를 가져올 수 있다는 의미다. 그러므로 이러한 시술을 별다른 검토 없이 시행하는 것에는 제도적·윤리적 문제가 따른다.

마지막으로, 임신중절은 정신건강에 어떤 영향을 미치는가? 이 점은 다각도 확인이 필요하며 질문의 답을 일반화할 수 없다는 난점이 있다. 그럼에도 임신중절이 여성에게 가져올 수 있는 다면적인 정신의학적 영향을 살핀 자료를 보면 다음 몇 가지 결과를 확인할 수 있다.[32]

첫째, 원치 않은 임신을 한 여성에서 제1삼분기(임신 14주 이내)에 임신중절을 한 경우와 출산을 한 경우에서 정신건강상 위험의 차이는 없는 것으로 나타났다. 둘째, 원하여 임신한 여성이 유산한 경우와 어쩔 수 없이 임신중절을 한 경우(예, 태아 이상)에서 정신건강상 위험의 차이는 유사하다. 셋째, 정신건강상 문제가 임신중절 자체로 인해 발생했다는 주장은 증거로 뒷받침되지 않는다. 넷째, 임신중절을 한 성인 여성 대부분은 정신건강상 문제를 경험하지 않는다.

그렇다고 해서 임신중절을 한 여성이 정신건강상 문제를 전혀 경험하지 않는다고 주장하는 것은 절대로 아니다. 여성 개인의 임신중절 경험을 통계가 완벽하게 반영할 순 없으며 질적 연구와 함께 인류학적·서사적 접근도 필요하다. 이는 앞서 말한 임신 경험의 당위성 또는 임신의 이데올로기와도 연결되는 부분으로, 앞으로 더 많은 연구와 논의가 이어져야 할 것이다.

하나 더 살펴보아야 할 것은 임신중절 제제다. 임신중절에 사용하는 대표적 약물이 미페프리스톤과 미소프로스톨이다. 미페프리스톤은 임신유지 호르몬인 프로게스테론 작용을 억제하고, 미소프로스톨은 자궁을 수축시키는 기능을 한다.[33] 임신중지를 위해 임신 초기에 약물을 복용하면 자연유산과 유사한 증상과 결과를 경험하게 된다. 세계보건기구의 2018년 지침에선 미페프리스톤 복용 1, 2일 후 미소프로스톨을 복용하는 것을 권고하고 있으며, 대안으로 미소프로스톨 단독 복용 방법도 제시되어 있다.[34]

미국에서 미페프리스톤 복용으로 인한 사망은 370만 명 중 24건으로 보고되었으나 이 모두가 약물 사용 단독으로 인한 결과라고 보긴 어렵다.[35] 일단 이 통계 자료를 바탕으로 계산해보자. 약물 사용에 의한 임신중절 사망률은 10만 명 당 0.65명이다. 이것은 임신중절 전체 사망률인 10만 명당 0.7명보다 낮다. 게다가 임신중절 약물이 직접 사인이 된 경우는 앞서 언급한 24건 중 13건이며, 이때 사망률은 10만 명당 0.35명으로 더 낮아진다.

그렇다면 모체의 건강을 놓고 볼 때 임신중절 정책은 다음과 같이 정리될 수 있다. 가능하다면 약물을 통해 임신중절을 시행하고 이것이 실패할 때 수술적으로 접근한다. 27주 이후의 임신중절은 모체에 위해를 가할 수 있으므로 제한을 둘 필요가 있다.(단, 이는 추가 연구로 보충되어야 한다.) 임신중절이 정신건강에 위해를 준다는 속설은 근거가 없다. 단, 개인의 경험에 따라 조심스럽게 접근해야 한다.

　임신중절을 완전히 허용하기 어렵다면 어떤 방식으로 제한해야 할까. 의료 서비스 공급이라는 측면에서 보자면 제한할 방법이 몇 가지 있다. 예컨대 미페프리스톤은 아직 국내에서 정식 절차를 밟아 구하기가 불가능하다.* 약물 도입을 허용하지 않고 약물 판매를 처벌할 경우, 해당 약을 정식 경로로 복용하는 것은 불가능하며, 결국 약물을 통한 임신중절을 차단하고 있는 것이나 마찬가지다. 또, 수술적 임신중절의 경우 해당 의료 행위를 허용하지 않는 방법이 있다. 유사 의료 행위를 허용하지 않는 것이 의료 행위 불허용의 대표적 예다. 즉, 임신중절을 범죄로 설정하지 않더라도 의료 행위 자체를 허용하지 않음으로써 처방이나 수행을 할 수 없도록 하는 것을 말한다. 낙태죄가 따로 없더라도 임신중절 수술을 허용하지 않는 방식으로 규제가 가능한 것이며, 기존 낙태죄가 의료인과 임신부 모두에게 죄를 물었다면 이 경우엔 수행한 의료인에게만 죄를 묻게 된다.

---

* 2021년 5월 미페프리스톤과 미소프리스톨을 결합한 약품(상품명 '미프지미소')의 국내 판권 및 공급에 관한 계약이 이루어졌다. 2021년 7월 현재 미프지미소는 식품의약품안전처의 검토를 거치는 중으로, 귀추가 주목되고 있다.

아직 태어나지 않은 존재를 어디까지 보호해야 하는가?

우리는 태아를 보호해야 한다. 임신부의 신체적 불편만으로도 모체를 배려해야 할 이유는 충분하지만 태아 보호도 임신부를 보호하는 중요한 이유를 구성한다. 문제는 시기다. 태아를 보호해야 한다면 언제부터 보호해야 하는가?

태아생명권 논의는 오래된 것이고 그 시기에 관해서도 다양한 의견이 있었다. 10주부터 보호해야 한다는 의견은 10주가 되면 태아의 장기와 뼈가 대부분 형성된다는 관찰에 근거한다. 신체가 어느 정도 완성되었으므로 배아 단계를 벗어났다고 보는 것이다. 12주부터 보호해야 한다는 의견은 12주까지는 고통을 느끼지 못한다는 의견에 기초한다. 중추신경은 형성되었지만 이때까진 고통 전달이 이뤄지지 않는다고 본다. 고통을 느끼는가 여부는 보편적으로 어떤 것에 손상을 입혀도 되는가 하는 논의에 기초를 형성한다. 그 연장선상으로 14주부터 보호해야 한다는 견해가 있는데, 이 시기 이전까지는 태아에게 인식이 없다는 연구에 따른 것이다.

22주부터 보호해야 한다고 보는 의견은 이때부터 태아가 외부에서 독자적으로 생존 가능하다고 보기 때문이다. 이전에는 24주도 어렵다고 봤지만, 신생아 의학이 발달하면서 어렵고 힘든 일이긴 해도 적극적 치료를 통해 22주에 태어난 미숙아도 살릴 수 있게 됐다.[36] 24주부터 보호해야 한다는 주장은 기존의 통념을 따른 것이므로 현재는 별도의 근거가 없는 셈이다.

태아생명권을 보호할 수 있는 시기가 언제인지는 나 또한 명확히 선을 그어 답을 제시할 수 없다. 저마다 판단이 다를 테고, 이런 차이를 허용하는 것이 의료윤리이기도 하다. 제도로 강제하기보다 각자 윤리적 결정을 하도록 여지를 두는 것이 더 좋다고 나는 믿는다. 이를테면 착상 순간부터 태아를 보호해야 한다고 믿는 의사도 있을 수 있는데 그에게 낙태죄가 없어졌으니 이제 임신중절을 시행하라고 요구한다면 그것이 오히려 윤리적으로 잘못을 범하는 일이다.

만약 의사가 착상 순간부터 태아의 생명을 보호해야 한다는 신념이 있으며, 현재 모체가 위험에 처한 상황이 아닌데도 그 의사에게 임신중절을 요구한다면, 그는 다른 의사에게 임신중절을 대신 의뢰해도 되는 것이다. 그 역의 상황도 마찬가지다. 전 범위의 임신중절이 가능하다고 생각하는 의사가 임신중지를 생각하고 있지 않은 환자에게 이를 강요하거나 유도하는 것은 잘못이다. 한국은 의료법 제15조 제1항에 따라 '정당한 사유' 없이 의사가 진료를 거부할 수 없다. 임신중절의 경우, 나는 개인의 윤리적 신념이 진료를 거부할 정당한 사유에 해당한다고 생각한다.

한편 또 하나 생각해봐야 할 것은 태어나지 말아야 할 생명이 있는가 하는 문제다. 장애가 있는 아이는 낙태해도 되는가? 저명한 윤리학자 피터 싱어Peter Singer는 심각한 장애가 있는 경우 신생아를 안락사하는 것이 윤리적으로 허용된다고 주장한 바 있다. 이를 놓고 장애운동가 해리엇 맥브라이드 존슨Harriet McBryde Johnson은 〈말할 수 없는 대화〉라는 반박문을 〈뉴욕타임스 매거진〉에 실었다.[37]

존슨은 퇴행성 근신경계 질환을 앓으며 평생 휠체어에 의지했지만 그의 활동과 글은 멀리 날았다.

존슨은 이득-위해의 계산에 기초한 싱어의 주장을 반박하며 이론과 현실의 차이를 말한다. 장애가 있는 사람은 고통 속에서 언제나 아주 힘든 상황에 부닥치며 살아갈 테니 행복한 삶을 살 전망이 낮다고 싱어는 가정한다. 그런 고통을 견디는 삶을 허용하기보다는 차라리 처음부터 태어나지 못하게 하는 것이 선행이라는 것이다. 그러나 존슨은 말한다. 우리는 흠 있는 사람들도 모두 자신의 자리를 차지할 수 있는 사회를 만들 거라고. 그렇다면 행복한 삶을 살 전망이 낮다는 싱어의 전제는 틀렸다.

하지만 한국에서 장애 아동을 키우는 것은 큰 고통을 수반하는 일이며, 자기 자신도 건사하기 힘든 요즘 같은 사회에서 과도한 짐을 지는 일임을 부인하기 어렵다. 게다가 아이 또한 그 어려움을 계속 겪을 소지가 크다. 물론 이 과정을 극복하면서 점진적으로 사회를 변화시키는 일은 우리 모두에게 이득을 줄 것이다. 하지만 그것을 감내하면서까지 심각한 장애를 가진 아이를 출산해야 하는가?

우리와는 상황이 많이 다른 독일에서도 이 결정은 무척 어려운 일이다. 앤 조라 베라치드Anne Zohra Berrached 감독의 영화 〈24주〉는 배 속의 아이가 다운증후군으로 심한 심장 기형을 가지고 태어날 거라는 설명을 듣는 주인공의 고뇌를 쫓는다. 아이에게 다운증후군이 있다는 설명을 처음 들었을 때 주인공은 그래도 아이를 낳겠다고, 낳을 수 있다고 다짐한다. 그의 결심이 깨지는 것은 아이의 심장 기형에 관한 설명을 듣고 나서, 수술을 기다리는 다른 아이의 모습을 보는 순간이다. '나는 아이를 기를 수 있다. 나는 어려움을 헤쳐나갈 수 있다. 하지만 아이에게 고통을 강요해도 되는 걸까.'

즉, 태아의 생명권을 인정한다는 것은 10주, 12주 등 주의 수로 선을 긋기엔 너무나도 많은 요소가 얽혀 있는 문제다. 만약 14주 태아부터 생명권을 보호해야 한다고 하자. 무엇을 보호하는 것일까? 한 생명이 살 권리를 보호하는 일은, 그냥 태어날 수만 있게 하는 것만으로 끝나지 않는다. 살 만한 세상을 제공하는 것, 그가 자신의 가능성을 펼 수 있는 지반을 제공하는 것이 누군가의 태어남을 진정으로 보호하는 일이 아닐는지. 그렇다면 임신중절 허용의 대상을 몇 주 태아로 할지 논의하는 일은 태어날 아이의 양육 환경과 직접적으로 연관된 문제라고 볼 수 있다.

임신중절 논의는 태어날 아이의 양육 환경과 어떻게 연결되는가?

2021년 현재 한국은 저출산이 심각한 사회문제로 부상하고 있으나 아직 정부에서는 어떠한 해결책도 내놓지 못하고 있다. 2006년 대통령 직속으로 저출산·고령사회위원회가 신설되어 세 차례나 저출산·고령사회 기본계획을 수립했고 그동안 120조 원을 투입했지만 출생률은 계속 하락하고 있다. 2020년 출생아 27만 2,337명, 사망자 30만 4,948명으로 통계 작성 이후 최초로 인구가 약 2만 명

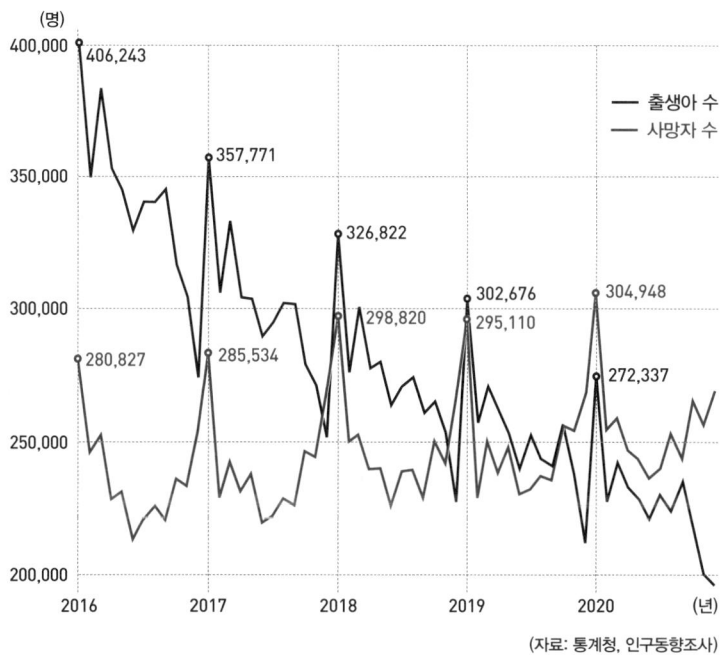

출생아·사망자 수의 변화(2016~2020)

(자료: 통계청, 인구동향조사)

감소했다. 출생아 수는 2017년 40만 명 이하로 떨어진 데 이어 3년 만에 30만 명 아래로 내려갔다.

왜 이렇게 빠르게 인구가 줄어드는가를 놓고 여러 분석이 나올 수 있다. 혹자는 아이를 낳지 않기로 선택하는 개인을 탓할 것이고, 더 나아가 결혼을 하지 않는 현재의 풍토 자체를 지적할 것이다.[38] 이에 제3차 저출산 대책은 청년 일자리 창출, 난임 지원, 보육 서비스 개편, 일·가정 양립의 네 가지 전략을 제시했다. 각 대책의 성공 여부와는 별개로, 과연 이런 개별 정책들이 효과를 발휘하도록 해줄 기본 틀이 마련되어 있는지 의심스럽다.

인구 감소는 결혼과 출산이 늘어나면 자연스럽게 해결될 문제라는 식의 생각은 결혼 시점이 늦어지고 비혼을 선택하는 이들이 많아지는 현 상황에 대해 눈을 감는 것이나 마찬가지다. 우리 사회는 정말로 아이가 늘어나는 것에, 그들이 행복한 삶을 사는 것에 관심이 있는가. 그렇다고 대답하기 어렵다. 단지 인구정책의 하나로 출생률을 늘리려 한다면 이 정책은 성공을 거두기 어렵다. 앞서도 살폈듯 인구 감소를 위해 노력했던 가족계획이 여전히 그 영향력을 곳곳에 남겨둔 상황에서 반전을 꾀한다고 해봐야 한계가 있다. 더욱이 한국에선 여전히 아버지, 어머니, 자녀라는 삼각의 구조가 중요하지, '아이'를 독립적 개체로는 생각하지 않는다.

2020년 중반, 일본 태생 연예인 사유리 씨가 혼자서 아이를 낳기로 결정하고 한국에선 그 일이 불가능해 일본에서 정자 기증을 받아 출산한 일이 축하와 비난을 동시에 받았다. 정말 아이를 낳는 일이 귀중하다면 왜 이 일은 비난받아야 하는가? 왜 한국에선 남편 없는 여성은 정자 기증을 받을 수 없는 것인가? 납득하기 어렵다. 그가 '부모'로서 제구실을 할 수 없기 때문이라면 부모로서 제구실을 하는 것의 기준이 정해져 있다는 이야기다. 그러나 단지 '아버지'와 '어머니'가 같이 있는 것만으로 '제구실을 하는 부모'가 된다고 말한다면, 너무 순진한 생각이다. 역기능 가정과 폭력적이고 무능한 부모가 얼마나 많은가. 그런데도 아버지와 어머니가 그저 있기만 하면 되는 것일까.

2020년 말, 입양아를 폭행해 살해한 부모가 우리 사회의 공분을 샀다. 이 분노는 당연하며, 그 부모에게는 마땅한 처벌이 내려져야 한다. 하지만 이 사례는 우리 사회가 여전히 양육은 가정의 일이고 사회는 그저 거들 뿐이라 보고 있음을 시사한다. 부모가 한 명이라면, 그리고 부모가 제대로 양육하기 어려운 상황이라면 사회가 양육을 책임져야 함에도 우리는 부모를 욕할 뿐 양육 시스템을 제대로 갖출 생각은 하지 않는다.

이 문제를 개선하지 않은 채 저출산 문제를 해결하겠다고만 한다면 어불성설이다. 이런 구조 아래서 국가가 출산에 개입하는 것은 더군다나 어처구니없는 일이다. 아이를 낳을 수 있는 환경을 우선 제공하고 그다음에 출산을 장려하는 제도를 마련한다면 그건 따져볼 수 있는 문제다. 낳은 다음엔 어쨌든 사회가, 국가가 책임질 테니까 말이다. 하지만 모든 책임이 가정으로 귀속되고 부모와 아이 사이의 신성한 삼각형을 지켜야 하는 한국 사회에서 출산에 개입하여 임신중절을 제한하는 것은 억지다.

출산-양육의 연속체에서 그동안 전통적으로 여성이 주된 역할을 해왔다. 그러나 앞으로도 이를 고수할 이유는 어디에도 없다. 심각한 저출산 문제를 해결하기 위해서라도 우리는 접근 방식을 바꿔야 한다. 저출산이 심각하니 임신중절을 막아야 한다는 역발상은 문제 발생의 원인을 사회가 아닌 여성에게 돌리는 일이다. 물론 아이를 양육하는 데 따르는 부모의 책임을 없애는 것도 옳진 않다. 당연히 부모는 아이 양육에 책임을 져야 하고, 자녀가 행복한 삶을 누릴 수 있도록 노력해야 한다. 다만 부모에게 적절한 책임 부여의 방안을 고려해야지, 아이를 무조건 낳게 하는 것이 해결책이 될 순 없다는 말이다.

결국 문제는 그동안 양육의 책임을 여성에게만 전가해온 사회에 있다. 아직 우리는 가족이, 사회가 함께 아이를 키운다는 게 어떤 것인지 잘 알지 못한다. 이 상황에서 우리의 선택은 둘 중 하나다. 사회가 함께 아이를 키우는 방법을 고민해 실현하거나, 임신중절의 선택권을 전적으로 여성에게 부여하거나.* 결코 불가능한 선

---

* 여러 논의, 특히 낙태 대 임신중지의 구도를 설정하는 담론은 태아생명권과 여성 신체 자기결정권의 대립 중 양자택일을 강요한다. 나는 이 이분법이 잘못 설정된 것이라고 생각한다. 태어난 아이는 가족(꼭 '생물학적 엄마'의 존재를 상정할 필요는 없으나) 안에서 보호와 양육을 누릴 수 있어야 한다. 한편 여성은 자신의 사회경제적 조건하에서 아이를 가질지 여부와 어떤 조건에서 아이를 키울지에 관한 충분한 모색과 지원을 받은 상황에서 그 결정을 내려야 한다.(이것이 앞서 설명한 '재생산권'의 의미이기도 하다.) 그렇다면 태아의 생명권과 여성의 자기결정권은 서로 대립하는 것이 아니며, 충분히 숙고한 상황에서 임신과 출산을 결정했다면, '여성 신체 자기결정권'이 굳이 논의에 들어올 필요가 없다. 문제는 기대하지 않았던 임신이나 여성의 출산에 관한 결정 없이 반강제·강요로 이루어진 임신일 것이며, 이는 애초에 임신중절의 논의가 아닌 임신·출산에 관한 성인의 자기결정에 관한 문제로 다시 다루어지는 편이 낫다. 이때 원치 않는 임신이 된 것이라면 약물 복용 등을 통해 초기에 중지하는 것이 허용되어야 한다. 낙태 금지를 주장하는 측이 이를 반대하는 것은 태어날 아이의 미래에도, 그 여성과 가족에게도 죄를 범하는 일이라고 본다. 한편 임신중지 찬성 측은 이런 주장은 약하거나 현실과 유리된 논의라고 일축할지 모른다. 얼마나 많은 임신이 남성과 가부장적 질서의 강요로 이루어지는데 재생산권이 무슨 말이냐 하고 반문할 수 있다. 하지만 그렇기에 나는 이런 상황에서 가족의 신중한 결정에 관하여, 그리고 임신과 출산을 지원하는 정책에 관하여 더 목소리를 높여야 한다고 생각한다. 현재의 문화가 문제이므로 법제만 바꾸면 된다는 것은 애초 임신중지 찬성 측 또는 여성 신체 자기결정권을 중시하는 입장이 지닌 전제(사회의 변화를 통해 여성의 권리를 강화해야 한다)를 스스로 무너뜨리는 일이기 때문이다. 사회의 변화는, 단순히 정책 변화가 아닌 인식, 문화, 구조의 변화가 얽히면서 이루어짐을 우리는 염두에 둘 필요가 있다.

택지도, 무리한 요구도 아니다. 이를 확립할 때 비로소 태아생명권 보호도 가능하다.

임신중절 결정이 여성과 사회 사이에서 작동하는 방식은 무엇이며, 여성 당사자의 목소리를 어떻게 반영할 것인가?

임신중절 제도안案에서 나온 '숙려 기간' 문제를 살펴보자. 정부는 임신 14주까지 임신중절을 허용하고, 임신 15주 이상 24주 이내의 경우 사회·경제적 사유에서 상담 및 24시간의 숙려 기간을 거치도록 하는 방안을 제시한 바 있다. 그저 하나의 '안'일 뿐이지만 숙려 기간이 어떤 역할을 할 수 있을지에 관해선 따져볼 필요가 있다.

상담과 숙려 기간의 의미는 무엇인가? 임신중절이라는 결정을 내리기 전에 한 번 더 고민해보도록 하는 절차이니 임신중절을 시행하려는 여성에게 마음을 바꾸라고 권하는 셈이다. 이미 지적된 것처럼,[39] 이 절차가 도리어 여성에게 고통을 가중시킬 가능성이 있다. 상담이 숙련된 상담자에 의해 이뤄지지 않고 상담자가 이미 결론을 내린 상태에서 상담을 진행한다면, 그것은 임신중절을 고려 중인 여성이 스스로 결정할 능력이 부족하므로 전문가의 도움을 받아야 한다는 식의 가부장주의적 접근이 될 수 있기 때문이다.

숙려 기간을 배치한다면 그것은 일차적으로 여성이 자신의 결정을 한 번 더 확인할 수 있는 시간을 마련하고, 혹 심리적 이유나 외적 압력에 의한 결정은 아닌지 살펴볼 수 있도록 도우려는 목적

이어야 한다. 여성의 임신중절 결정이 자율적이지 않을 가능성도 분명 존재하기 때문이다. 우울증이 심해졌거나 가족의 압력을 이기지 못해 이뤄진 결정일 수도 있는 것이다. 이런 경우엔 숙려 기간이 외부 압력에서 벗어나 자유로운 결정을 내리도록 하는 시간, 더 나아가 외부적 요인에 대한 해결책을 마련하는 계기로 작용해야 한다.

그러려면 관계 기관과 상담자 등이 여성 당사자의 목소리에 귀를 기울여야 할 것이다. 그동안 낙태 경험은 쉬쉬해야 하는 것으로, 여성이 다른 여성에게, 어머니가 딸에게 몰래 전하는 이야기여야 하는 것으로 가려져 있었다. 2020년 10월 15일 한국여성민우회가 연 '낙태죄 전면폐지를 위한 필리버스터' 같은 활동은 가려진 목소리를 전면에 드러내주었다. 이런 목소리는 더 많이 들려야 하고, 더 자세히 기록돼야 한다. 이런 기반 위에서 제도 운용 방식을 고민해야 한다. 우리에겐 상상력이 있지만, 그것은 제한적이어서 남성은 결코 여성의 경험을 온전히 상상할 수 없다.(역도 마찬가지다.) 우리가 함께 임신중절을 말하려면, 우선 여성의 경험을 듣는 것에서 출발해야 한다.

그 연장선상에서, 낙태죄 폐지가 무책임한 행위와 문란함을 조장할 수 있다는 주장은 설득력이 없다. 결정과 책임은 자유로운 개인에게 부여되는 것이다. 외적 압력이 가하는 '양심의 소리'는 진정한 양심이라 볼 수 없다. 죄책이 양심을 만드는 것이 아니라, 양심이 허락지 않는 것을 죄로 설정하는 것이다.

혹시라도 낙태죄 폐지로 무책임한 성행위가 만연할 것이 염려된다면 그건 문화적으로 접근해야 할 문제이지 법적으로 강제할 부분이 결코 아니다. 더욱이, 법으로 강제한다면 무책임한 성행위를 한 이들 모두에게 죄를 물어야지 임신한 여성에게만 죄를 묻는 것은 이상하다. 따라서 이 점을 정말 염려한다면 낙태죄 유지를 주장할 게 아니라 성의 아름다움과 책임감 있는 관계에 관한 전방위적 교육을 요청한다거나 그런 내용을 설득력 있게 보급하기 위한 다양한 콘텐츠(웹툰, 드라마)를 제작, 활용하는 것이 타당한 방안이 될 것이다.

임신중절,
더 넓은 시야로 보기

임신중절의 제도적 확립을 위한 사안으로 모체의 건강, 태아생명권, 양육 환경, 숙려 기간 등을 다뤄보았다. 무엇보다 중요한 것은 제도 이행의 방식이다. 낙태를 죄로 규정해놓고 개인이 알아서 하라는 식의 접근은 현대 국가에서 용인되기 어렵다. 이 말은 결코 임신중절을 무조건 허용하자고 주장하는 게 아니다. 임신중절을 적절히 제한하기 위한 방안을 마련할 때 고려해야 할 점을 살핀 것이며, 이런 논의는 어떤 식으로든 제도가 결정된 다음에도 이어져야 할 것이다.

한편 임신중절은 한국에서 이성애자 여성의 경험으로 한정되곤 하는데 성소수자에게는 어떤 문제로 받아들여질까. 임신중절이 모두의 일이 되려면 문제를 다른 관점에서 살피며 재구성해볼 필요가 있다. 이를 위해 의사이자 소설가인 이현석의 단편소설 〈다른 세계에서도〉[40]를 이야기해보려 한다. 작품은 의사인 화자를 등장시켜 임신중절 문제를 여러 측면에서 고찰한다. 이 작품은 임신중절에 관해, 우리가 지금까지 살펴본 것과는 다른 이야기를 들려준다. 이 소설을 통해 우리 사회의 임신중절 논의 과정에서 누락되었던 실제 층위를 확인해볼 수 있을 것이다. 그 실체는 절대 깔끔하지 않다. 모든 현실이 그렇듯이.

화자인 지수는 산부인과 전공의다. 같이 의사의 길을 걷는 동생 해수가 자신이 일하는 병원에 인턴으로 들어오면서 소설이 시작된다. 지수는 자신과 성격도 매우 다르고 학업 과정에서 계속 떨어져 지낸 해수에게 거리감을 느끼지만, 혈육으로서 지니는 책임감과 연결성 또한 떨치지 못한다.

지수는 학창 시절 동경하던 선배 희진의 권유로 재생산권 관련 논의의 필진으로 참여한다. 희진은 산부인과 전문의에 지도전문의 자격*을 갖춘 뒤 병원 근무 대신 시민단체 상근직을 택한 활동가다. 최근 잘 만나지 못하다가 오랜만에 희진을 만난 지수는 희진에게도, 모임에도 잘 적응하지 못한다. 희진의 모습이 변한 탓도 있지만, 모임이 대중적 공감대 형성을 주목적으로 하다 보니 구성원이 발제와 글로 내놓는 내용이 기존 질서에 순응하는 경우가 많아서다. 예컨대 이런 식이다.

• 일정 기간 이상 병원에서 펠로(전임의) 경험을 쌓으면 주어지는 자격이다.

> 하지만 나는 다분히 모성적인 수사를 끌어들였을 때의 문제 또한 가볍지 않다고 여겼기에 한 번쯤은 의견을 내야 하지 않나, 라는 생각을 했어요. 그런데 어느 당사자 운동단체의 활동가인 은빛 씨가 먼저 손을 들더니 "아무래도 우리가 주로 다루는 사안의 한계이긴 하지만……"이라면서 이 모임에서 다루는 글은 늘 교차성에 대한 고민이 부족한 것 같다고 지적했습니다.

여기가 소설이 문제 삼는 첫 번째 지점이다. 운동은 대중과 연결되어 있어야 한다. 보통은 이론에 깊은 관심을 가지기 어려우므로 정서적 선명성을 바탕으로 주장을 확실히 제시해야 한다. 이를 위해선 사람들에게 익숙한 표현과 생각을 활용해야 한다.

문제는 운동이 변화시키려 하는 것이 이 익숙한 표현이나 생각이라는 점이다. 재생산권을 주제로 논의하려면 '엄마'에 국한되어 있던 양육에 관한 생각에서 벗어나야 하는데, 역설적으로 재생산권은 아이 양육에 관한 논의이므로 더 많은 사람이 이 문제를 친숙하게 느끼도록 하기 위해서는 결국 '엄마'의 포근함과 사랑에 호소하게 된다는 것이다.

가족 구조를 벗어나려면 교차성, 즉 성별과 계급 등 정체성으로 인한 차별이 발생하는 지점을 지적해 이른바 '정상 가족'이란 성별과 효의 이데올로기로 구성된 것으로서 굳이 이성애자 남자, 이성애자 여자, 그 자녀로 가족이 구성될 필요가 없다고 주장해야 하며 이러한 가족 구조의 문제를 살피려면 여성의 억압을 말해야 한다.

한편 지수의 고민을 더 깊게 만드는 것은 해수의 임신 소식이다.

인턴으로 일하던 해수는 병원의 다른 전공의를 만나 아이를 가지고, 결혼을 준비한다. 이 과정에서 두 자매의 엄마는 해수가 임신중절을 하길 바란다. 엄마와 동생 해수 사이에서 지수는 임신중절에 관한 설득이 자기 일이 됐음을 깨닫는다. 재생산권 논의 모임에서 고민하던 문제가 자신의 삶으로 그대로 들어온 것이다. 어떤 언어로 상대방에게 자율성을 찾으라고 말해야 하는가. 이것은 상대방의 생각에 내 생각을 끼워 넣어 발아시키는 것은 아닌가. 지수로서는 할 말을 찾기가 어렵다.

이 모든 문제 위에 지수 자신의 성적 정체성이 겹친다. 지수는 동성애적 지향을 지니고 있으며, 재생산권 논의는 의도치 않게 그를 배제해 결국 자신은 외부자로서 이 논의를 바라볼 수밖에 없다. 이 모든 고민이 지수를 날 선 생각으로 이끈다.

> "……임신중지가 언제나 예외 없이 한 여성의 절실한 고민 끝에 나온 결정이라는 고정관념은 그것이 항상 절박한 상황에서 절박하게 취해져야만 하는 조치처럼 여겨지게 만들 수 있다." 그렇게 나는 천천히 써내려갔습니다. "……이러한 논리 끝에 임신중지가 고통을 수반하는 행위로만 가정된다면 우리의 주체성은 지워질 것이며, 타인의 선의에 의해 구조받는 나약한 존재로만 재현될지도 모른다."

지수는 임신중지라는 결정이 그렇게 무겁고 고통스러워야만 하는 일인지 묻는다. 좀 더 쉽게 결정을 내리면 안 되는 문제인가. 소설의 끝, 지수는 아이 없는 해수의 세상을 상상한다.(그것이 소설의 제목 〈다른 세상에서도〉를 설명해준다.) 소설 속에서 지수는 내내 누군가에게 말을 걸고 있는데, 독자들은 마지막에 와서야 그 대상이 해수의 아이임을 알게 된다. 지수는 말한다. 나는 네가 태어나든, 태어나지 않든 너를 사랑할 거라고. 그렇게 정해져 있다고.

〈다른 세계에서도〉 – 그것은 누구의 자율성인가

핵심은 여성의 자율성이다. 누군가 자율적 결정을 내린다는 것은 그 자신이 외부의 압력이나 강제 없이 자유로운 선택을 할 수 있는 상황에서 자신의 가치나 선호에 따라 결정하는 것을 가리킨다. 의료 환경에서 행위자의 자율성을 추구하는 것이 지닌 어려움은, 자율성을 말하는 것이 상대방에게 어떤 압력을 가하는 것이 아닌가 하는 자기 의심에서 비롯한다.

앞서 1장에서 살펴본 안락사 논쟁을 다시 생각해보자. 안락사를 찬성하는 이들은 끔찍한 고통에 처한 환자의 자율적 결정을 존중해야 하므로 그가 안락사를 선택할 수 있도록 도와야 한다고 말한다. 그런데 이런 주장은 그에게 안락사가 더 좋은 것이라고 암묵적으로 제안하거나, 심지어 강요하는 일은 아닌가.

또 다른 예도 생각해보자. 지금 나는 이 책에서 의료윤리를 이야기하고 있다. 나는 의료윤리 일반에서도 자율성은 중요한 가치라고 생각하며, 따라서 치료를 받을 때나 임상연구에 참여할 때 환자 또는 연구 참여자는 관련 내용을 충분히 인지하여 스스로 결정을 내릴 수 있어야 한다고 믿는다. 그런데 이런 내용을 가지고 아직 전통 사회의 규율이 깨지지 않은 국가에 가서 임상실험을 한다고 가정해보자. 개인이 공동체의 질서를 지키고 족장 또는 가장의 결정을 따르는 것이 자신에게도 선한 일이라고 믿는 그런 사회 말이다. 이런 곳에 가서 연구 참여자의 자율성을 말한다면 그 사회의 규칙을 부정하는 일이 될 것이다.

임신중절도 마찬가지다. 〈다른 세계에서도〉의 지수가 내놓는 고민이자 소설 전체를 관통하는 문제의식은 과연 현 상황에서 문제가 되는 자율성이 누구의 자율성이냐는 것이다. 소설은 우리 개인이 진정으로 자율적이라고 말할 수 있느냐고 묻는다. 동생 해수는 아이를 낳는 것이 자신의 선택이라고 믿는다. 하지만 그에게 임신중절 약물인 미소프리스톨과 같은 더 편한 선택지가 주어져 있지 않았기 때문에, 좋은 결혼 상대와의 관계를 이어가고 싶은 마음 때문에, 어쩌면 그를 얽매려 하는 가족 질서에서 벗어나고 싶은 마음 때문에 출산을 결정한 것은 아닐까. 이런 외부적 압력이 있는 상황에서 해수의 자율적 결정이 이뤄졌다고 말할 수 있을까.

또한 성소수자로서 지수는 자신과 임신·출산 경험은 거리가 있는 사안이라고 생각한다. 지수가 소설 내내 고백하는 서늘함은 무의식적으로 이를 깨닫고 있기 때문으로 볼 수 있다. 그런 그는 선배가 던진 말 때문에 재생산 전문가가 되기로 결심해 산부인과를 선택하고, 다시 선배에 이끌려 재생산권 담론을 논의하고 제안하는 모임에 참석해 글을 합평하고, 자신도 글을 써서 내야 하는 상황에 부닥친다. 지수의 결정은 과연 자율적일까. 그가 임신중절의 방법을 논하고, 임신중절의 결정이 특정한 은유에 갇혀 있음을 지적할 때 이것은 정말로 그가 모든 압력에서 자유로운 상태에서 선택한, 그의 순수한 이성의 판단일까.

이론에선 순수 이성이 가능할 수 있다. 철학에는 모든 현실을 초월한 정금 같은 판단, 말끔한 논리의 승리가 있다. 하지만 우리가 논하는 것은 현실의 문제가 아니었던가. 임신중절을 할지 말지 결정하는 것을 여성의 판단만으로 깔끔하게 결정할 수 있다는 것은, 오히려 현실의 무거움을 벗어버리고 문제의 맥락을 탈색시키려는 시도가 아닌가.

따라서 〈다른 세계에서도〉에서 살펴야 하는 것은 지수의 주장 자체가 아니다. 그 주장을 내놓게 만든 선배마저 할 수 있는 말과 해야 하는 말을 구분하고 있는 상황에서, 모임에 참여한 사람들을 다 설득해내지 못하는 상황에서 지수의 주장은 답이 아닌 하나의 가능성으로 제시될 뿐이다. 임신중절의 무거움을 벗어버린 세상도 있을 수 있지 않을까. 그러므로 우리가 마지막으로 따져봐야 하는 것은 바로 그 가능성이다.

탄생을 넘어, 탄생 이전을 상상하기

임신중절에 관한 담론은 필연적으로 새로운 생명의 탄생 주변을 맴돌 수밖에 없다. 임신중절을 실천하면 한 생명은 태어날 수 없다.

임신중절을 반대하는 쪽에선 낙태가 태아에게 심대한 위해를 끼친다고 본다. 무엇과도 바꿀 수 없는 생명을 임신중절은 빼앗기 때문이다. 그런데 이 경우 우리는 무엇과 무엇을 비교해 위해 혹은 이익을 따지는 것인가? 임신중절을 하면 태아는 태어나지 않는다. 그렇다면 태어나지 않은 생명의 이익을 태어난 생명의 이익과 비교해야 하는데, 이를 비교하기란 불가능하다. 태어나지 않은 생명의 이익을 따져볼 순 없기 때문이다.

우리가 이득과 손해를 따질 수 있는 것은 대상이 실제로 현실에서 존재하기 때문이다. 아예 없는 존재의 이득과 손해는 말할 수 없다. '해리 포터 시리즈' 같은 판타지 소설이나 영화가 아닌 한, 누군가 유니콘의 권익을 위해 싸운다고 할 때 그의 말을 진지하게 들을 사람은 없을 것이다. 태어나지 않은 존재의 이득과 손해도 마찬가지다. 법적으로 생명권을 언제부터 보장할 것인가의 논의를 넘어 우리는 이 지점을 따져봐야 한다. 임신중절이 태아의 생명권을 해친다고 말할 때 우리는 이미 '태어난' 생명을 살해하는 것을 가정하고 있지는 않은가.

그리고 이 논의는 우리에게 한 가지 문제를 더 제기한다. 성소수자는 재생산권 논의의 당사자가 될 수 있는가? 생물학적으로 성소수자는 출산을 할 수 없다. 물론 방법이 있다. 레즈비언 커플의 경우 정자를 기증받기도 하고, 게이 커플의 경우 대리모 출산을 하기도 하며, 최근에는 유전자조작을 통한 방법을 시도하기도 한다.(이 부분은 유전자조작을 다루는 5장에서 더 자세히 논의할 것이다.) 생물학적 방식으로 접근하지 않는다면 입양이라는 대안도 있으나 이것은 주로 양육 이슈에 해당할 것이다. 만약 위에 제시한 방법 중 하나로 임신한 성소수자가 있다면, 건강상의 문제가 아닌 한 그가 임신중절을 택하는 경우를 상정하기란 어렵다. 따라서 기본적으로 성소수자는 임신중절 논의에서 제외돼 있다고 봐도 될 것이다.

그러나 성소수자가 이 논의에서 배제되는 것이 과연 타당한가? 그들이 일반적으로 경험할 수 없는 일이라 하여 논의에 참여하는 것도 부정돼야 한다면 그건 이상하다. 만약 임신중절을 여성의 일로만 한정한다면, 남성은 논의에 참여할 수 없다는 의미가 된다. 하지만 오랫동안 낙태죄를 논의해온 것은 남성이었다.•

나는 둘 다 가능하다고 생각한다. 즉 존재와 비존재를 비교하는 것은 가능하며, 성소수자가 임신중절을 주제로 논의하는 것 역시 가능하다. 우리는 다른 세상을 상상할 수 있기 때문이다. 비록 그것이 제한적이고 언제나 변화 가능성이 있음을 상정해야 하지만, 우리는 아이의 태어나지 않음을, 남성이 아이를 임신할 수 있는 세상을 상상할 수 있어야 한다. 사노 요코의 그림책《태어난 아이》는 '태어나지 않은 아이'가 주인공이다. 무라타 사야카의 소설《소멸세계》는 인공 자궁이 생겨 누구나 임신할 수 있게 된 세상을 그린다.

• 물론 이것 자체가 문제였음은 이미 충분히 공감대가 형성된 것 같다. 이 책 또한, 앞에서 이 부분을 공들여 설명했다. 임신중지가 여성의 일로 한정되면 남성에게 책임을 물을 수 없게 된다.

우리가 쉽게 빠지게 되는 함정은 기존의 질서나 관념을 상상의 세계에 덧입히는 일이다. 죽음보다 삶이 당연히 낫다는 관념, 임신 경험은 여성만의 것이라는 질서를 적어도 상상의 세계에선 내려놓을 수 있다. 그리고 그 세계에서, 우리는 당연한 것들이 당연하지 않은 삶을, 당연하지 않은 것이 당연한 생활을 살펴볼 수 있다. 그리고 지금, 임신중절 논의에서 필요한 것이 바로 그 살펴봄이다. 생명권을 다른 각도에서 보기, 자율성을 다른 관점에서 다시 펼쳐놓기, 충돌하고 있는 두 논의가 다른 접점으로 만날 방법을 찾아보기. 그것은 이론도 현실도 아닌 구체적 상상만이 할 수 있는 일이다.

3장. 치매와 돌봄의 윤리

치매 환자를 대할 때 우리는 무엇을 바라는가

국가,
치매를 관리하다

요새는 잘 사용하지 않는 말로 노망 또는 망령이라는 표현이 있다. 1990년대부터는 그 대신 치매라는 표현이 쓰이고 있다.*¹ 노망이라는 표현이 과거 노인들의 인지력 감퇴를 가리킨 표현이었다면, 치매 또는 인지 장애**는 인지 기능 저하로 인해 생활에 문제가 생기는 질병을 가리킨다.²

이런 변화는 크게 두 가지를 의미한다. 첫째, 노인의 인지력 감퇴가 더는 자연스러운 현상으로 받아들여지지 않게 됐다. 대다수 국가에서 국민 전반의 건강 상태가 향상하고 기대여명이 늘어나면서, 청·장년기만큼은 아니더라도 노년기에도 건강한 삶을 누릴 수 있다는 기대감이 커졌다. 치매는 이런 기대를 위협하고 실제로 본인과 가족을 어려움에 빠뜨리는 질병으로, 당연한 노화 과정이었던 노망과는 구분된다.

둘째, 인지 장애가 있는 환자의 복지에 관한 요구가 나타났다. 여성이 돌봄노동을 담당하는 것이 당연시되던 사회구조에선 '노망이 난' 노인 또한 여성이 돌보아야 할 대상으로 여겨졌다. 그러나 이제 모든 구성원이 노동을 하며 소규모 가족을 구성하는 현대 사회에선, 인지 장애 환자를 돌볼 사람이 가정 내에 없다. 노인을 돌보는 시설이야 이전에도 있었지만 주로 제도적 관리 바깥에 존재했기에 그 수준이나 거주자의 권리 보호 등을 담보할 수 없었다.

국가정책을 통해 종합적으로 치매를 관리하기 시작한 것은 우리

- 2001년의 한 논문은 노망에서 치매로 변한 것을 의료 권력의 확장으로 바라본다. 노망은 자연스러운 과정이었는데 치매라는 표현이 들어오면서 의학이 노화의 생물학적 과정을 장악했고 결국 의사의 일이 되어버렸다는 것이다. 당시 유행하던 의료사회학적 접근이 미셸 푸코의 논의를 확대 해석해 적용하는 과정에서 이런 결론이 많이 도출됐고, 이 논의를 후향적으로 관찰하는 개인으로서는 아쉬움을 느끼게 된다. 푸코는 권력의 장악이나 압제적 성격만을 살피지 않았으며, 권력이 있기에 사회적 개인으로 존재할 수 있는 조건을 제시하기도 했다. 질병 규정은 의학이 부여하는 것일 수 있으나 그 규정이 있기에 우리는 질병 상태를 파악하고 치료받을 수 있다. 노망과 치매 또한 마찬가지 관점에서 살펴볼 수 있으니, 노망을 치매로 바꾼다 해서 삶의 조건이 달라지진 않는다. 일상에선 그저 당연한 것이었던 노망이 치매로 규정되면서 관리와 치료의 방법을 추구하게 된 것이며 아직 의학이 치료법을 제시하지 못한 것이 안타까운 일일 뿐이다. 오히려 생존 연령이 길어지고 노년의 생활 조건이 변화하면서 기존에 노망으로 자연스레 바라보던 것이 이제는 이상한 일로 변했다는 것, 즉 이젠 80세 노인도 인지적 문제를 겪지 않고 생활하는 게 당연시되는 데서 나타난 변화라고 보는 것이 더 타당한 해석이라 생각한다.
- •• 치매(dementia)는 국문, 영문 모두 부정적 의미를 지니고 있어 환자에게 직접 사용하는 것은 적절치 않을 수 있다. 최근에는 인지 장애 또는 대다수 환자의 원인으로 알려진 알츠하이머병(Alzheimer's Disease)을 그 명칭으로 사용하는 경우가 많다. 그러나 국가정책을 연결하여 논의를 진행하는 이 장에서는 '치매종합관리대책'과 '치매국가책임제'라는 표현이 실제 정책에서 사용되고 있으므로 치매라는 표현을 그대로 쓴다. 단, 필요한 경우 인지 장애 또는 알츠하이머병이라는 표현을 같이 쓸 것이다.

나라에선 그리 오래되지 않았다. 1997년 노인복지법 개정이 그 시작이었고, 점차 확대된 정책적 변화는 2008년 발표된 제1차 치매종합관리대책에서 국가시책으로 자리 잡는다.[3] 물론 이것은 국가의 대응이 늦었다기보다는 앞서 말한 바와 같이 치매를 질병으로 인식하고 집단적 대응이 필요하다는 사회적 인식이 생겨난 지가 그리 오래지 않기 때문일 수 있다.

이미 정부는 2016년 제3차 치매종합관리대책, 2017년 치매국가책임제를 시행하면서 치매 관리를 확대했다. 이 장에서는 이들 정책이 적절히 시행되었는지 따지기보다는 정책 시행의 과정에서 우리 사회가 치매를 바라보는 방식이 어떻게 바뀌었는지, 그 변화에 따라 이제 어떤 윤리적 질문을 던져야 할지 생각해보려 한다.

국가정책 이전: 노망과 망령

노인 문제가 사회적 쟁점으로 떠오른 것은 1970년대 후반이다.[4] 1981년 노인복지법이 제정됐으나 당시 법은 전통적 경로사상에 기대 가족의 부양 기능을 강화해 노인 복지를 증진하고자 했다. 따라서 경로효친 사상 고취, 노인복지시설 확충과 경로우대제도가 사업의 주요 내용이었으며, 부양의 책임을 주로 가족에 두고 국가는 최소한으로만 개입하고자 했다.[5] 이후 상당히 오랫동안 이 기조는 유지됐다.

따라서 노망(이때만 해도 치매라는 표현은 자주 쓰이지 않았다)은 개인의 치욕으로 여겨졌을 뿐이다. 지역의 노인들이 노화를 어떻게 바라보는지를 민속지적 방법으로 연구한 1993년의 한 논문[6]은 오래 사는 것에서 오는 괴로움을 표현하는 말인 수즉다욕壽則多辱에 관한 노인들의 생각을 이야기하며 이들의 가장 큰 두려움으로 노망을 적고 있다. 사소한 행동마저 노망이라며 꼬투리 잡힐까 걱정하고 노망으로 가족 구성원이 대소변을 받아내는 일이라도 벌어지면 자신이 천해진다는 인식은 아직 노망이 질병으로 구성되지 않았음을 잘 보여준다. 그저 시간의 축 위에서 기술되는 정신적 변화일 뿐이었다.

노망에서 치매로

1990년대 초반부터 치매라는 표현이 점차 확산했다. 1993년까지 언론에 거의 등장하지 않던 '치매'는 해가 갈수록 자주 다뤄지는 주제가 됐다.

이런 변화는 문학작품에서도 확인할 수 있다. 1990년대 이전에 발표된 박완서의 작품 〈포말의 집〉(1976)이나 최인호의 〈돌의 초상〉(1978)은 노인의 노망으로 인해 벌어지는 어려움에 관한 이야기가 펼쳐지는 반면 이후의 작품들, 예컨대 이혜경의 〈길 위의 집〉(1995), 이청준의 〈축제〉(1996) 등은 치매 앓는 노인을 주변에서 어떻게 돌보는지에 관한 이야기다.

1994년 한국치매협회가 창립되고 1997년 보건복지부가 치매

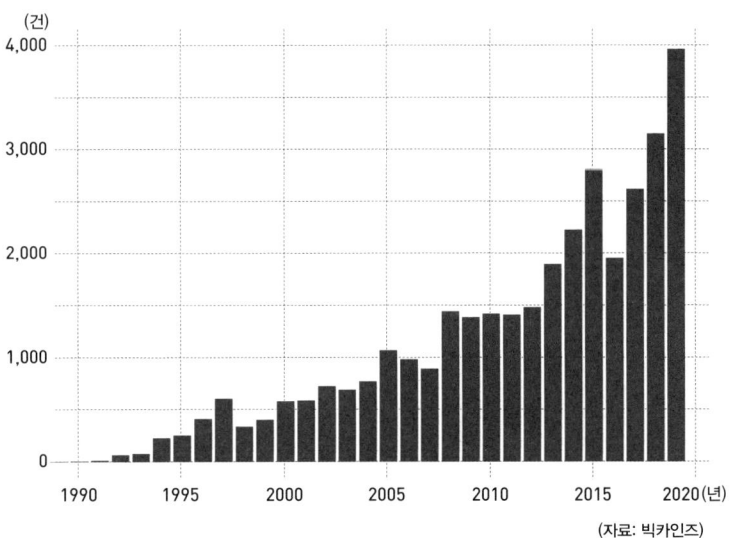

1990~2019년도 중앙지 기사 중 '치매'라는 단어를 포함한 기사 수

(자료: 빅카인즈)

10년 대책을 발표했다.[7] 그리고 1998년 노인복지법 전부개정에서 노인 질환의 치료·요양이 법의 목적으로 정립됐다. 개정된 법은 국가의 치매관리사업 시행을 규정했다. 또한 제34조는 치매·중풍 등 중증 질환 노인을 관리하는 노인전문요양시설과 유료 노인전문요양시설을 구분했고 전자는 무료 또는 낮은 요금으로 운영하여 저소득층이 이용할 수 있도록 했다.

이런 제도적 변화 위에서 출범한 것이 2000년 2월 노인장기요양보호정책기획단이었고, 이는 정부 자문기구인 2003년 3월 공적노인요양보장추진기획단 설치로 이어졌다. 기획단은 급속한 고령화로 인한 사회적 변화에 대응하기 위해 요양보호●[8]를 제공하고자 했는데, 이는 한정된 복지 예산 아래서 기존의 의료·복지 체계로는 적절히 대응하기 어렵다는 인식에 기초했다. 요양보호 체계는 선별적 복지에서 모든 노인 대상의 보편적 복지로, 행정기관 주도 제공에서 이용자 선택으로 변화하고자 했다. 무엇보다도 그동안 별도로 관리해오던 치매·중풍 등 중증 질환을 전체 서비스 제공 차원에서 통합한 다음, 치매 노인에게 맞는 서비스를 제공하는 방식으로 변경됐다.

그러나 치매 관리는 여전히 한계가 있었는데, 사회적 인식이 얕아 치매 예방과 조기 발견이 잘 이뤄지지 않았고 이에 따라 치료 및 관리 역량 또한 부족했기 때문이다. 그리하여 정부는 2008년 치매종합관리대책을 발표하기에 이른다.

국가치매관리종합계획

'국가치매관리종합계획'은 2008년 발표 이후 현재 3차까지 진행됐다. 이 과정에서 치매 관리는 여러 변화를 겪었다. 2008년부터 시행된 제1차 국가치매관리종합계획은 치매 관리에 관한 내용을 본격적으로 홍보했으며, 보건소에 치매상담센터를 설치하고 치매 검

- "의존상태에 있는 노인 또는 생활상의 장애를 지닌 노인에게 장기간(6월 이상)에 걸쳐서 일상생활 수행능력을 도와주기 위하여 제공되는 보건·의료·요양·복지 등 모든 형태의 보호서비스"로 정의됐다.

진 및 치매 진료비 지원 사업을 시행했다. 이를 통해 치매검진사업이 확대됐으나 전국적 규모로 이뤄졌다고 보기엔 그 시행 내역과 결과에서 한계가 나타났다. 2012년 2월 치매관리법이 시행됐다. 법은 국가와 지방자치단체에 치매관리사업 시행과 지원의 의무를 부여하고, 치매 연구와 의료비 지원 사업 등의 근거를 마련했다.

2013년부터 2015년까지 진행된 제2차 국가치매관리종합계획은 제1차 계획의 중점 사항이었던 홍보와 검진을 넘어 가족 지원 방안에 집중했다. 이에 치매 검진 보강, 위험 요인 사전 관리, 치료 지원 강화, 장기요양 대상자 확대 등의 제도가 시행되었고 치매 거점 병원과 치매 센터 운영을 지원했다. 또한 치매 상담 콜센터를 운영하는 등 치매 인식 개선을 추구했다. 이로써 치매 관리의 폭이 넓어졌으나, 여전히 환자와 가족이 체감하기에는 미흡함이 있었다. 경제적 지원이 부족하고 지역 간 격차가 크다는 것이 문제점으로 지적됐다.

이어 2016년부터 2020년까지는 제3차 국가치매관리종합계획이 시행되었으며 이 시기에는 서비스를 어떻게 공급할 것인가보다는 어떤 서비스가 필요한가에 초점을 맞추었다. 지역사회 기반, 중증도* 기반 치매 치료와 돌봄을 제공하고, 환자 보호 및 가족 부담 경

- 치매 중증도(severity)는 임상치매척도(Clinical Dementia Rating, CDR)로 평가한다. 기억력, 지남력, 판단력, 사회활동, 집안생활, 위생 및 몸치장의 여섯 가지 세부 영역 기능을 평가하며, 이에 따라 다섯 단계(전혀 없음, 의문스러움, 경함, 중등도, 심함)로 치매로 인한 장애 정도를 구분한다.

감을 위한 정책을 마련하는 노력을 기울였다. 2017년 9월엔 치매국가책임제가 발표되면서 치매 관리 정책은 더 확대됐다. 맞춤형 사례 관리, 장기요양 서비스 확대, 치매 환자 의료 지원 강화, 치매 의료비 부담 완화 등의 목표에 따른 제도를 추진한 치매국가책임제에 힘입어 현재 치매를 향한 관심과 인식은 매우 향상되었으며, 국가의 치매관리사업 예산도 증가했다. 치매 서비스를 제공하는 기관 또한 늘었다.

이것으로 충분한가?

치매 관리에 대한 사회적 필요성이 급격히 증가하자 국가가 짧은 기간 안에 발 빠르게 움직여왔던 것이다. 그리하여 이제는 치매가 여전히 부담스러운 질병이긴 해도 정책적 대응은 어느 정도 자리를 잡은 것 아닌가 하는 생각도 든다.

하지만 가령 이런 질문을 스스로에게 던지는 한 청년에게 우리는 어떻게 답할 것인가? "아버지를 버리지 않으면서, 그렇다고 아버지의 삶을 관리하는 수준에만 머물지 않으면서 내가 원하는 삶을 살아갈 수 있을까? 우리는 희생이나 배제 없이 더불어 살아갈 수 있을까?"[9] 나는 우리가 아직 그 답을 찾지 못했다고 생각한다. 왜냐하면 그간의 정책이 그저 관리에 초점을 맞췄을 뿐 돌봄을 직접적으로 다루진 않았기 때문이다.

치매로 인한 부담도 빠르게 확대되고 있으며 제도 또한 계속 확대되고 있는 반면, 이를 다루는 사회의 인식은 사실상 달라지지 않고 있다. 문화도 그대로다. 사람들은 여전히 치매에 걸리는 것을 가장 끔찍한 일로 여긴다.[10] 자신을 잃는 것에 대한 공포와 타인에게 의존할 수밖에 없는 상황이 주는 부담은 치매를 개인적 사건에서 관계적·사회적 사건으로 전환한다. 치매에 걸리는 것은 단지 개인에게만 벌어지는 일이 아니다. 따라서 이제 우리는 이 돌봄 사건을 윤리의 시선으로 돌아봐야 한다.

존엄사·안락사나 임신중절 문제에서 이야기한 '윤리'는 주로 개인의 것이었다. 결국 죽는 것은 '나'다. 또 아직 태어나지 않을 아이의 의중을 알 순 없기에 임신중절을 결정하는 것 역시 임부 자신, 즉 '나'다. 하지만 치매의 경우 결정은 단순히 '나'에서 끝나지 않으며, 끝날 수도 없다.

이렇게 한번 생각해보자. 치매 전과 후의 '나'는 같은 사람인가? 내가 지금까지 지켜오던 내 생의 역사와 가치, 목적, 규칙을 다 잃어버린 다음에도 나를 '나'라고 말할 수 있을까. 겉모습이 같고 주변 사람들이 같은 이름으로 부르니 여전히 '나'일까, 아니면 인지 기능이 변하고 기억을 잃으면서 더는 과거와 같은 인물로서 '나'를 구성할 순 없으니 다른 사람이라고 생각해야 할까.

이를 결정하는 것은 개인일 수 없다. 적어도 그 개인의 동일성이 의심되는 상황이므로 그 사람에게 이 질문을 던져봐야 무의미하다. 그렇기에 적어도 치매의 의료윤리 문제를 다룰 때는 '나' 이외에 '타인' 또한 논의 안으로 끌어들여야만 한다. 결국 치매는 우리에게 함께 사는 방법에 관한 뼈아픈 질문을 던지고 있는 셈이다.

우리는 치매에 걸린 사람을 어떻게 대할 것인가? 이 질문에 대한 답을 찾아야만 사회가 본격적으로 치매를 끌어안을 수 있다. 그렇지만 이 논의는 잠시 미뤄두고, 우선은 자율성이라는 문제를 조금 더 생각해보자. 치매에서 가장 심각한 문제는 '혼자 결정을 내릴 능력의 상실'이니까 말이다.

자율의 이상을
넘어서는 일에 관하여

자율성을 숙고해보려면 의료윤리 이론을 좀 더 이야기해야 할 것 같다. 의료윤리에서 가장 중요하게 다뤄지는 가치 또는 원칙이 바로 자율성이기 때문이다. 현대 의료윤리를 세웠다고 할 수 있는 톰 비첨Tom Beauchamp과 제임스 칠드리스James Childress는 이 분야의 고전 《생명의료윤리의 원칙들》에서 네 가지 원칙, 곧 환자 자율성, 선행, 악행 금지, 정의를 내세웠다.[11] 이 네 가지는 이후 의료윤리 분야에서 금과옥조로 자리 잡았다.

환자 자율성의 원칙은 환자가 자기 신체에 관한 일을 자유롭고 이성적으로 결정해야 함을 요구한다. 의료적 의사결정에서 환자가 충분한 설명을 듣고 완전히 이해한 다음 동의해야만 치료를 진행할 수 있다는 충분한 설명에 의한 동의informed consent가 환자 자율성

원칙을 구현한 대표적 의무다. 선행의 원칙은 환자의 최선의 이익 best interest에 따라 행위할 것을 요구하며, 여기에서 행위자는 의료인을 넘어 사회까지 연장된다. 이런 최선의 이익을 어떻게 결정할 것인가에 따라 이견이 생기므로(예컨대 말기 환자의 최선의 이익은 계속 치료하는 것인가, 아니면 빨리 고통을 끝내주는 것인가?) 실제 구현에선 여러 충돌이 발생하는 어려움이 있다. 악행 금지의 원칙은 히포크라테스 선서에도 나오는 "해를 끼치지 말라"를 원칙으로 명시한 것이다. 의료 행위는 어느 정도 환자에게 위해harm를 가한다. 수술을 하려면 환자의 피부를 절개하고 조직을 절제해야 하는 것이다. 하지만 이 과정에서 의료인은 위해를 최소화하는 노력을 해야 한다. 정의의 원칙은 공정할 것을 요구하며 차별 금지와 공평한 자원 분배로 구현된다.

이것이 생명윤리로 넘어가면 연구의 맥락에도 동일하게 적용된다. 연구자는 연구 참여자의 자율성을 존중하고, 연구 참여자의 최선의 이익을 추구해야 하며 위해를 최소화해야 한다.(단, 연구는 지식 획득을 통해 사회 전체의 이익을 위해 봉사하고자 하므로, 연구 참여자의 이익, 위해와 사회의 이익, 위해 사이에서 어느 정도 균형을 찾을 필요가 있다.) 또한 연구 참여자를 차별해선 안 된다.

이런 원칙은 서로 충돌하는 경우가 왕왕 있다. 예컨대 종교적 이유로 수혈을 거부하는 환자라면 자율성 원칙에 의거해 환자가 자기 신념대로 이성적으로 결정한 선택을 따라야 한다. 하지만 의료 윤리에는 또한 선행 원칙도 있으며 이를 따르자면 수혈을 하는 것이 환자의 최선의 이익에 따른 행위라고 말할 근거가 상당히 있다. 상당한 고통에 처한 말기 환자를 제외하면 죽음보다는 삶이 낫다고 보편적으로 인정하기 때문이다.

비첨과 칠드리스도 당연히 이 네 가지 원칙이 서로 충돌하는 경우가 있음을 알았다. 사실 이들이 의료윤리 원칙을 내세웠던 것은 기존의 주도적 윤리 이론이 각각의 문제에서 빚는 충돌을 조율하기 위함이었다. 이때 대표적 윤리 이론이라 하면 칸트의 의무론과 벤담Jeremy Bentham, 밀John Stuart Mill의 공리주의를 꼽을 수 있다. 전자는 개인이 숙고해 스스로 결정한 명령을 따르는 것을 윤리라고 했으며 후자는 최대 다수의 최대 행복을 결과로 낳을 수 있는 행위가 윤리라 했다. 두 이론을 의료윤리에 적용하는 데 어려움이 있었던 것은 의료적 상황은 급박한 것이라 빠른 결정을 내려야 하는데 둘 다 상당히 오랜 추론을 요구하고, 무엇보다 이미 확고한 두 이론이 각 사안에서 다른 결론에 도달하곤 했기 때문이다.* 어느 한쪽을 따라 결정을 내리기 어려웠던 비첨과 칠드리스는 두 진영 모두가 합의할 수 있는 원칙으로 네 가지를 꼽은 뒤 여기서 점차 결정으로 나아가는 방식을 택한 것이었다.

원칙이 서로 부딪치는 경우, 비첨과 칠드리스는 이 원칙 모두를

• 예컨대 말기 암에 걸린 환자에게 진단명을 숨겨도 되는가? 의무론은 오랫동안 거짓말을 하면 안 된다는 명령을 고수해온 반면, 공리주의는 그것이 환자와 가족에게 이득(적어도 정서적 안정과 가족의 평화라는 측면에서)을 준다면 거짓말을 해도 된다는 결론에 도달할 수 있다.

충분히 숙고한 뒤 상호 수정하여 의견 일치에 도달하면 된다고 생각했다. 이는 정치철학자 존 롤스John Rawls가 주장한 반성적 평형 reflective equilibrium 개념을 가져와 확장한 것이다. 하지만 이후 여러 결정에서 의료윤리는 환자 자율성을 가장 중요한 것으로 내세우게 되는데, 이는 현대의 생명의료윤리가 환자나 연구 참여자의 의사를 개의치 않고 치료나 연구를 진행해왔던 관행, 특히 나치 독일이 자행한 인간 연구 등을 비판하면서 점차 자리를 잡아갔기 때문이다.

비판할 지점이 없진 않으나•[12] 여전히 환자 자율성은 중요하다. 하지만 환자 자율성은 그 어떤 강압이나 압력도 없는 자유로운 상태에서 환자 스스로가 합리적 결정을 내릴 수 있음을 전제로 한다. 그가 비합리적 결정을 내릴 게 뻔히 보이는 상황이라거나 외압 때문에 잘못된 선택을 하는 것을 보면서도 그것을 자율성이라는 이유로 놓아두는 것은 윤리적이지 않으며, 자칫 핑계에 지나지 않게 된다. 따라서 합리적 선택을 할 수 없는 아동이나 정신질환을 앓는 이에게까지 자율성을 무조건 적용할 수는 없다.••

문제는 치매 환자의 경우다. 그가 치매에 걸리기 전에는 무엇이든 스스로 결정을 내릴 수 있었다. 그렇다면 그가 질환을 겪기 전에

- 의철학자 앨프리드 토버(Alfred Tauber)는 환자 자율성을 최우선하는 것이 '선택'에 최우선을 두는 미국의 문화적 토양에서 비롯한 것이며 이 때문에 의료의 돌봄이 점차 침식되고 있다고 비판한다. 이런 점은 비첨과 칠드리스가 제시한 이론의 한계라기보다는 이론이 현실에 적용되면서 생긴 변형과 제한으로 읽힌다.

했던 말이나 결정에 따라 현재의 문제를 처리하는 것을 생각해볼 수 있다. 하지만 이 환자는 현재 인격과 인식에 상당한 변화가 온 상태로, 이 상태를 기준으로 하여 정신질환 환자에게 적용되는 방식을 따라 합법적 대리 의사결정권자와 상의하여 결정할 수도 있다.

이런 결정이 환자 당사자와 잘 맞을 땐 문제가 없을 것이다. 반면 대리 의사결정권자가 환자의 의사를 잘 파악하지 못한다거나 여러 사람의 의견이 서로 충돌한다면 어떨까.

후견제도의 문제

성년후견제도란 정신적 제약으로 보호가 필요한 성인을 지원하기 위한 제도로, 사무를 처리할 수 없는 개인에게 가정법원이 후견개시심판으로 후견인을 선임한다. 혼자 살던 노인이 치매에 걸리는 경우 치매관리법 제12조의3은 지방자치단체가 후견인을 추천할 수 있도록 하고 있다. 이것을 공공후견제도라고 하며, 적절한 돌봄을 받지 못하는 노인 치매 환자가 권리까지 침해당하는 상황을 막

•• 따라서 상당히 복잡한 고려를 적용하게 되는데, 후술하겠지만 이는 서구의 개인 정체성이라는 틀 안에서 발생하는 문제기도 하다. 국내에선 오히려 이런 걸 왜 따져야 하느냐는 질문이 먼저 나오는데 아시아나 아프리카의 여러 문화권에선 개인보다 집단 정체성이 우선돼왔고 어떤 결정을 내리는 주체 역시 개인보다 주로 집단이었기 때문이다. 하지만 우리가 의학의 절차와 방법을 도입할 땐 지식만을 떼어내 가져오는 것이 아니다. 의학을 받아들인다는 것은 그 지식(의과학)과 실천(의료 행위)을 함께 수용함을 의미하며, 실천은 당연히 가치의 문제를 포함한다. 즉, 현대 의학은 서구의 개인 정체성이라는 틀을 포함하므로 생명의료윤리를 고려할 때 자율성을 배제하고 논의해선 안 된다.

기 위한 보호제도로 작동한다.[13]

이것은 후견인의 권한이 포괄적이며 피후견인, 즉 치매 환자의 의사결정을 대행하는 방식으로 작동하는 데 문제가 있다고 본 유엔장애인권리위원회의 권고를 수용한 제도다. 즉 후견인이 전적으로 의사결정을 내리며 피후견인에겐 무능력자라는 낙인을 씌우던 기존의 금치산, 한정치산 제도를 보완하고자 한 것이다.[14] 하지만 이것으로 충분하다고 말하긴 어려운데, 범위에 제한이 생기긴 했으나 여전히 후견인이 결정을 내리는 방식은 유지되기 때문이다.

유엔장애인권리위원회는 의사결정지원제도의 도입을 권하고 있다.[15] 이것은 장애인이 삶의 모든 영역에서 다른 사람들과 동등하게 법적 능력을 누릴 것을 밝힌 장애인권리협약 12조에 근거를 둔 것으로,[16] 환자가 비록 제한적이나마 스스로 의사결정을 내릴 수 있다고 보고, 환자의 자기결정을 돕는 방식을 다양하게 마련해 놓는 것이다.[17] 예를 들면 영국은 법정대리인이 없는 경우 독립 옹호자independent advocate를 둘 수 있도록 하고 있다. 법정대리인과 독립 옹호자 모두 정신능력법Mental Capacity Act에 근거하여 당사자의 결정을 지원하고 최선의 선택을 도출할 의무를 진다. 치매 당사자가 의사결정을 내릴 수 있도록 최대한 돕고 모든 수단이 실패하지 않는 한 당사자가 의사결정 능력이 있다고 가정하는 것이 이 제도의 근간으로, 의사결정 능력이 아예 없음을 가정하는 후견제도와는 접근 방법 자체가 정반대다. 또 법정대리인이 없는 이들을 대상으로 독립 정신 능력 옹호Independent Mental Capacity Advocacy 서비스를 제공하는데, 비영리단체가 독립적 위치에서 당사자 및 주변 인물과 접촉하여 당사자의 욕구, 가치, 선호를 파악하고 이에 따라 판단을 내려 의료 및 돌봄 서비스와 관련한 결정을 내릴 수 있도록 한다.

치매 환자는 무능력자인가

결국 우리는 치매 환자를 어떤 대상으로 자리매김할 것인지를 잘 따져봐야 한다. 치매 환자는 아무것도 할 수 없는 사람인가, 아니면 무언가를 할 수 있지만 한계를 지녔을 뿐인 사람인가. 사실 엄밀히 따져보면 이른바 '정상'의 성인도 완전히 합리적이진 않다. 그 또한 환경에 영향을 받아 결정하고 순간의 기분에 끌려 다닌다. 게다가 우리의 인지 능력 자체도 한계는 있다. 즉, 의사결정에 필요한 모든 정보를 다 활용한다는 것은 인간으로선 불가능한 일이다.* 이를테면 나는 아이에게 더 좋은 교육 환경을 만들어주기 위해 많은 것을 알아본다고 생각하지만, 내가 알아본 것은 사실 그렇게 많지 않다. 일단 그럴 만한 시간이 부족하고 정보를 모을 수 있는 통로 또한 다양하지 않기 때문이다.

그렇다면 치매 환자도 그저 정도 차이가 있을 뿐 다른 이와 '마

• 행정학자 허버트 사이먼(Herbert Simon)은 이를 제한된 합리성(bounded rationality)이라고 불렀다. 자신의 문제 해결 능력보다 직면한 문제가 크다면 그때 인간은 완벽히 합리적일 수 없다고 이야기하는 이 개념은 모든 인간이 효용을 극대화하는 방향으로 움직인다는 경제학의 대전제를 반박하는 기초가 됐다.

찬가지로' 합리적 판단에 제한이 있는 사람인 것이다. 물론 그런 이유로 치매 환자 개인이 알아서 판단하게 놓아두면 된다는 식의 접근은 적절하지 않다. 오히려 치매 환자가 저마다의 상황에 가장 적절한 판단을 내릴 수 있도록 도움이 필요하다고 보는 편이 타당하리라. 보통 사람들은 혼자 결정을 내리기가 어려운 경우에 관련 분야 전문가의 도움을 필요로 한다. 하지만 치매 환자의 경우엔 타인에겐 어렵지 않은 결정을 내릴 때도 누군가의 도움을 필요로 한다는 게 다르다. 이런 기준에 따르면, 치매 환자를 무능력자로 설정하는 것은 잘못이다.

이런 접근은 우리에게 생각의 틀 자체를 바꿀 것을 요청한다. 우리는 개인이 언제나 스스로 합리적 결정을 내릴 수 있다고 믿는다. 개인의 삶은 타인과 환경에 영향을 받지만, 기본적으로 삶에 타인이 꼭 필요하진 않다고 생각하는 것이다. 그러나 치매 환자를 통해 사유하다 보면 이런 전제는 이내 허물어진다. 우리가 그동안 너무도 당연한 것으로 가정해온 '단독 결정자'로서의 주체 개념에 문제가 제기되는 것이다.

우리는 단독자이며 우리 삶 또한 단독적인 것이라는 착각

역사적으로 저명한 철학자들을 불러들여 이 문제를 생각해보는 것도 좋겠지만(주체가 허상임을 주장하거나, 단독적 개인 또는 개인주의라는 서구 철학의 오랜 경향성을 비판한 사상가들을 인용할 수 있을 것이다) 이 거대한 논의*를 여기서 다 살펴보긴 어려우므로 의료, 좀 더 넓게는 돌봄이라는 상황에서 개인의 결정이라는 부분으로 한정해 생각해보려 한다.(이후 환자-의료인 관계를 다룬 8장에서 이 지점을 다른 방식으로도 조명해볼 것이다.)

누군가 아플 때 그 옆에 있는 타인은 그를 돌보고자 한다. 그것이 진화에서 생겨난 경향성이든 신이 창조할 때 불어넣어준 성향이든 간에 이것은 부정하기 어려운 인간의 기본적인 마음의 움직임 중 하나다. 옆에 있는 사람이 고통을 호소할 때 마음이 불편한 것은 그가 자신의 고통으로 내 마음을 움직이기 때문이다. '나'는 그의 고통을 줄이는 방향으로 반응하게 된다.

아니, 사실 사람들은 다른 사람의 고통을 보면 오히려 피하지 않는가? 성경 속 선한 사마리아인 비유만 봐도 강도 당한 자를 보고 피한 공무원이나 종교인이 등장하고, 뉴스를 보면 고통을 호소하는 외침을 지나치는 경우를 흔히 접하지 않느냐는 반문이 나올 수 있다. 하지만 이런 경우는 아마도 돈이나 권력에 대한 욕구, 바쁜 상황이나 또 다른 염려 등으로 인해 사람들이 본성을 거슬러 움직이는 일이 많음을 보여주는 사례일 것이다. 아무 이득을 기대할 수

• 이런 주장을 제시한 인물로 데카르트(R. Descartes)에서 하이데거(M. Heidegger)로 이어지는 '나' 중심의 철학에 반대한 에마뉘엘 레비나스(Emmanuel Levinas)를 들 수 있다. 그는 내가 있고 남이 있는 것이 아니라, 남이 있는 세상에 내가 들어서는 것이기 때문에 타인 없는 나는 불가능하다고 말한다. 내가 있으려면 타인이 있어야 한다는 이 말은 곧 나에게 타인의 존재를 지킬 의무가 부여된다는 뜻이다.

없음에도 고통받는 타인을 도우려는 사람이 있다는 것, 아니 생각보다 많다는 것은 타인의 고통을 돌아보려 하는 기본 성향이 있음을 말해주고, 따라서 그 사례들은 이런 의사에 반하는 행동을 가져오는 사회적 요인을 줄이고 문제 삼는 것이 필요함을 보여준다고 해석할 수 있다.

그런데 '돌봄'이라 하면 상대방의 아픔을 덜어내는 것을 흔히 생각하는데, 사실 그건 돌보는 이가 할 수 있는 일이 아니다. 물론 약을 챙겨줄 수 있지만 그건 약의 효과이지 돌보는 사람이 직접 해내는 일은 아닌 것이다. 결국 돌봄의 핵심은 아픈 사람이 어떤 행동에서 제한을 겪고 있으므로 그 부분을 보완해주는 것이다. 예컨대 통증이 있더라도 진통제를 먹고 그냥 지나갈 수 있는 정도라면 돌봄이 꼭 필요하진 않다. '돌봄' 하면 우리가 쉽게 떠올리는 이미지로 밤새 열이 올라 고통스러워하는 아이 곁을 지키는 부모의 모습이 있는데, 이때 부모는 아이 몸의 열을 내려주려고 차가운 수건으로 닦아주고 물을 먹이며 아픈 곳은 주물러준다. 평소에는 아이에게 이렇게 해줄 필요가 없을 것이다.

이때 돌보는 자는 돌봄 받는 자의 편에서 그의 필요를 대신 채운다. 여기서 두 경우를 생각해보자. 하나는 돌보는 자가 자신의 방식으로 돌봄받는 자의 필요를 결정하는 것이다. 이런 경우는 온전히 돌봄이라 말할 수 없는데 돌봄 받는 자의 필요가 충족되지 않기 때문이다. 다른 하나는, 돌봄 받는 자가 자신의 것만 고집해 돌보는 자에게 강요하는 것이다. 이 또한 온전한 돌봄이라 말할 수 없는데 돌보는 자가 배제되기 때문이다. 결국 돌봄이란 돌보는 자와 돌봄 받는 자가 서로 조화를 이룰 때 가능하다. 돌보는 자는 돌봄 받는 자의 필요를 살펴야 하고 돌봄 받는 자는 돌보는 자에게 어느 정도 자리를 내주어야 한다.

그런데 우리는 둘 중 하나를 곧잘 망각한다. 이런 일은 특히 현대 의료에서 두드러지는데, 의사는 치료 방법만 제시하면 된다는 식으로 환자의 필요를 살피지 않는 경우가 있다. 한편 환자는 자신의 선택만을 우선하고 의사에게 자리를 내줄 필요성을 생각지 못한다. 이것을 닭이 먼저냐 달걀이 먼저냐의 문제라고, 의사가 가부장적이었기 때문이라거나 환자가 소비자로 탈바꿈했기 때문이라고 말할 수도 있겠으나 그런 식의 이야기는 사태의 본질을 살피는 데 별 도움을 주지 않는다.

자존하는 자의 당당함과 타인의 자리

우리는 돌봄의 상황에서도 자신의 자리를 굳건히 지키는 하나의 이미지를 만나게 된다. 그것은 현대에 와서 극히 두드러지게 된 단독적 결정자로서 개인이라는 이미지다. 개인은 자신의 문제를 혼자 결정하고 혼자 결정해야 하며 이로써 개인은 개인으로서 위치를 부여받는다는 것이 그 골자다. 이는 '자존自尊'이라는 표현이 잘 보여주는 사태로, 우리는 언제부터인가 타인의 자리를 잊고 나의 문제는 내가 알아서 하는 것이며 그래야만 성인으로서 제 역할을 하게 된다는 생각을 굳게 믿게 됐다. 물론 경제적 개인은 자발적 결정을 내릴 수 있어야 할지 모른다. 하지만 이런 믿음이 돌봄 상황에서도 그대로 유지된다고 생각한다면 그건 돌봄에 참여하는 이들 각각을 슬픔 속에 빠뜨린다. 돌봄은 손을 내미는 일인데 이 경우 내민 손을 잡아줄 상대가 없게 되기 때문이다.

자존하는 자의 그 대단함을 여기서 다시 말할 필요는 없을 것 같다. 하이데거의 표현을 빌린다면 세인世人, das Man을 벗어나 자기 죽음이라는 최종적 äußerst 가능성 앞에서 피투성被投性, Geworfenheit을 깨닫는 자, 죽음에 임하는 존재 Sein zum Tode의 당당함이라 말할 수 있을 것이다. 이를 풀어 쓴다면, "나는 죽는다"라는 필연적 사실을 가능성이나 막연한 미래가 아닌 내 존재의 본질로 받아들인다는 말이다. 죽음을 정면으로 마주해 그 앞에서 자기 존재의 증명을(또는 자기 가치를) 추구하는 자의 결연함보다 멋진 것이 무엇이겠는가!

그러나 이 사태에서 그려지는 개인, 죽음 앞에 홀로 서 있기에 당당한 자는 자존하기에 자신을 자살로 몰아넣는 존재다. 이 결연함은 어떤 상황에서도 혼자 모든 것을 다 할 수 있다고 믿을 때만 가능하기 때문이다. 우리는 아픔과 고통 앞에서 나약해지는 존재이며 그때는 타인에게 손을 내밀 수밖에 없다. 그리고 그 '손 내밂'은 항복의 선언이 아니다. 그것은 타인의 도움을 청하고 그의 자리를 만들며, 이를 받아들인 그 또한 돕는 사람으로서 자신을 확인할 수 있도록 하는 초청의 몸짓이다. 이는 분명 어려운 일이며, 고통을 나눠서 지는 일이다. 하지만 그 돌봄의 자리는 우리에게 함께 살아가는 것이 무엇인지 가장 잘 보여주는 장소다.

  이런 관점에서 본다면, 치료와 돌봄의 의사결정이라는 문제는 아주 다르게 읽힌다. 돌보는 자도, 돌봄을 받는 자도 자신의 관점이나 생각만 내세울 수 없는 것이 돌봄의 상황이다. 따라서 우리 모두가, 이런 의사결정을 내릴 때 각자의 상황에 맞는 도움을 받을 수 있어야 한다. 돌봄 받는 자의 병이 어떻든지 간에, 즉 그것이 신체적 문제든 정신적 문제든 사회적 문제든 말이다. 여기서 치매 환자가 예외가 돼야 할 이유는 없다.

의사결정 지원과 사전 돌봄 계획

그럼 이제 치매 환자의 의사결정을 어떻게 도울 수 있을지 생각해 보자. 우선 의사결정 지원 방식의 하나로 '사전 돌봄 계획Advance care planning'을 살펴본 뒤 지원 방식을 하나 제안하려 한다. 앞서 말한 것처럼 의사결정을 지원하기 위한 제도는 기본적으로 한 명의 대리인 또는 대리기관이 지속해서 치매 환자의 의사결정을 돕도록 하되, 치매 발병 이전이나 초기에 환자가 이후 자신이 어떻게 돌봄을 받고자 하는지, 문제·충돌 상황이 벌어졌을 때 어떻게 하길 원하는지를 미리 결정해놓도록 하는 것이 긴요하다. 이를 사전 돌봄 계획이라고 부른다.

  사전 돌봄 계획은 말기 의료 전에 환자가 어떤 치료를 받기를 원하는지 그 방식을 결정하는 사전연명의료의향서를 쓰도록 하는 것과 비슷하지만 그보다 포괄적이다.[18] 여기에는 사전의료의향서 advance directive 작성, 의료 관련 결정 대리인 지정이 포함되며, 발생할 질병 관련 사항을 미리 포괄적으로 논의한다. 아직 국내에선 제도 도입이 이뤄지지 않은 개념으로, 도입과 실행을 위한 구체적 논의가 절실하다고 본다.

사전연명의료의향서의 경우도 그렇지만, 사전 돌봄 계획 수립으로 나아가는 데는 제약 사항이 다수 있다. 무엇보다, "아유, 건강하실 텐데 뭐 그런 말씀을 하세요"라고 말하며 여전히 쇠약과 죽음, 그에 수반한 여러 조건에 관한 대화 자체를 꺼리는 문화가 제도의 도입을 입구에서 막고 있다. 죽음에 관해 논의하는 일이 점차 확산하고 연명의료 중단의 제도화가 점차 자리 잡고 있는 것처럼, 치매 이전에 사전 돌봄 계획을 논의하는 것에 관한 제도적 준비와 사회적 담론의 확대가 당장 필요하다. 필요를 느끼고 필요를 요청할 때 제도 또한 마련될 수 있을 테니 이것이 치매 환자와 가족들에게 매우 필요하다는 점을 인식하고 앞서서 챙겨야 한다. 무엇보다도 우리의 돌봄이 결코 누군가가 혼자서 의사결정을 하는 일이 아님을 인정할 때 돌봄과 죽음을 함께 나누고 살아가기 위해 이런 논의를 해야 함을 인식하게 될 것이다.

이때 "나는 센터에 안 갈 거야", "나는 이런 상황이 되면 누구에게 부탁할 거야"와 같은 결정은 사실의 문제가 아닌 가치의 문제이기에 윤리를 통해 접근해야 한다. 이런 결정이 만약 어떤 당위나 초월적 목표 또는 보편적 결정에 따라 이뤄질 수만 있다면 모두가 같은 결정을 내릴 것이기 때문에 의사결정 지원은 불필요하다. 하지만 현실은 그렇지 않다. 각 사람마다 결정이 다르며 그 결정은 그 사람이 겪은 역사와 상황, 생각을 반영한다.

상대방의 필요와 가치를 알기 위해서는, 우리의 상황을 전하기 위해서는 아무래도 '이야기'가 필요하다. 이야기 없이 추상적으로 이런 결정을 내리거나 전달한다면 우리는 상대방을 이해할 수도 없고 상대방을 위한 결정이 무엇인지도 알 수 없게 된다. 당사자의 필요에 맞게 의사결정이 지원되고 실제로 그런 결정이 내려지려면 그가 처한 상황을 잘 이해해야만 한다. 이해에 따른 결정이 아니라면 그것은 의사결정 지원이 아니라 그저 대리 의사결정에 불과하고, 타인에 의해 당사자의 문제가 좌우되는 일이 될 뿐이다. 우리가 치매 환자 지원에 관해 이야기할 때 그 지향점이 환자의 결정을 돕는 데 있다면 우선은 그의 이야기를 경청하고 그 삶의 상황 속으로 들어가야 한다.

아픈 사람을
모시는 일이란

이제 박완서 작가의 단편소설에 등장하는 치매 노인 이야기를 해보려 한다. 때로 자신의 경험을 바탕으로 소설을 써서 그런지, 박완서 작가의 작품에서 화자와 작가를 구분하기는 쉽지 않은데, 여기서 살펴볼 단편 〈해산바가지〉도 그런 경우다.[19] 작품은 딸을 낳은 며느리를 타박하는 친구와 그를 지켜보는 화자의 이야기를 담은 앞부분과, 화자와 시어머니의 이야기를 담은 뒷부분으로 나뉘어 있으며 두 이야기가 서로를 보완하는 구조로 짜여 있다. 이런 구조를 통해 작품의 말미에 이르면 거룩함과 아름다움의 감각(박완서 작가의 다른 작품에서도 느껴지는)이 드러난다.

육체가 쪼그라들었다고 그 안에 담겼던 정신이 사라지는가

어느 날 친구로부터 전화가 온다. 자기 며느리가 둘째를 출산했는데 이번에도 딸이라며 속상함을 토로하는 친구 앞에서 화자는 당황스러움과 불편함을 동시에 느낀다.(작품이 1985년에 쓰였음을 참고할 필요가 있다.) 둘째도 딸인 줄 알았으면 떼든지, 아니면 아들을 낳을 때까지 계속 낳을 각오를 해야 할 텐데 며느리가 둘째까지만 낳겠다고 이미 선언을 해버려서 분통이 터진다는 것이다. 가족계획이 한창이던 시대를 배경으로 한 소설이라, 화자는 친구에게 인구수를 줄여야 한다고 하니 며느리의 반응은 당연한 것 아니냐고 말하고, 그 이야길 들은 친구는 버럭 성을 내더니 전화를 끊어버린다.

다음 날, 친구로부터 다시 전화가 걸려오는데 사과는커녕 같이 병문안을 가자고 한다. 며느리를 보긴 봐야 할 텐데 사돈어른도 있을 테니 같이 가서 중간 조율을 좀 해달라는 것이다. 그냥도 가줄 만한 사이였기에 친구를 따라가게 된 화자는 병실에서 강렬한 혐오감을 느낀다. 2인실에 같이 입원해 있던 다른 산모가 아들을 낳았는데 마침 병문안을 온 사람들(산모의 남편이 대학교수인 모양으로, 그 동료들이 찾아온 것이다)의 대화에서 여성 권리를 말하지만 딸을 낳는 것은 여전히 죄라는 식으로 "교양과 옹졸함"이 대놓고 보인 것이다. 게다가 이 이야기를 들은 친구가 며느리와 사돈어른에게 다시 분노를 표한 뒤 나가버린다. 귀가를 위해 친구와 함께 차를 기다리던 화자는 친구에게 잠깐 쉬었다 가자고 권한다. 그리고 시어머니와 같이 보냈던 시간에 관해 친구에게 털어놓는다.

시어머니는 배움이 많은 분은 아니었고 "깨친 글도 써먹을 바를 모를 만치 지적인 호기심이 결여된 분"이었으나 가족과 자식을 사랑하는 데는 남다른 데가 있었다. 자신의 다섯 아이를 모두 직접 돌봤고 일흔다섯까지 정정하게 살면서 가족을 챙겼다. 그러나 고혈압으로 쓰러진 뒤로 치매 증세를 보이기 시작해 같은 말과 질문을 반복했으며, 그 전에는 한 번도 보이지 않았던 해괴한 행동을 했다.

화자는 그런 모습이 너무 싫었지만, 좋은 며느리로 남고 싶은 마음에 신경안정제를 먹으며 억지로 참았다. 하지만 "구원의 가망이 조금도 안 보이는 지옥"을 살면서도 효부로 남으려던 화자의 노력은 실패로 돌아가고, 싫다는 노인에게 목욕을 시키려다 그만 자신의 증오를 표출하고 말았다. 몸져눕게 된 화자는, 더는 이 생활을 지속할 수 없다는 결론에 도달했다.

이대로는 안 되겠다 싶어 치매 환자 수용시설을 알아본 화자와 남편은 시골에 있는 기관을 하나 찾아가보기로 했다. 잠깐 앉아 쉬던 화자가 초가지붕에 잘생긴 박이 달려 있는 걸 보고 말한다. "여보, 저 박 좀 봐요. 해산바가지 했으면 좋겠네."

화자가 처음 임신했을 때 시어머니는 사람을 시켜 해산바가지를 구해 오게 했다. 첫 손자의 미역과 쌀을 씻을 바가지이므로 정한 것을 써야 한다고. 시어머니는 이를 귀히 여겼으며 해산 때마다 그 바가지로 산모의 건강과 아기의 명과 복을 빌었다. 이후 딸을 연달아

넷 낳은 화자는 자신도 민망하여 시어머니를 볼 면목이 없다고 생각했지만, 시어머니는 한 치도 변함이 없는 자세로 넷째 손녀를 해산바가지로 맞았다. 그 기억을 회상하며 화자는 깨닫는다. "그분의 망가진 정신, 노쇠한 육체만 보았지 한때 얼마나 아름다운 정신이 깃들었었나를 잊고 있었던 것이다."

그 후로 화자는 시어머니를 3년 더 모셨다. 위선을 떨지 않고, 힘들지만 서로를 필요한 존재로 여기며.

돌보고 돌봄을 받는 자가 되기 위하여

굳이 소설 내용을 요약한 것은 작품에 경의를 표하기 위함이자 이 이야기에 등장하는 여러 요소를 살펴볼 필요가 있어서다. 소설에서 문제가 되는 여성의 권리 문제, 이른바 '시월드'와 며느리, 지식 계층의 위선적 태도는 시어머니의 헌신과 성실, "확고한 사랑법" 앞에서 어느새 사라지고 만다. 하지만 시어머니의 헌신을 떠올리는 일은 그분이 치매를 겪던 이야기로 자연스럽게 전환되고, 이제는 치매 노인의 간병 문제가 소설의 전면에 대두한다. 이를 해소하는 것은 새로운 간병 제도가 도입되거나 새로운 인물이 등장함으로써 이뤄지지 않는다. 전환은 화자가, 소설의 표제이기도 한 '해산바가지'를 봄으로써 온다.

시어머니가 가졌던 생명을 향한 존중과 충실을 표시하는 이 해산바가지는 시어머니가 손주들을 맞이하기 위해 준비했던 것이자,

화자에게 시어머니의 존엄함을 떠올리게 하는 매개로 작동한다. 박을 보며 시어머니의 해산바가지를 떠올린 화자는 자신의 내적 갈등을 조율하게 되고, 치매 노인을 시어머니가 아닌, 내가 돌봐야 할 아이로 다시 보게 된다. ("임종 때의 그분은 주름살까지 말끔히 가셔 평화롭고 순결하기가 마치 그분이 이 세상에 갓 태어날 때의 얼굴을 보는 것 같았다.") 이로써 단편은 두 개의 순환 구조를 이룬다. 하나는 아이를 돌보는 시어머니와 시어머니를 돌보는 화자 사이의 순환이고, 다른 하나는 손녀가 태어난 것을 못마땅해하는 친구와 그 못마땅함에서 자신의 이전 모습을 떠올리는 화자 사이의 순환이다.

　작품은 우리에게 돌봄이 무엇인지, 그리고 치매 환자와의 생활을 이떻게 해나가야 하는지에 관해 깨딜음을 준다. 그러나 소설에 등장하는 돌봄이 옳은 방식이고 수용 기관에 맡기는 것은 틀렸다는 식의 독해는 적절하지 않다. 오히려 우리는 작품을 통해 이런 점을 확인하게 된다. 즉, 돌봄에 필요한 것은 어떤 당위나 결심이 아니다. 돌봄을 위해, 우리는 서로를 이해해야 한다. 그 이해란 어느새 사라지는 것이기에 언제든 다시 깨닫고 되새길 필요가 있는 어떤 것이다. 그렇게 자신의 앎이나 사회적 위치를 벗어나 서로 직접 만날 때에야 비로소 우리는 돌보고 돌봄을 받는 자가 될 수 있다. 그렇게, 우리는 서로의 상황 속에 녹아들어야 한다.

의료윤리에 '이야기'가 필요한 이유

이제 한 걸음 더 들어가보자. 환자의 말을 경청하고 그의 상황을 살핀다는 것은 어떤 의미인가? 예컨대 〈해산바가지〉의 화자는 손녀를 얻고 분통을 터뜨리는 친구에게 도덕적 충고를 던지는 대신 왜 옛날이야기를 꺼내는가? "손녀도, 손자도 모두 귀한 생명이고 그렇게 여길 때 우리 또한 존중받을걸세"라고 곧바로 말해줄 수도 있는데 말이다. 이 '정답'을 바로 들이밀지 않는 것은, 그런 도덕적 당위로는 상대방을 설득하기 어렵기 때문이며, 이해를 위해선 서로 공유할 수 있는 이야기 공간*이 필요하다고 생각했기 때문이다.

이런 이야기 공간에서 독자는 등장인물과 작가의 윤리를, 그리고 자신의 판단을 검토하게 된다. 이를테면 작품 속 친구는 '여성은 결혼 후 아들을 낳아 가문의 대를 이어야 한다'라는 그 자신의 도덕적 결정을 내리고 있다. 이 결정의 옳고 그름을 판단하는 일은 표면적으로는 쉽다. 이 친구의 결정을 '가부장주의적 편견'이라 비판하거나 '당시 시대상의 반영'으로 받아들이면 된다. 하지만 그것을

• 소아 정신분석, 상담을 개척한 것으로 유명한 도널드 위니콧(Donald Winnicott)은 유아의 발달에서 어머니와 형성하는 관계를 중시했고, 이 관계의 양상이 이후 삶에서 경험하는 관계의 틀을 만든다고 본 대상관계이론(object relations theory)에 속하는 주장을 제시했다. 특히 위니콧이 중시했던 것은 놀이와 공간인데, 유아는 놀이를 통해 어머니와 함께한 경험을 다른 대상으로 확장해나가며, 이를 창조적으로 표현하고 실험하는 데 필요한 것이 잠재적 공간(potential space)이다. 철학자 마사 누스바움(Martha Nussbaum)은 위니콧의 개념을 정치적으로 확장해, 정의를 위해선 인간의 여러 능력이 발현될 수 있는 공간을 마련할 필요성이 있음을 강조했다. 여기서 이야기 공간이란 대화 참여자가 자신을 표현하고 실험할 수 있는 공간으로, 참여자들이 서로 각자의 윤리적 판단을 비교하고 검증해볼 수 있다.

비판하든 받아들이든 둘 다 여러 층위로 구성된 친구의 삶을 무시하는 일일 수 있다. 만약 우리가 진정 '윤리'를 말하고자 한다면 각자 자신의 접근 자세가 윤리적인지를 먼저 물어야 한다. 윤리를 말한다면서 상대방의 복잡다단한 상황을 무시한다면 그것은 윤리를 실천하는 일이 아닐 테니 말이다.

박완서의 이 작품 속에서 화자의 친구는 오랫동안 화자와 우정을 나눈 사이다. 친구는 화자가 4녀 1남을 낳고 키웠으며 아직 자녀들을 결혼시키지 않았다는 것, 그리고 자기가 화를 냈더라도 결국 부탁을 들어줄 사람임을 알고 있다. 또한 자신에게 조언을 해줄 수 있는 사람이라는 신뢰도 지니고 있다. 그렇기에 친구는 화자에게 며느리에게 가는 길을 동행하자며 청하고, 한바탕 폭풍이 지나간 뒤 화자에게 말한다. "무슨 말이든지 좀 해봐."

화자가 친구에게 해주는 이야기도 실은 친구 역시 이미 아는 내용이다. "그 이야기는 내가 살아온 이야기 중의 한 토막이어서 당연히 시시할 수밖에 없었고 친구도 대강은 다 아는 이야기였다." 하지만 내용은 다 알고 있는 시어머니 이야기가 작품 종국에서 빛나는 깨달음을 전해주는 것은 서로의 상황을 충분히 이해하는 두 사람이 있기에 가능하다. 두 사람의 투덕거림과 마음 상황을 슬며시 전달하는 작가의 세심함을 읽어낼 수 있는 독자에게 주어지는 선물이라고 말할 수 있겠다.

앞서 언급했듯 도덕적 당위를 곧바로 들이민다고 해서 이미 다른 도덕적 당위를 받아들인 개인이 갑자기 개심하지는 않는다. 그러리라고 믿는다면 너무 순진한 생각이다. 더욱이 개인의 도덕적 선택에는 여러 이유가 있다. 그 선택의 바탕에 전통 존중이 있다고 해서 그것이 무시당해도 되는 것은 아니다. 결정의 변화를 원한다면, 상대방이 자신의 가치를 유보할 수 있는 자리(이야기 공간)를 먼저 만들어줄 필요가 있다. 그곳에서 사람들은 자신이 다다른 도덕적 결정을 살펴보고, 다른 대안을 탐색하며, 자신의 선택을 바꾸는 것이 가능함을 깨닫게 된다.

이런 맥락에서 박완서의 소설 속 시어머니와 화자의 이야기는 "시시한 이야기"이긴 하지만, "우리가 이 세상을 살아가며 허구한 날 맺는 온당한 인연, 온당치 못한 인연이 훗날 무엇이 되어 돌아오나를 풀 수 있는 암시 같은" 것을 화자와 그 친구에게 보여줄 수 있다. 그리고 우리는 독자로서 이 이야기에 이어지는 두 사람의 변화를 상상할 권리를 갖게 된다. 모르긴 몰라도 아마 화자는 이 이야기를 풀어놓으면서 자신이 시어머니의 생명을 귀히 여겼다는 사실을 다시금 깨달았을 것이고, 친구도 태어난 손녀를 조금은 더 어여삐 하며 귀히 여기는 쪽으로 마음을 돌렸으리라.

타인의 이야기가 들려주는 나의 이야기

그러므로 '윤리'를 말할 때 중요한 것은 이야기를 하고 또 듣는 능력이다. 상대방이 겪은 문제를 듣는 자세, 그 이야기 속으로 들어가 상충하는 것이 무엇인지 알아내는 힘이 필요하다. 아울러 가치에 관해 숙고해야 한다면 숙고의 공간이 되어줄 만한 서로의 이야기를 준비할 수 있으면 좋겠다. 이 세 가지가 밑바탕이 되어줄 때 우리는 비로소 윤리에 관해 말할 수 있다.

특히 '치매'에 관해 말할 때 이것이 중요한데, 우리가 치매 환자를 대화의 상대로 잘 인정하지 못하기 때문이다. 하지만 분명 우리는 치매 환자와 같이 산다. 90세 할머니를 돌보게 된 청년, 윤이재 작가의 《아흔 살 슈퍼우먼을 지키는 중입니다》[20]를 잠깐 읽으며 이 점에 관해 생각해보자.

> 그렇다면 할머니는 무엇을 기억하는 걸까?
> 할머니가 기억하고 있는 것은 크게 세 가지다.
> 1990년대에 일어난 충격적인 일, 평생 해오신 반복적인 일, 아주 어릴 때 일어났던 일이다.
> (…)
> 그래서 나는 '오늘의 할머니 기억력 테스트'를 하기 시작했다.
> 사실 간단한 테스트다. 테스트는 "할머니, 나 누구게?"로 시작된다. 할머니에게 내가 누구인지, 20년 넘게 봐왔던 손녀를 알아보시는지 여쭤보는 것, 그것뿐이다. 우연히 매일 대답이 달라지는 것을 알게 된 뒤로 이 테스트를 하기 시작했다.

취업준비생이라 집에 있는 시간이 많아진 작가는 치매에 걸린 할머니를 돌본다. 치매에 걸렸다고 할머니가 완전히 백지상태가 된 것은 아니다.(임종에 가까워지면서 점점 더 많은 것을 잃어버리긴 했지만) 비록 몸과 정신의 많은 것이 썰물처럼 빠져나가고 있을지언정 그 육신의 역사는 거기 그대로 남아 있다.

윤 작가가 할머니를 돌보며 매일 '기억력 테스트'를 한 것은, 할머니의 지적 능력을 검사하기 위함은 아닐 것이다. 그는 아직 할머니가 자신과 함께 있는지 확인하고 확인받고 싶은 것이다.

> "할머니! 나 누구게?"
> "몰러… 기억이 안 나. 정희여?"
> 이럴 때는 많이 슬프다.

우리의 존재는 확인하고 확인받을 때, 내가 타인을 기억하고 타인이 나를 기억할 때 하나의 '존재'로서 남을 수 있는 것 아닐까. 우리의 이름이란, 아니 타인이 나를 부르는 여러 가지 표현이란 단지 그저 나를 불러세우는 것으로 끝나지 않고 그 이름에 켜켜이 쌓인 서로에 대한 기억을 떠올리며 서로의 존재에 감사하게 만드는 역할을 한다고 나는 믿는다. 그렇기에 윤 작가는 할머니가 자신의 이름을 부를 수 있을 때, 그리고 쓸데없는 것을 묻는다면서 혼낼 때 오히려 기쁘고 감사했으리라.

치매가 그토록 두려운 이유는 그것이 우리의 존재를 붙드는 기억을 위협해서다. 나를 기억하지 못하는 당신을 만나는 일, 당신이라는 세상 속에 있는 내가 지워진다는 사태는 하나의 우주가 사라짐을 목도하는 일이기에. 하지만 우리에겐 이에 저항하는 방법이 있다. 우리의 기억을 이야기로 남기는 것, 아니 기억의 조각들을 모아 이야기로 다시 만들어내는 것. 윤 작가가 할머니의 돌봄을, 기억을 모아 《아흔 살 슈퍼우먼을 지키는 중입니다》라는 이야기로 다시 구성한 것처럼.

이것은 구술사, 개인의 경험을 모으고 기록하고 남기기 위해 역사학이 택한 방법론과 비슷하지만, 나는 이것이 윤리의 일이기도 하다고 생각한다. 윤리를, 환자의 자율성을, 선택을 돕는 방법을 말하기 위해 상대방의 이야기를 살피는 것. 치매 앞에서, 환자와 나의 이야기를 만들고 기록하는 것. 그것은 어려운 현대 소설을 읽는 것만큼이나 복잡하고 지난한 작업일 터이다.* 하지만 그것을 나는, 우리 돌보는 자에게 주어진 윤리적 책무라고 말하고 싶다.

---

* 하지만 현대 소설을 읽는 일이 훈련으로 가능하듯 적절한 훈련을 통해 흩어진 환자의 이야기를 더 잘 들을 수도 있을 것이다. 집중과 관심이 우리를 돌봄이 가져오는 연합으로, 돌보는 이와 돌보는 자의 상호 인정으로 이끌 것이다.

4장. 감염병과 윤리

코로나19가 지나간 뒤 남을 풍경들

배제와 강제의 대상, 감염병

2020년 코로나19로 전 세계 질서가 완전히 뒤바뀌는 것을 목도하기 전에는, 그래도 감염병을 통제할 수 있으리라는 확신 또는 믿음이 있었던 것 같다. 당장 우리나라 상황만 봐도, 2015년 메르스의 경험이 있었고 그것이 비록 호되긴 했으나 어쨌든 감염병 관리에 성공했던 것이다. 현대 의과학의 발전과 함께 이제는 미생물로 인한 위협보다 미생물을 활용하는 인간을, 누군가 자행할 생물학적 테러를 더 무서워해야 하는 것 아닌가 하는 인식도 있었다. 하지만 이 모두가 자만이었음을 1년 넘는 시간을 통해 뼈저리게 깨닫고 있다.

코로나19 관리에 관해서는 이미 많은 이야기가 나왔으나 아직도 정리해봐야 할 것이 많고 그러려면 좀 더 시간이 필요할 것이다. 다만 이 장에선 우리가 감염병과 접촉하면서 목도하게 된 윤리적 한계점을 살펴보려 한다. 감염병은 역사적으로 언제나 배제 혹은 낙인의 문제와 연결되었는데도 우리는 그 부분을 쉽게 잊어버린다. 감염병이 공중보건 정책의 강제성과 개인의 자유가 첨예하게 충돌하는 모습을 잘 보여줌에도 이런 지점을 잘 인식하지 못하는 것이다. 이 주제는 이전에도 다뤄져왔으나 우리는 코로나19가 전 세계적 문제가 되고 나서야 재발견하게 됐다. 언제나 있었던 문제를 마치 없었던 것처럼 망각했다.

물론 이 문제가 우리 사회에서만 발생한 것은 아니다. 배제와 차별의 문제는 미국이나 유럽은 말할 것도 없고 전 세계 어디서나 생겨났다. 다른 나라에서는 감염병 대처 방식에 저항하는 시위가 벌어졌다는 뉴스도 자주 접할 수 있었다. 하지만 한국의 상황은 다른 나라에서 벌어진 문제와는 차이가 있어서 같은 잣대로 평가할 수 없다. 이를테면 한국의 마스크 사용과 미국의 마스크 사용을 비교해 한국이 더 잘했다곤 말하기 어렵다. 한국이나 일본 등은 이전에도 감염병 관련 문제가 불거졌을 때 마스크 착용을 당연시한 반면, 얼굴을 드러내는 것이 대면 예절에서 중요하게 여겨지는 미국 등의 국가에서 마스크 착용은 매우 이상한 일이기 때문이다.[1]

이 장에선 배제와 강제성이라는 두 키워드를 가지고 한국의 감염병사史를 일단 살펴본다. 전자를 위해선 한센병을, 후자를 위해선 일제강점기의 위생경찰 논의를 확인해볼 것이다. 20세기 초의 한국으로 거슬러 올라가 문제를 짚어보려 한다. 둘 다 그만큼 뿌리가 깊은 이야기인 데다 현재까지도 그 영향이 이어지고 있는 주제라서 그렇다.

'배제'의 방식

한센병을 살펴보기 전에 먼저 배제란 무엇인지, 그리고 한국에서 장애를 향한 배제가 구체적으로 드러난 시점이 언제였는지 확인해볼 필요가 있다. 장애를 향한 혐오에 심리적 부분이 있다손 쳐도(개인적으로는 동의하지 않는다), 그것이 표출되는 방식은 사회적으로 구성된다. 더 나아가 나는 장애를 향한 태도 자체가 '구성된 것'이라고 보기에 "언제부터 우리 사회는 장애를 배제했는가?"라는 질문이 충분히 제기될 수 있다고 생각한다. 그리고 여러 연구에 의하면 장애를 향한 배제가 생겨나기 시작한 때는 일제강점기다.

이를테면 정창권의 《근대 장애인사》는 장애인이 사회에서 소외되기 시작한 시점을 일제강점기로 설정하고 있다. 조선 시대에는 장애인을 가족과 마을공동체가 지원했으며 국가는 그들의 자립과 노동을 위한 정책을 폈다. 장애가 있는 왕도 더러 있었으며(역대 가장 훌륭한 왕이라는 세종대왕은 지금 기준으로 치면 시각장애 2급일 것으로 추정된다), 관료 중에도 장애가 있는 이가 많았다. 척추장애를 가진 허조는 세종대왕 통치기에 좌의정까지 올랐고 중종 때 우의정까지 오른 권균은 뇌전증(간질)을 앓았다.

그러나 "근대, 특히 일제강점기에 이르러 장애인의 삶은 크게 위축"됐다.² 복지는 이뤄지지 않았고, 사회는 이들을 부정하려 했다. 사회가 특정 집단을 부정하는 것을 배제라 표현할 수 있고, 사회학자 주윤정은 국내 시각장애인의 역사를 담은 《보이지 않은 역사》에서 프랑스 역사학자 앙리자크 스티케Henri-Jacques Stiker를 인용하며 배제의 방식을 몇 가지로 구분한다. "죽음에 의한 배제, 버림에 의한 배제, 격리에 의한 배제, 지원assistance을 통한 배제, 주변화를 통한 배제, 차별을 통한 배제"가 그것이다.³ 나치의 장애인 절멸 정책*이나 가족 및 공동체가 장애인을 돌보지 않고 버려두는 것이 각각 죽음과 버림에 따른 배제라면, 사회가 장애인을 시설에 격리하는 것도 배제의 한 방식이다. 사회가 해당 집단을 구휼에 의존하도록 만들어 결과적으로 자립을 막는 것은 지원을 통한 배제다. 대상을 비정상으로 만들거나 아예 다른 계층으로 만들어 차별하는 것도 배제의 대표적 방식이다.(아마도 "배제" 하면 이 두 가지가 먼저 떠오를 것이다.)

일제강점기, 한센인 배제의 형성

왜 사회는 특정 집단을 배제하며 그 대상은 어떻게 결정되는가? 한센병이 적실한 예다. 한센병은 가라, 풍병, 나병, 문둥병 등으로 불

---

* 1939년 나치 독일이 개시한 T4 작전(Aktion T4)은 장애인을 대상으로 한 대대적인 안락사 정책이었다. 이전에도 나치는 불량 유전자를 말살하겠다며 실시한 인종 개량 프로그램의 일환으로 장애인을 안락사시키곤 했으므로 1939년이 시작은 아니다. 역사학자 이안 커쇼(Ian Kershaw)는 장애인 안락사가 홀로코스트의 출발점이라 보기도 했다.

리던 것으로, 나균Mycobacterium leprae과 나종균Mycobacterium lepromatosis에 의한 만성 감염병이다. 감염 초기에는 증상이 없고, 이후 신경계 등에 발진이 생기면서 해당 부위의 감각이 소실된다. 통각 또한 사라지기 때문에 외상을 입어도 모르게 되고, 반복적인 외상의 결과로 신체 말단이 떨어져 나가기도 한다. 지금은 특정 지역을 제외하면 연간 1만 명당 1건 미만으로 발생하는 희귀 질환이다.

일본만 해도 근대 이전에는 한센병 환자를 기피 대상으로 여기는 정도에 그쳤다. 1880년대 서양 선교사들이 방문해 일본에 한센인이 많은 것을 보고 놀라 한센인 병원을 세우자 일본 정부도 한센인 정책을 직접 마련하고자 했는데,[4] 이는 서양인에게 자신의 치부를 보이지 않으려는 노력의 일환이었다. 1897년 한센병에 관한 제1회 국제회의에 참여한 후 한센인에 대한 단속 및 격리를 제도화했는데, 사실 이것은 이후 국제회의가 인도적 격리와 퇴소 보증을 논의한 것과는 매우 다른 방식을 취한 것이다. 이처럼 국가에 의한 강제격리 조처가 이뤄진 것은 일본 혈통의 순결함을 유지한다는 명목에 따른 것으로, 미개한 원주민에게 만연한 한센병은 격리, 소멸되어야 할 대상이라고 봤다.

일제강점기 식민지 조선에까지 이런 인식이 전해지면서 우리 사회에서도 한센병 환자는 가시화됐다.* 즉 한센병이 사회문제로 부각되기 시작했다.[5] 한센병이 감염병이라는 것을 알았던 서양 선교의사들이 점차 한센병 환자 수용소를 늘려갔으며, 조선총독부가 1916년 소록도자혜의원을 설립하면서 조선 각지의 한센병 환자는 시설화**됐다. 동시에 한센병 환자는 '문둥이'로, 신이 내린 벌을 받은 죄인으로 낙인화됐다.

1920년대가 되면 한센병 환자의 자살이 더러 언론에 보도되는데, 병자가 가족에 부담을 안기는 존재가 된 동시에 가족 전체가 공동체에서 배제된 상황이었음을 방증한다.[6] 이런 현실은 가족에 의한 한센병 환자 살해로도 이어졌으며, 가족과 공동체 모두에서 배제된 한센인은 치료를 위해 시설화되거나 부랑인이 됐다. 한센인 부랑 집단은 일반인에게 위생을 위협하는 공포의 대상이었고,[7] 인육을 먹으면 병이 낫는다는 낭설로 인해 살인 사건까지 종종 벌어졌다. 정책이 한센인의 강제격리를 추구하기도 했지만, 이런 이유로 사회도 한센인 강제격리를 요구했다. 한편 한센인 시설은 그 수와 규모를 늘려갔으나 그와 비례해 환경 또한 열악해져 시설 내의 반발이나 탈주가 증가했다.

이 모두는 일제강점기에 한센인을 향한 배제가 어떤 양상으로

- 이 부분은 일본 제국주의의 일방적·폭력적 권력으로 인해 장애인이 격리됐다고 본 기존의 연구 대신, 일본 제국의 정책과 식민지 조선의 상황이 서로 영향을 받으며 한센인을 향한 배제가 형성됐다고 보는 김재형의 연구(〈부랑나환자 문제를 둘러싼 조선총독부와 조선사회의 경쟁과 협력〉)와 맥을 같이한다. 한센인 배제에는 물론 일본의 영향이 지대했으나, 조선 사회가 여기 동참했기에(특히 초기에는 더 적극적으로 나섰기에) 이후에도 감염자와 장애인을 향한 배제가 이어졌다고 볼 수 있기 때문이다.
- 시설화(institutionalization)라는 용어는 1970년대에 등장한 탈시설화(deinstitutionalization) 운동에서 나왔다. 당시 정신병원이 환자를 강제로 가두고 가혹한 조건에서 생활하게 하는 문제가 대두하면서 시설에서 환자를 벗어나게 하자는 탈시설화 운동이 이루어졌고, 영화 《뻐꾸기 둥지 위로 날아간 새》(1975)가 이를 대중에 널리 알리면서 운동은 큰 힘을 얻었다. "시설화"는 탈시설화의 반대 항으로서 환자를 시설에 수용하는 정책 일체를 가리킨다.

나타났는지를 보여준다. 정리하면 첫째, 한센병이 감염병이라는 점이 알려지면서 환자들은 시설에 격리됐다. 이는 한센병 치료제가 없었던 당시 상황에선 어쩔 수 없는 조치였으나,* 한센병 치료가 불가능하다는 생각이 퍼지면서 환자의 추방과 고립을 강화하는 결과를 낳았다.[8] 둘째, 인종주의적 접근이 식민지 조선에 빠르게 확산하면서 한센인은 가족·공동체와 분리됐다. 일을 할 수도, 생활 수단에 접근할 수도 없는 한센인은 죽거나, 시설에 들어가거나, 부랑집단을 이뤄야 했다. 셋째, 집단을 이룬 한센인들은 인육 섭취와 전염의 위험성 때문에 불온한 존재로 여겨졌고 그만큼 강제격리의 필요성은 증가했다.

그러자 이른바 조선의 엘리트들이 나서서 1931년 조선나병근절책연구회를 조직해 조선인이 운영하는 격리 시설을 만들어 환자들을 격리하고자 했다.[9] 재정 문제로 미온적 대처를 해오던 조선총독부는 연구회의 활동에 위협을 느껴 이를 해산시킨 후 1932년 12월 2일 조선나예방협회를 설립했다. 모든 한센병 환자의 절대 격리를 목표로 한 협회의 활동으로 소록도 시설은 빠르게 확장되었고 한

• 1910년대 후반 대풍자유(大風子油) 혼합물이 치료제로 사용되기 시작했으나 효과는 크지 않았다. 치료제인 댑손(Dapsone, Diaminodiphenyl Sulfone)은 1908년 에밀 프롬(Emil Fromm)과 제이콥 위트먼(Jakob Wittmann)이 합성한 염료였다. (당시 발견된 항생제는 처음에 염료로 개발되었다가 이후 치료 효과가 밝혀지는 일이 종종 있었는데, 염료가 세포벽을 침투할 수 있기 때문이다.) 이후 1937년 파크데이비스 사(Parke, Davis, & Co.)가 별도로 댑손을 합성하여 프로민(Promin)이라는 이름을 붙였다. 미국 카빌 국립 한센병요양소의 가이 패짓(Guy Henry Faget)이 1943년 프로민이 한센병에 효과가 있음을 보고하면서, 1945년부터 한센병 치료에 사용됐다.

센인은 강제수용됐다.

이런 강제격리 정책은 해방 이후에도 계속 이어졌으나 이를 유지하는 데 필요한 예산이 모자랐기에 시설 관리는 원조에 의존했다. 1955년 미국한센병선교회 의료기술고문인 로버트 코크레인Robert Cochrane이 방한하여 공중보건관* 확보, 시설과 종합병원의 연계, 정착촌 건설 등을 제안했다.[10] 이후 치료제 보급과 정착촌 운동이 확산하면서 1963년 전염병예방법의 한센병 환자 강제격리 규정은 삭제되었으나 여전히 부랑인 격리 조항을 유지함으로써 큰 변화를 가져오진 못했다.

감염병 환자 배제에 미친 영향

소록도 시설과 한센인 격리 문제를 다룬 이청준의 1976년 소설 《당신들의 천국》에서는 한센인을 향한 인식 변화가 엿보이지만, 1970~1980년대 대중 영화를 분석한 논문[11]은 여전히 매체에서 한센인이 혐오스러운 모습으로 그려지며 사회에서 추방된 존재로 여겨지고 있음을 보여준다. 1990년대 이후 한센인 시인 한하운의 시

---

* 오늘날로 말하자면 '예방의학자'를 지칭한다. 예방의학이란, 일반적인 의학적 접근이 환자의 치료에 초점을 두는 것과 달리 질병 예방을 위한 방침, 행동 등을 연구하고 보급하는 분야를 말한다.(단, 의학이 발전하면서 점차 그 구분이 흐려지고 있는 것도 사실이다.) 예방의학자는 처음엔 이런 예방의학을 연구하고 정책을 마련하는 학자를 일컬었으나, 인구 집단에서 질병 발생의 원인을 연구하는 역학(epidemiology)이 발달하고 데이터의 영향력이 커지면서 최근 그 범위가 다양해져, 이젠 하나의 직군으로 설명하기가 어려운 부분이 있다.

와 산문이 주목받고, 본격적으로 한센인 격리 문제가 사회적 담론으로 다뤄지면서 많은 변화가 나타났다. 특히 2005년 국가인권위원회가 〈한센인 인권 실태조사〉 보고서를 발표하고, 2007년 한센인 피해 사건의 진상규명 및 피해자 생활 지원 등에 관한 법률이 통과되면서 후속 조치가 이어지고 있다.[12]

그러나 한센인에 대한 처우가 나아지고 있다고 해서 감염병을 대하는 태도가 근본적으로 달라진 것은 아니다. '공중보건과 일상을 위기로 몰아넣는 한센인'이라는 식의 인식은 1990년대 이후 HIV 감염인을 대하는 태도에서도 그대로 나타났으며,[13] 최근 코로나19 확진자를 대할 때도 마찬가지였다. 감염자는 안전을 이유로 일상과 공동체에서 배제돼야 했고, 이것이 그들을 위기 상황으로 몰아넣어 오히려 위험한 행동을 유발하는 이유로 작동하는 일이 반복적으로 일어났다.

이를테면 2020년 5월 이태원에서 코로나19 확산이 발생했을 때 일부 사람들은 성소수자 집단을 문제시하며 이들의 비행으로 국민의 안전이 위협받는다고 봤다. 이에 따라 긴급 위기, 예컨대 전시나 재난 상황에서 적용될 법한 방안이 동원됐다. 서울시가 특정 시점의 스마트폰 GPS 자료를 수집한 것이라든지 언론이 코로나19에 감염된 성소수자를 특정하고 상당한 양의 개인정보를 노출한 것 등은 결코 일상적 상황에선 용인될 수 없는 공적 조처였다. 당시 감염 규모는 2020년 초 대구나 2020년 말 전국적 확산과 비교할 때 소규모 확산에 불과했음에도 이런 초월적 위기 대응 방법이 용인되고 시행된 것은 그만큼 감염 환자의 배제를 당연하게 여기는 의식이 밑바탕에 깔려 있다는 의미였다.

위생경찰의 잔재

일제강점기가 남긴 상흔은 여러 가지가 있으나 보건의료 영역에서 특히 두드러진 이유는 두 가지다. 첫째 일본 제국이 식민지의 신체를 다룬 방식이 폭력적이었고, 둘째 그런 방식이 해방 이후에도 그대로 유지되었기 때문이다. 일제가 '신민'의 신체를 훈육하는 방식은 군사정권에서도 '국민' 신체 훈육으로 이어졌다.

훈육이란 무엇인가? 미셸 푸코가 밝혀낸 근대 권력의 작동 방식은 크게 생명권력biopower으로 정리되는바, 절대군주 시대가 처형하는 권력이었다면 근대의 권력은 "살게 만드는"* 권력이라는 점에서 차이를 보인다. 절대군주는 반항하는 인물을 극형에 처하지만 다른 사람들은 놓아둔다. 그러나 권력을 내보이기 위해 극형은 전시돼야 하고 이는 잔혹함이라는 압제적 방식으로 사람들을 억누르는 효과를 가져온다. 반면 근대 권력의 작동 원리는 사람들에게 생활

• 푸코의 《감시와 처벌》은 수용소, 학교, 병원 등의 예를 통해 국가가 개인의 삶을 어떻게 강화하려 하는지 설명한다. 의과학과 통계학의 지식을 통해 국가는 개인의 '위생적인 삶'을 규정하고, 이를 보급하여 국민의 노동력을 유지하고자 한다. 근대에서 국력은 건강한 인구의 노동력으로 계산되기 때문이다. 국가의 위생 지식 보급을 '살게 만드는' 권력이라고 부른다.

의 방식을 주입하는 것이다. 권력이 주입한 생활방식을 따르면 개인의 삶이 개선될 순 있다. 하지만 이런 사회에서 '다른' 방식의 삶은 용인되지 않는다. 위생, 질서, 결혼 제도 등이 생명권력 작동의 주요 통로다.

일본은 근대 국가로 바뀌는 과정에서 이런 생명권력의 통치 방식을 적극 활용했으며, 여기에는 천황이라는 존재의 독특함과 일본이 벤치마킹한 독일의 제도 등이 영향을 미쳤다. 예컨대 학교의 교련 과목은 학생들을 유사시 군대로 동원하기 위한 준비이기도 했지만, 무엇보다 학생들의 신체에 국가의 규율을 새기는 것이 목적이었다. 국가의 통제에 순응하는 신체를 만드는 것은 국력 강화에 필수적이다. 근대의 국력 경쟁은 과학 기술 활용과 이를 뒷받침하는 국민의 수가 좌우하기 때문이다.

식민지 조선에서도 마찬가지 방식이 적용되었으나 '미개한' 조선의 상황을 빠르게 개선하기 위해 일본은 경찰력을 동원했다. 경찰은 사법 외에 방역과 위생 사무에도 포괄적으로 개입했다.[14] "일본 순사가 나타난다"라고 겁을 주면 우는 아이가 울음을 뚝 그쳤던 것은 이들 경찰이 가정 내부까지 들어와 간섭했기 때문이다. 그리고 그 간섭은 집안 사람들의 범법 행위를 추궁했던 것이 아니라 방역과 위생 관리가 그 명목이었다.

여기서 잠깐 식민지 근대화론의 문제를 짚고 넘어가자. 식민지 근대화론이란 일본 제국으로 인해 한국 경제에 폭넓은 변화가 나타났으며, 이것이 해방 이후 한국의 경제 발전에 초석이 됐다는 주장이다. 보건의료 영역으로 한정해 이 논의를 보자면, 일본 제국의 제도가 한국의 의료 체계를 개선하고 여러 질병 문제를 해결하려 노력했다는 것은 맞는 이야기다.*15 16 그 결과는 차치하더라도 이를 위해 일본은 경찰력을 통한 방역과 위생의 강압적 통제 정책을 정당화했다. 병자는 호구조사를 하는 순사에게 잡혀가지 않기 위해 산과 들에서 숨어 지내야 했다. 이것이 다른 해결책이 없던 감염병을 대처하는 데는 어느 정도 효과적이었을 수 있다 해도, 방역과 위생이 국가의 강제를 통해 이뤄지며 이를 수용하는 것을 당연하게 여기는 사회적 인식을 낳았음은 지적해둬야 한다.

강압적 정책의 문제

강제적 방법으로라도 감염병을 포함해 어떤 질병에든 걸리지 않는 것이 더 좋은 일이라 여길 수 있다. 당연히 건강보다 질병 상태가 더 낫다고는 말할 수 없다. 하지만 두 가지 문제는 남는다. 첫째, 강압적 방식은 일부 집단의 건강 상태를 악화한다. 둘째, 건강을 위한 시민의 참여를 가로막는다.

- 반론도 있다. 일제강점기의 보건의료 실태는 구한말과 비교해 더 낫다고 말할 수 없고, 개선됐다 해도 서양의 원조 때문이지 결코 일본의 제도 덕분은 아니라는 것이다. 전염병 환자 수를 놓고 볼 때 조선인 감염자 수는 제대로 파악조차 되지 않았다는 게 그 근거로 제시된다. 나 역시 이런 인식에 동의한다. 일본이 노력했다는 사실 자체를 완전히 부정하기는 어렵지만 그 노력을 핑계로 강압의 일상화가 이뤄져 이후 더 큰 문제로 남았다는 점을 나는 강조하고 싶다.

강압적 방식이라 해도 다수 집단에 문제가 되는 경우는 많지 않다. 현대 국가에서 시민 다수에게 문제를 일으키는 제도를 시행할 수는 없기 때문이다. 하지만 다수 집단에 '괜찮은' 방식이라 하여 모두에게 괜찮은 것은 아니다. 이를테면 수집된 DNA 정보를 토대로 범죄자를 검거하는 것을 생각해보자.[17] DNA 시퀀싱 기술이 발달함에 따라 기존에 해결하지 못했던 사건의 범인을 찾는 데 DNA 정보가 활용되고 있으며 그 범위가 점차 넓어지는 추세다. DNA 표본은 있으나 기존에 저장된 법의학 DNA 데이터베이스에 일치하는 자료가 없을 때는 업체의 DNA 데이터베이스도 활용할 수 있다. 과거 12명을 살해하고 수십 명을 강간한 골든 스테이트 킬러Golden State Killer•가 2018년에 잡혔는데 이는 민간 DNA 데이터베이스에 범인 친척의 DNA가 올라가 있었던 덕분이다.

DNA 정보를 활용하면 범죄자를 잡을 수 있으니 유용하고, 대다수 사람의 DNA는 범죄 이력과 무관해 별다른 피해를 주지 않을 것이다. 그러나 별로 왕래도 없던 친척의 범죄로 불이익을 받게 된다면 어떨까. (범죄를 저지르지도 않았는데) 추후 범죄 추궁을 당할까 봐 DNA 표본을 제공하지 못하고, 그래서 유전 질환 검사를 받을 수

- 조셉 디앤젤로(Joseph James DeAngelo Jr)는 미국의 연쇄살인마로, 1973년부터 1986년 사이 최소 13명을 살해하고 50명을 강간한 것으로 알려져 있다. 시기마다 여러 예명으로 알려진 그는 전직 경찰관이어서 오랫동안 추적을 피했고 경찰은 수사에 난항을 겪었다. 그에 대한 수사는 2001년 DNA 검사 기술이 발달하면서 DNA 데이터베이스를 범죄 추적에 활용하도록 하는 동기가 되기도 했다. 캘리포니아에서 발생한 여러 사건에 남은 흔적이 동일한 인물을 가리키고 있었던 것인데, 2018년 디앤젤로가 DNA 증거 확보와 함께 체포되었다.

없다면 어떨까. 이런 예는 드물 테고 피해를 입는 사람도 많지 않겠지만, 과연 소수의 피해라고 무시해도 되는 걸까?

비단 외국에서나 일어나는 먼 일이 아니다. 2021년 3월 제안된 병원체자원의 수집·관리 및 활용 촉진에 관한 법률 일부개정법률안을 보자.[18] 이 개정안은 기존 병원체자원의 수집·관리 및 활용 촉진에 관한 법률이 병원체자원과 인체유래물•을 구분하지 못하는 경우가 있으므로 이를 명확히 하자는 것으로, 감염 환자의 혈액, 혈장, 혈청, 타액, 소변, 객담 등을 인체유래물이 아닌 병원체자원으로 두려 한다. 이렇게 되면 감염 환자의 혈액 등은 인체유래물이 아니므로 연구·분석 등을 위해 본인 동의 없이 활용이 가능해진다. 이 경우에도 대다수는 감염 환자가 될 가능성이 적고 자신의 혈액 등이 분석에 활용될 비율 또한 낮을 테니 큰 문제는 되지 않을 것이다. 어쩌면 감염 환자 동의가 없더라도 빠르게 해당 검체를 활용할 수 있으므로 더 좋은 일이 아니냐고 생각할지도 모르겠다.

그러나 '동의'는 편의나 다수의 이익과 교환할 수 없다. 아무리 감염 환자라 하더라도 그의 개인정보가 노출되어선 안 되며, 이를

• 병원체자원법에서 병원체자원은 병원체로부터 유래한 세포물질, 항원, 항체 등의 파생물질 및 관련 정보로 정의된다. 여기에서 항원이란 숙주의 면역 반응을 유도하는 외래外來 분자, 항체란 이런 항원을 비활성화해 침입한 미생물이나 바이러스에 대응하는 단백질인데, 이런 물질은 감염병 환자의 혈액, 소변 등에 포함되어 있기 마련이다. 혈액, 소변 등은 생명윤리법의 인체유래물, 즉 인체에서 수집·채취한 조직·세포·혈액·체액 등에 속하고, 따라서 감염병 환자의 검체는 병원체자원이자 인체유래물로 동시에 분류될 수 있다. 그런데 인체유래물 활용의 경우 대상자 보호를 위한 복잡한 절차를 거쳐야 하므로 검체를 빠르게 처리·분석·활용할 수 없게 된다.

통해 그에게 돌아갈 피해를 무시해서도 안 된다. 이런 식의 접근은 오히려 더 나쁜 결과를 가져올 수도 있다. 즉 감염 노출자가 자신의 노출 사실을 숨기도록 하는 동인이 되어 더 많은 사람에게 감염 확산이 일어날 수 있다. 결국 감염병 문제에서 다수의 이익을 위한 강제적 접근 방식은 소수에게 위해를 전가하는 꼴이 될 수 있다.

그다음으로, 국가가 감염병 대처를 강압적인 방식으로 주도하면 그로 인해 시민 참여는 가로막힌다. 시민 참여는 그것대로 가능하게끔 국가 주도의 감염병 대처와는 구분해야 한다. 국가가 주도해서 방역을 시행하더라도 시민이 참여하는 통로를 얼마든지 만들 수 있다. 시민의 참여는 왜 필요한가. 정책의 정당성을 보장하려면, 정책이 투명하게 공개되고 이해 당사자가 정책의 근거를 합리적으로 받아들일 수 있으며 시민의 참여로 수정이나 보완을 말할 수 있어야 하기 때문이다.[19]

2020년 초부터 현재까지 코로나19로 많은 사람이 피해를 봤다. 일차적으론 확진 환자와 주변 사람이 겪은 고생이 이루 말할 수 없겠지만, 이차적으로 오랜 사회적 거리두기 시행으로 인해 경제적 어려움에 빠진 사람이 많다. 2020년 12월, 사회적 거리두기 정책 단계 상향으로 학원과 실내 체육 시설 운영이 중단되고 카페는 포장판매만 허가됐다. 당시 해당 시설 운영자들의 반발이 일었는데, 시설에 적용된 방역 정책이 형평성이 없다는 이유였다. 예컨대 식당은 취식이 가능한데 카페는 금지라는 것, 학원과 실내체육시설의 경우 운영 현황이나 조건과 무관하게 모든 학원과 실내체육시설을 동일 범주로 묶어 운영을 금지했다는 것이 문제로 제기됐다.

코로나19 확진자 수가 줄어들면서 운영 금지 조치는 점차 해지됐으나 이 상황은 우리에게 어떤 기준과 방식으로 특정 시설의 영업을 중단시키는 게 좋을지에 관한 질문을 제기했다. 어쩔 수 없는 상황에선 모든 시설의 영업을 중단할 필요도 있다. 하지만 일부만 중단하는 경우엔 그 정책이 형평성을 지니는지 따져보는 것이 매우 중요하다. 그것이 곧 정책에 정당성을 부여하는 첫째 조건이기 때문이다.

그런데 앞서 언급한 사회적 거리두기의 예처럼 시행 전엔 정책이 형평성을 완전히 확보하는지 알기 어렵다. 또한 시행하는 쪽에선 형평에 맞는 정책이라 생각한다 할지라도, 받아들이는 쪽에선 다르게 바라볼 가능성도 있다. 그렇다면 정책의 투명성을 바탕으로 시민이 참여하여 문제를 제기하고 정책을 개정할 수 있도록 관련 절차를 먼저 마련해놓는 것이 정책의 형평성을 보장하는 데 중요한 방향키가 될 것이다.

강제성의 한계

사회 구성원 전체의 삶이 문제를 겪을 수 있는 감염병 상황에서 개인만을 우선할 수는 없다. 가상의 도시 오랑에서 벌어진 감염 사태를 다룬 소설 《페스트》에서 알베르 카뮈Albert Camus가 각자도생하려는 등장인물들의 분투만 그렸다면 어땠을지 생각해보라. 반면

이 소설은 파견 기자 랑베르가 자신은 도시에 속하지 않는 인물이라며 끝까지 벗어날 방법을 궁리하다가 후반부에 변화하는 모습을 보여주고, 바로 이것이 독자들에게 감동을 선사하는 중요한 요소가 된다.

감염병이라는 공동의 위기에 대처하기 위해 집단적 노력은 필요하고, 이때 전체 방향성을 제시해주는 것이 정책이자 공중보건의 본령이다. 그렇다 보니 감염병을 논의할 때 우리는 집단행동과 개인 자율이 어쩔 수 없이 부딪치는 경우도 종종 마주하게 된다. 하지만 집단의 이득이 걸려 있다 하여 무조건 집단의 결정만 관철해야 하는 것은 아니다. 그런데도 모든 국면에서 집단을 우선하는 경우가 분명 있다. 우리는 그것을 '강제'라고 부른다.

이런 논의에 접근할 때 그 방식 면에서 우리 사회는 집단주의적 사회로 분류되곤 한다. 이를테면 코로나19 대응에서 유럽이나 미국 같은 개인주의적 사회와 달리 우리는 집단주의적 사회이기에 대처 방법에서도 차이를 보였다고 말하는 식이다. 이 자리에서 내가 코로나19에 대한 성공적 대처 방법이 무엇이었는지에 관해 말하는 것은 섣부르다.(이를 제대로 정리하려면 오랜 시간이 필요할 것이다.) 단, 한 가지 말할 수 있는 것은 우리의 집단적 대처가 감염의 빠른 확산을 막는 데 효과적인 듯 보이기도 했지만 한계점도 분명했다는 점이다. 예컨대 2020년 겨울부터 이어진 상당한 수준의 사회적 거리두기 정책은 2021년 봄까지 어느 정도 확진 환자 수를 줄였으나 기대만큼은 아니었다. 조심스럽게 말해보자면, 바로 이런 점이 강제성의 한계가 아닐까 한다. 사람들은 눈초리가 무섭고 법이 무서워 조심하지만, 어딘가에선 피할 구석을 찾고 있는지도 모른다.

이런 강제와 회피야말로 위생경찰이 횡행하던 일제강점기에 벌어졌던 일이다. 1910년 만주에서 페스트가 유행했지만 식민지 조선에선 한 명의 사상자도 발생하지 않았다. 이것이 일본 당국의 검역 역량 때문이라 보긴 어려운데, 당시 유행했던 것은 《페스트》에도 등장하는 선腺페스트가 아닌 폐페스트˙였음에도 당국은 선페스트 대책인 쥐잡기에 열중했기 때문이다.[20] 아마도 페스트 감염자가 조선으로 이동하지 않았던 것을 그 요인으로 생각해볼 수 있다.

1918년 독감, 1919~1920년 콜레라가 유행하자 일제는 경찰의 호구검역˙˙을 강조한다. 호구검역이란 집집마다 찾아다니며 환자를 색출하는 것이다. 한국인이 감염병 환자를 숨긴다는 게 호구검역의 이유였다. 사실 호구검역은 관행으로 행하던 인구동태 파악을 위한 호구조사를 넘어 개인 사찰에 해당하는 항목을 포함하고 있었다.[21] 이것이 일제의 전염병예방령으로 법제화되고, 광복 후

- 선페스트와 폐페스트는 임상적 구분으로, 페스트를 일으키는 이에르시니아 페스티스(Yersinia pestis)가 어떤 경로로 감염되는지에 따른다. 선페스트의 경우 벼룩이 문 상처를 통해 박테리아가 침투해 림프절을 감염시키는 것을 가리킨다. 폐페스트의 경우 박테리아가 유발한 기침이 박테리아를 포함한 액체 방울을 공기에 퍼뜨리고, 이를 흡입한 사람에게 페스트가 퍼진다. 선페스트의 경우 벼룩의 매개인 쥐를 잡는 것이 효과적이나, 폐페스트의 경우 환자를 격리하고 비말을 차단해야 한다.
- ˙˙ 호구검역 또는 검병호구조사라고 불렀다.

1954년 전염병예방법 수립으로 이어지면서 면면히 남아 국가 또는 사회의 감염병 대처가 강제성을 띠는 데 기반이 됐는지도 모르겠다. 적어도 우리는 이를 뒤집고자 시도해본 적이 없다. 그리고 감염병이 모두의 문제가 되고 난 지금에야 이 부분을 짚어보게 되었다.

백신을 반대해도 되는가?

2021년, 코로나19 백신에 관한 논의가 치열하게 오갔다. 백신의 효과와 안전성에 관한 이견이 여러 방식으로 표출되었고, 일부는 백신 무용론이나 백신이 오히려 문제를 만든다는 식의 문제 제기를 이어갔다.(간혹 백신에 마이크로칩이 들어가 있다거나 하는 괴담이 유포되기도 했으나 그야말로 괴담이므로 무시하자.) 백신접종 완료율이 15%를 넘은 2021년 8월, 백신 접종에 문제를 제기하는 사람들은 여전히 비판을 계속하고 있다.

백신이 감염병을 완전히 해결할 수 있을지는 알 수 없지만 백신 반대 운동은 이전부터 있어왔다. 그 논쟁은 주로 감염병 해결을 위한 집단적 접근과 개인의 자유가 부딪치는 지점에서 일어나 외국에선 이와 관련해 토론이 벌어지기도 한다. 하지만 국내에선 비합리주의자의 어리석은 생각으로 치부되어 제대로 다뤄지지 않는 것 같다.

백신 문제를 논의하기 어려운 것은 앞에서 살핀 대로, 국내의 집단적 접근의 강제성 때문이다. 공중보건 정책이 어느 정도 (사실, 꽤 상당히) 강제성을 띤다 하더라도 그것이 효율적이라면 그에 반대하는 것은 이상한 일이라고 여겨져온 탓이다. 과연 그렇게만 볼 일인지, 좀 더 진지하게 살펴보자.

2018년 7월 27일, 대구지방법원이 한 한의사에게 징역 2년 6월, 집행유예 3년, 벌금 3,000만 원을 선고했다. 2019년 5월 30일 대법원이 이를 최종 확정하면서 마무리된 이 사건은, 그가 적절하지 않은 제품을 치료 효과가 있다고 속여 판매한 것이 판결 사유였으나 그 뒤엔 더 큰 문제가 남아 있었다.[22] 최초의 집단 백신 거부 운동이자 인터넷을 통한 왜곡된 치료법의 대규모 확산 사건으로 남을 '약 안 쓰고 아이 키우기' 카페(이하 '안아키' 카페)•를 주도했던 것이 이 한의사였기 때문이다.

• '약 안쓰고 아이 키우기(안아키)' 카페는 2013년 시작하여 한때 수만 명의 회원을 자랑하던 곳으로, 운영자 김효진은 아파도 병·의원에 데려가지 않고 자연스레 낫도록 놓아두는 방식으로 아이를 키워야 한다는 극단적인 주장을 펼쳤다. 아이가 아파서 울며불며 병원에 가자고 해도 데려가지 않는다거나, 열 치료를 한다고 뜨거운 물에 넣어 화상을 입히는 등의 방식이 아동학대라는 문제가 제기되었고, 운영자가 효과가 검증되지 않은 숯을 치료제로 파는 등 물의를 빚다가 2017년 시민단체가 운영자를 고발하였다. 2018년 식품위생법 등 위반으로 기소되어 징역 2년 6월, 집행유예 3년, 벌금 3,000만 원이 선고되었고 2019년 대법원이 이 판결을 확정하면서 운영자의 한의사 면허가 취소되었다. 국내에서 백신 반대 운동은 안아키 이전에도 있었지만, 명확한 구심점을 확보한 시기는 이즈음으로 보아도 좋을 것 같다.

이 한의사와 함께한 이들은 자연 치유를 주장하며 병에 걸리거나 외상이나 화상을 입어도 병원에 가지 않고 그냥 낫도록 도와주는 방법을 찾는다는 미명하에 아동학대를 저질렀다. 물론 이런 일이 벌어진 것을 현대 의료의 한계라는 지점에서 생각해볼 필요도 있긴 하다. 한국의 '3분 진료'로 병원에서 무시당한다고 생각하던 이들이, 아이는 그런 무자비한 손에 맡기지 않고 '잘' 키워보겠다고 하다가 오히려 더 큰 위해를 가하게 된 꼴이다. 하지만 이해할 만한 부분이 있다고 해서 잘못을 덮을 수 있는 것은 아니다.

외국에서 진행된 백신 반대 운동이 주로 치료 선택의 자유를 놓고 전개되었던 것과 달리(물론 그 뒤엔 백신을 맞았다 잘못되면 어쩌나 하는 공포심이 깔려 있다) 이 땅에서 상당한 규모를 갖추었던 백신 반대 운동은 대체의학 또는 반의학*[23]의 형태를 띠고 있었던 것이다. 따라서 이 둘에 대한 일면적 비교는 어렵다. 단, 이후의 백신 반대론을 이해하기 위해 이 부분을 한번 살필 필요는 있을 것이다.

사실 백신을 꺼리는 일은 늘 있었다.**[24] 하지만 백신 반대 논의가 본격적으로 나온 것은 코로나19 백신으로 아스트라제네카 위주

- • 반의학(反醫學, anti-medicine)은 의학이 필요 없거나 의학이 오히려 문제를 일으킨다는 주장으로, 이반 일리치(Ivan Illich)의 《병원이 병을 만든다》가 이를 심도 있게 다룬 바 있다. 그러나 일리치의 주장은 모든 의학이 무용하다는 것이라기보다는 현대 의학의 관료주의적이고 친자본적 접근이 만들어내는 해악을 강조한 것으로 볼 필요가 있다.
- •• 2006년에도 백신 반대 운동 관련 서적이 번역 소개되면서, '안전한 예방접종을 위한 모임'이라는 인터넷 카페와 사이트가 운영된 적이 있다고 한다. 현재 해당 사이트는 확인되지 않는다.

의 접종 계획이 수립되었던 2021년 초다. 여기에 영향을 미친 요인을, '안아키' 사건과 더불어 점검해보자. 그런 다음, 앞에서 살폈던 집단적 접근 대 개인의 자유라는 틀로 백신 접종의 윤리에 관해 생각해보자.

왜 아스트라제네카 백신을 반대하는가?

사실 꼭 아스트라제네카 백신만을 반대했던 것은 아니다. 2020년 12월에는 화이자, 모더나 백신에 마이크로칩이 들어 있어 위치를 추적할 수 있다, 인간 DNA 구조를 바꿀 수 있다는 등의 낭설이 퍼졌다.[25] 진위를 논할 가치조차 없는 헛소문이지만 코로나19 백신에 대한 대중의 저항감이 있었던 것은 사실이다.

2021년 4월 현재, 아스트라제네카 백신의 사용에는 불확실한 부분이 있다. 우선 2021년 2월 27일 오스트리아의 아스트라제네카 백신 접종자에게서 혈전 형성이 처음 보고된 이후 관련 증상을 백신유발 응고항진 면역 혈소판감소증Vaccine-Induced Prothrombotic Immune Thrombocytopenia, VIPIT으로 잠정 명명한 상태다.[26] 독일과 오스트리아에서 아스트라제네카 백신을 접종받고 혈전증이 발생한 11명을 분석한 논문[27]에 의하면, 해당 증상은 혈소판인자 4Platelet Factor 4에 항체가 형성되면서 나타나는 혈전증과 유사한 것으로 나타났다. 추가 조사가 필요한 이들 보고로 인하여, 독일은 당분간 60세 이상에만 아스트라제네카 백신을 접종하기로 했다.[28] 한편 미

아스트라제네카 코로나19 백신의 잠재적 이득 · 위해 비교

잠재적 이득	노출 위험도가 낮은* 인구 10만 명당		잠재적 위해
코로나19로 인한 중환자실 입원의 예방 16주당	연령대	백신으로 인한 혈전증 발생	
0.8	20-29세	1.1	
2.7	30-39세	0.8	
5.7	40-49세	0.5	
10.5	50-59세	0.4	
14.1	60-69세	0.2	

*20201년 3월 영국 기준, 하루에 1만 명당 단 2명의 코로나19 감염자 발생

아스트라제네카 백신의 중대한 위험을 다른 위험의 가능성과 비교한 자료

확률: 100만 분의 X		25세	55세
백신 이상반응으로 인한 심각한 위해		100만 분의 11	100만 분의 4
코로나19 바이러스로 사망		100만 분의 23	100만 분의 800
사고나 부상으로 사망		100만 분의 110	100만 분의 180
교통사고로 사망		100만 분의 38	100만 분의 23
벼락에 맞음		100만 분의 1	100만 분의 1

4장 감염병과 윤리

국은 2021년 4월 13일 존슨앤드존슨(얀센) 백신의 접종을 일시 중단하기로 하였는데, 접종받은 680만 명 중 6명의 여성에게서 혈전증이 발생했기 때문이다.[29] 혈전증의 원인과 발생 빈도에 대해선 다양한 검토가 추가로 필요한 상황이다.

이러한 혼란의 와중에 국내 예방접종전문위원회는 2021년 4월 11일 30세 이상의 연령층에만 아스트라제네카 백신 접종을 권고하기로 결정했다.[30] 이는 영국 약품및건강상품규제국MHRA이 2021년 4월 7일에 발표한 방향과 일치한다.[31]

2021년 초까지, 아스트라제네카 백신의 위험성은 코로나19 자체의 위험성보다 낮은 것으로 평가되었다.[32,33] (그러나 논란으로 인해 여러 국가에서 이후 아스트라제네카 백신의 사용은 중단되었다.) 백신 접종은 인간이 수행하는 것이고, 바이러스는 그렇지 않다는 점에서 분명 차이가 있다. 물론 이런 차이가 행위 여부를 결정하는 데 영향을 미친다면 그건 편견이라고 봐도 무방하다. 중요한 것은 확률이지, 누가 했느냐가 아니니까 말이다. 다만 선택이 가능한 어떤 대상에서 발생할 수 있는 위험을 사람들은 훨씬 크게 느끼며, 이는 심리적 편향에 의한 것이다.

백신과 심리적 편향

백신 접종 거부에 작동하는 심리적 편향은 두 가지다. 하나는 가용성 편향availability bias이고, 다른 하나는 부작위 편향omission bias이다.[34]

하나씩 살펴보자.

먼저, 심리학에서 말하는 가용성 휴리스틱availability heuristic 또는 편향이라는 것이 있다. 어떤 문제를 목도했을 때 관련 자료를 조사해보기보다는 당장 머릿속에 떠오르는 것에 의존하는 경향을 말한다. 극적 사건이나 일화가 통계 자료보다 훨씬 잘 떠오르는 것은 이 때문이다. 이를 확률과 연결해 생각해보면, 사건 발생 가능성을 따질 때 관련 자료를 찾아 차근차근 판단하기보다 머릿속에 얼른 떠오르는 대로 가능성을 배정한다는 것이다.

백신 위험성에 대한 평가가 바로 이 편향이 작동하는 방식의 좋은 예다. 다른 백신도 심각한 알레르기 반응이 발생할 수 있으나 국내에 잘 보도되지 않았고, 무엇보다 알레르기 반응이라고 하면 심각하게 느껴지지 않는 반면 혈전증은 곧바로 위험하다는 생각이 든다. 가용성 편향이 혈전증의 가능성을 실제보다 큰 것으로 평가하게 만들며, 이런 심리적 편향에서 아스트라제네카 백신의 위험을 크게 보는 이유를 일부 확인할 수 있다.

그리고 부작위 편향이란 어떤 행동을 하지 않았을 때 일어나는 손실보다 어떤 행동을 했을 때 일어나는 손실에 더 민감한 현상을 말한다.[35] 운동경기 심판이 결정적 순간에 가만히 있는 것이 대표적 부작위 편향의 예다. 괜히 끼어들어 문제를 만들고 싶지 않은 심리다.

부작위 편향 역시 백신 접종 거부 심리를 아주 잘 설명해준다. 백신을 맞지 않아 코로나19에 걸리고 심한 증상이 나타나 생명이 위험해지는 것보다 백신을 맞아 혈전증이 생기는 것이 더 위중해 보인다. 그 불확실성 속에서 굳이 백신을 맞기보다 안 맞고 기다리는 것이 낫지 않은가 하는 쪽으로 마음이 기우는데, 이는 명백히 편향의 결과다.

사실 '안아키' 운동이나 백신 음모론도 심리적 편향으로 설명할 수 있다. 합리적 판단과 이성적 논의를 중시하는 것이 아니라 불안감에 영향을 받은 비합리적 선택이 작동하기 때문이다. 여기에는 앞서 언급한 두 가지 편향에 더하여 확증 편향confirmation bias까지 작동한 결과다.

확증 편향이란 자기 신념과 일치하는 정보는 받아들이고 그렇지 않은 정보는 내치는 경향이다. 이 편향은 상당히 강력하고 다양한 분야에서 자주 발생한다. SNS의 대표 격인 페이스북, 동영상 스트리밍 서비스를 주도하는 유튜브는 알고리즘으로 사람들이 좋아할 만한 글과 동영상을 먼저 제시한다. 이를 가리켜 똑같은 소리가 계속 울리게 만드는 반향실反響室을 의도적으로 만드는 것과 같다고 해서 에코 체임버echo chamber 효과라고 부르며, 확증 편향이 시스템으로 구현된 대표적인 예다.

새로운 이야기를 불편해하는 마음인 확증 편향은 기업과 정부가 잘못된 선택을 내리게 하고, 학자로 하여금 새로운 가설을 검증하는 대신 자신의 기존 생각을 확대 재생산하도록 이끈다. 과거 미국에 대공황을 불러오고 불면증을 심화한 자기충족적 예언self-fulfilling prophecy도 확증 편향의 일부다. 이미 불안을 느끼는 대상에서 문제가 있다는 소식에 큰 가중치를 부여하는 이런 심리 작용은 백신 접종 문제에서도 그대로 나타난다. 백신 부작용이나 다른 문제는 쉽게 받아들이고, 그 효과나 안전성에 관한 언급은 무시하는 식이다.

이런 관점에서 예의 '안아키' 사건도 살필 필요가 있다. 처음 시작은 병원에서 경험한 불쾌감이었을 것이다. 바쁜 병원에서 아이 건강에 관한 정보는커녕 자신이 아이를 잘못 키우고 있다는 핀잔만 듣게 되는 우리네 사정 말이다. 이런 자신의 의심 또는 불안에 들어맞는 정보, 즉 현대 의학이 오히려 아이를 망친다, 건강하게 아이를 키우려면 약을 쓰면 안 된다, 백신은 효과도 없이 부작용만 일으킨다 하는 정보가 들어오면, 확증 편향은 강한 확신을 낳고, 확신은 행동으로 이어진다. 그것이 아이에게 정말로 위해를 일으키고, 자신이 잘못된 믿음에 빠져 있음을 알게 되고 나서야 이 편향은 깨진다.

심리적 편향에서 벗어나는 방법

심리적 편향은 자동으로 작동하므로 의식적으로 해결하기 어렵다. 사람들에게 편향이 있음을 알리는 일, 예컨대 위와 같이 글로 정리해주는 것이 상황 파악엔 도움이 될지 몰라도 태도를 바꾸는 역할까지 해주진 않는다. 물론 국가와 질병관리청 등 백신 접종을 홍보하는 쪽에서 이런 지식을 활용해볼 순 있다. 백신의 안전을 더 눈에 잘 띄는 방식으로 사람들에게 제시할 수 있을 것이다. 다양한 경로로 백신의 안전성과 필요성을 알려 제한적 정보만 취하는 사람에게도 닿을 수 있도록 하는 것 또한 방법이리라. 하지만 미봉책이다.

진정한 문제 해결책은 이런 상황을 냉정하게 판단하는 데에서 나온다. 사람들은 심리적 편향에서 벗어날 수 없고, 따라서 백신의 위험을 과대평가한다는 점을 우선 인정해야 한다. 이것이 백신 반대나 저항을 완전히 극복할 수 없음을 의미한다면, 그때는 다른 방향에서 접근해야 한다.

코로나19 해결은 다수가 백신을 접종하는 것 외에는 현재로선 방법이 없다. 물론 이후 치료제가 나올 가능성이 있고 백신도 더 다양하게 개발될 것이다. 하지만 그것은 2021년 중엽까지 주어진 상황에서 볼 때 그저 희망 사항일 뿐이다. 우리는 손에 쥔 것을 가지고 움직여야 한다. 그렇다면 결국 어느 선까지 사회가 개인을 강제할 수 있느냐 하는 문제로 수렴하게 된다. 개인이 모두 찬성한다면 문제가 되지 않을 것이다. 지금처럼 일부 반대가 있는 경우 어떻게 움직일 것인지가 쟁점이다.

과학적 증거는 중요하지만, 최종 결정을 내리는 것은 과학이 아니다. 심리적 편향에 관해 살피면서 확인해봤듯 사람들은 증거를 따져 반대하는 것이 아니다. 원래부터 갖고 있던 마음 곧 기술이나 백신에 대한 불안감 또는 기존의 정치적 입장에서 나온 정책 반대의 견해, 그리고 사회문화적 신념이 정보를 취사선택하게 만든다. 어느 정도는 반대를 무릅쓸 수밖에 없는 상황에서 그것이 단지 '정치적 이득을 위한 결정'에 지나지 않으려면 다른 방법을 고민해봐야 한다.

이때 중요한 것이 가치의 수렴이다. 사회 구성원들이 백신 접종에 어떤 가치를 부여하는지 알아볼 필요가 있다. 백신 접종과 감염병 해결에서 사람들은 무엇을 가장 우선하는가? 경제 회복인가? 사회 복귀인가? 교육 정상화인가? 의료 시스템 확충인가? 아니면, 그 무엇보다 자기 신체의 안전인가? 이들 가치의 우선순위는 문화권과 지역에 따라 다르다. 구체적 조사 없이는 결코 알 수 없는 부분이기도 하다.

이러한 조사 자료를 놓고 우리는 결정해야 한다. 우리 사회가 지닌 가치에 비추어, 어떤 결정을 강제해도 될지를. 예컨대 코로나19로 인한 사망자 감소가 최우선의 가치였기에 우리는 고령층이 주로 거주하는 요양병원과 시설을 백신 접종의 최우선 순위로 두었다. 전체적 감염자 수가 줄어든 탓도 있지만, 백신 접종 이후 코로나19 시설 발생 비율은 9.7%에서 2%대로 감소했다.[36] 노인 시설이었기에 큰 무리 없이 백신 접종이 진행된 것도 사실이다. 초기엔 접종을 거부한 의료진이 있다는 소식도 들려왔으나 전체적으로 볼 때 백신 접종이 꼭 필요한 일이라는 공감대가 쉽게 형성됐다.

다시 말하지만, 가장 중요한 문제는 가치다. 어떤 것을 우선할지 확인하지 않은 채 각자가 주장하는 사실에만 매달리다 보면 문제 해결의 과정에서 여러 상처가 남게 된다. 몸에 난 상처와 달리, 사회에 남은 상처는 쉬이 봉합되지 않는다.

백신 분배와
국가주의

국가 간 불평등을 보여주는 많은 일이 있지만, 그중 의약품을 둘러싼 갈등은 차마 지켜보기 어려운 경우가 많다. 선진국에선 너무도 쉽게 구할 수 있는 약인데, 저개발 국가에선 구할 수 없어 발을 동동 굴러야 하는 상황인 것이다. 식량 부족으로 굶어 죽어가는 사람들이 있는 마당에 의약품이야 두말할 나위가 없을 것이다. 게다가 이런 상황은 최빈국에서만 벌어지는 일이 아니라서 더 큰 문제다.

딜런 모한 그레이 감독의 다큐멘터리 〈피 속의 혈투 fire in the blood〉는 에이즈 치료제 가격을 낮추기 위해 제약회사와 싸우는 활동가들의 이야기를 담은 작품이다. 레트로바이러스 치료제 칵테일 요법*을 시행한 이후, 에이즈는 완치할 수는 없으나 약을 먹으며 평생 관리할 수 있는 질병의 범주에 들어가게 됐다.** 선진국에선 이

약을 구하는 데 아무런 문제도 없다. 하지만 제약회사는 개발도상국에서도 비슷한 가격으로 약을 구매하도록 하고 있고, 이런 국가에선 환자들이 평생 동안 이 약을 구입해서 먹는 일이 불가능하다. 한편 에이즈 치료제는 복제약이 있고, 복제약은 가격이 매우 저렴하다. 〈피 속의 혈투〉는 개발도상국에 복제약 판매를 허락하면 수백만 명의 목숨을 구할 수 있음에도, 저작권을 보호한다는 이유로 이를 피하는 선진국의 행태를 비판한다.

세계보건기구의 노력으로 2018년 중서부 아프리카의 15세 이상 성인 53%가 에이즈 치료제를 공급받고 있다.[37] 2015년의 39%에 비하면 빠른 증가세를 보인 셈이지만, 동남부 아프리카의 67%에 비하면 많이 낮은 편이며, 상당히 증가한 수치라곤 해도 이제야 절반이다. 2018년 기준 2,570만 명이 에이즈를 가지고 살아가고 있으

- DNA 이중나선 구조를 밝힌 두 사람 중 하나인 프랜시스 크릭(Francis Crick)이 1958년 제안한 분자생물학의 중심원리(central dogma)는 DNA 전사→RNA 번역→단백질 생성으로 세포가 활동함을 가정했다. 세포는 핵 속에 단백질의 청사진인 DNA를 가지고 있으며, 핵 바깥으로 이 정보를 내보내기 위해 RNA라는 우체부를 활용한다. RNA가 핵을 빠져나와 세포질에서 단백질을 만드는 도안을 제공한다는 것이다. 중심원리는 이 순서가 거꾸로 될 수 없음을 상정했다. 그러나 에이즈를 일으키는 HIV는 이 중심원리를 위배하는 대표적 사례로, RNA로 구성된 이 바이러스는 숙주의 세포 안으로 들어가 역전사를 일으켜 세포핵 안에 DNA를 합성해낸다. 이런 식으로 활동하는 바이러스를 레트로바이러스라고 하며, 이 RNA→DNA 역전사 과정을 차단하는 약물이 레트로바이러스 치료제다. 에이즈 치료에 있어 하나의 약물만으로는 효과가 약하고 부작용이 심해 치료가 어렵다고 생각했으나 이후 여러 레트로바이러스 치료제를 함께 복용하는 칵테일 요법을 시행하면서 그 효율이 높아져 에이즈 치료에 혁격한 진전이 이루어졌다.
- •• 물론 약을 평생 먹어야 하는 데 따른 문제나 다른 문제로 약을 계속 먹을 수 없는 환자도 있기에 이것이 완벽한 해결책은 아니다.

며, 47만 명이 에이즈 연관 질병으로 사망했다.[38] 그리고 이런 상황은 〈피 속의 혈투〉가 제기한 문제가 여전히 해결되지 않고 있음을 잘 보여준다.

생명보다 우선하는 가치는 없다고들 말하지만 과연 누구의 이득을 우선할지는 국제 보건의료를 둘러싸고 언제나 첨예한 문제였다. 때로는 제약회사의 이득과 저소득 국가 시민의 생명이 부딪치고, 어떤 경우 국가와 다른 국가의 생명이 부딪치며, 때로 한 국가 내에서도 생명이 부딪친다. 이 문제는 코로나19로 한창 어지러운 현재 세계를 더욱더 복잡하게 만들고 있다.

쟁점은 이것이다. 코로나19 백신은 완성됐으나 그 수가 부족하다. 생산 속도의 문제도 있고, 앞에서 확인한 것처럼 이미 만들어진 백신도 안전성 문제로 사용 여부가 변경되곤 한다. 그리고 이 와중에 백신 공급 계약을 많이 확보한 나라도 있고 적게 확보한 나라도 있다. 많이 확보한 나라에는 대표적으로 미국이 있는데, 전 세계 인구의 4.3%가 거주하는 이 나라에서는 2021년 4월 14일 현재 전 세계 코로나19 백신의 24.2%를 계약한 상태다.[39]

이런 상황을 예측하지 못했던 것은 아니다. 코로나19 백신이 개발되기 전부터 세계백신면역연합GAVI, 전염병예방혁신연합CEPI, 세계보건기구WHO가 코백스 퍼실리티COVAX Facility를 공동 설립했는데, 이는 백신을 공동 구매하여 분배하고 코백스 AMCAdvance Market Commitment를 구성해 저소득 국가의 백신 구매를 지원하고자 만든 기구다. 그러나 180여 개국이 코백스 퍼실리티에 참여했음에

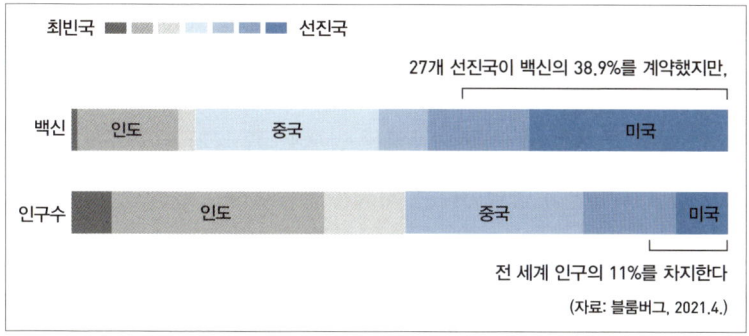

코로나19 백신 계약 현황과 인구수

백신 접근성은 접종 완료를 위해 필요한 양으로 계산했다. 어떤 백신은 2회 접종을 필요로 하지만 다른 백신은 1회로 충분하다. 구매력평가 지수를 기반으로 계산한 국내총생산 순으로 국가를 나열하였다.

도 개별 국가가 별도로 제약사와 직접 거래해 백신 물량을 확보했고, 결국 특정 국가에 백신이 집중되고 말았다.

  이런 상황을 해결할 방법이 마땅히 있진 않다. 하지만 적어도 이러한 백신 집중이 기존의 불평등을 더 악화할 수 있음을 지적하고 문제 해결을 촉구할 수는 있다. 당장 모두가 쓸 백신이 없다면 '누구에게 먼저 줘야 할 것인가' 하는 질문을 마주하여 '나부터' 또는 '우리부터'가 아니라 더 많이 피해를 본 사람, 더 위험한 사람부터 받을 수 있게 해야 한다고 외칠 순 있다. 그리고 더 피해를 본 사람과 더 위험한 사람이 누구인지, 이들에게 어떻게 백신을 보장할지 논의할 순 있다. 그러므로 이제 코로나19 백신의 분배에 관한 그간의 윤리적 주장을 살펴보면서 이 문제에 어떻게 접근하면 좋을지 생각해보자.

인구 비례 분배 방식과 그 한계

세계보건기구는 앞서 언급한 코백스 퍼실리티를 통해 모든 국가에 1차로 국가 인구의 3%에 공급 가능한 백신을 제공하고 2차로 인구 20%에 공급 가능한 양을 제공하는 것으로, 즉 국가 인구와 비례하는 양의 백신만을 공급한다는 계획을 설정했다.[40] 그리고 WHO의 면역전문전략자문단SAGE, Strategic Advisory Group of Experts은 백신 공급이 충분하지 않은 상황에서, 일차적으로 백신을 접종해야 하는 대상을 보건의료 및 사회복지 영역의 최전선 노동자, 65세 이상인 사람, 65세 미만이지만 사망 위험을 높이는 기저 질환•을 지닌 사람 등으로 정했다. 보건의료 및 사회복지 노동자는 감염 환자와 직접 접촉해 일해야 하기 때문이며, 65세 이상 인구나 기저 질환자는 코로나19로 인한 사망 위험률이 매우 높기 때문이다. 각 나라마다 전체 인구의 20%에 해당하는 양의 백신을 공급받으면 이 세 집단에는 거의 접종이 가능하다. 2차 백신을 공급받을 때까지, 다시 말해 인구 20%에 해당하는 양의 백신을 공급받는 동안에는 코백스 퍼실리티를 통해 '인구 비례'에 따라 백신을 분배받으면 되는 것이었다.

이렇게 1, 2차 백신 분배가 완료되면 다음에는 국가마다 다르게 백신 공급 가중치를 정하게 되는데, 코로나19로 인해 더 큰 위험

• 코로나19 감염 이전에 앓고 있던 질환을 가리킨다.

에 처한 국가(감염재생산지수*가 높은 국가)와 보건의료 체계(의사 및 의료시설이 부족한 국가) 및 인구 구성비(노인 인구가 많은 국가)를 고려해 코로나19 위험도와 취약성에 따라 평가해 상황이 어려운 국가에 백신을 더 많이 할당하도록 조정한다.

이 분배 방식은 인간의 동등한 권리에서 나오는 평등사상에 기초해 팬데믹 해결에서 최선의 결과를 낳는 것에 일차적 우선권을 둔다. 다만 여기서 말하는 '최선'이란 개인 차원이 아닌 인구 수준의 최선이다. 다시 말해, 팬데믹 대응에서 최선의 결과란 전체 인구 차원에서 사망과 후유증을 최소화하는 것이므로 보건의료 체계가 안정적으로 유지돼야 하고, 사망 위험이 큰 집단을 보호해야 한다. 이런 '사망 최소화 목표'에 기초할 때 1차 대응에 필요한 인력과 노인, 기저질환자 집단에 백신을 우선 공급하는 정책이 정당화된다.

그다음에는 필요도가 가장 높은 사람에게 백신을 공급해야 한다. 팬데믹 상황에서 백신 필요도가 높은 사람이란, 감염병 대응 인력(의료인, 필수 사회 인력), 노인, 기저질환자다.(노인, 기저질환자는 앞의 '사망 최소화 목표'와 겹치지만, 같은 집단이라도 백신 공급을 정당화하는 원칙은 다르다.)

이와 같이, 인구 집단 수준에서 볼 때 더 큰 위험에 처한 국가나

- 감염병이 전파되는 속도를 수치로 나타낸 것으로, 1차 감염자가 평균적으로 감염시킬 수 있는 2차 감염자의 수(R0)로 표시한다.

팬데믹 대응에 어려움을 겪는 국가에 우선하여 백신을 공급하는 것은 '사망 최소화'와 '필요성'이라는 가치로 정당화될 수 있다.

공정한 우선권 모형

의료윤리학자 이제키엘 이매뉴얼Ezekiel Emmanuel을 포함해 여러 학자는 세계보건기구의 인구 비례 분배 방식이 지닌 한계를 공동으로 지적하며, 다른 모형을 제시한 바 있다.[41] 일차적 대응과 분배에서도 각 국가의 상황과 필요에 따라 다르게 분배할 필요가 있다는 것이다.

공정한 우선권 모형Fair Priority Model이라는 이름으로 이들의 논문이 내놓은 접근법은 우선 코로나19 팬데믹이 끼치는 세 가지 위해를 다음과 같이 밝힌다. 첫째, 사망자가 다수 발생할 수 있고 생존한다 하더라도 심각한 장기 손상을 초래할 수 있다. 둘째, 보건의료 체계에 부담을 주어 다른 질병의 피해를 증가시킨다. 셋째, 국가와 세계 경제에 큰 피해를 준다. 따라서 백신 분배는 이 세 가지 위해를 줄이는 방향으로 이뤄져야 한다는 것이다.

이들이 내놓은 공정한 우선권 모형은 세 단계로 구성되는데, 첫 번째 단계에선 팬데믹으로 인한 사망자와 건강 위해를 최소화하는 데 목적을 둔다. 두 번째 단계에선 사회·경제적 궁핍과 손해를 해결하는 데 초점을 맞춘다. 세 번째 단계는 어느 정도 팬데믹이 수그러진 다음, 지역사회 감염을 줄이기 위한 노력에 집중한다.

첫 번째 단계에서 각 국가 간 백신 분배 양을 설정해야 하고 이를 위해 표준 기대여명 손실 연수SEYLL•를 구하게 된다. SEYLL 값이 클수록 팬데믹으로 인해(코로나19로 인해 직접적으로 사망한 경우와 그렇지 않은 경우를 모두 포함해) 이른 나이에 사망한 사람이 많다는 뜻이 된다. 조기 사망자가 많은 국가에 백신을 더 많이 분배하면 조기 사망을 줄여 점차 SEYLL 값의 국가 간 차이가 줄어들 것이다.

이렇게 첫 단계에서 코로나19로 인한 사망을 어느 정도 줄이고 난 뒤 두 번째 단계에서 사회·경제적 궁핍 문제도 함께 다룬다. 이때 SEYLL 값을 척도로 유지하되 여기에 백신 접종 1회당 줄일 수 있는 빈곤 격차poverty gap••의 절댓값과 백신 접종 1회당 국민총소득GNI•••이 얼마나 증가하는지의 값을 함께 검토한다. 즉, 백신 분배를 통해 확보할 수 있는 기대여명(건강 문제)에 더하여 빈곤과 국민총소득(사회·경제적 문제)을 동시에 고려하는 것이다.

이후 세 번째 단계로 접어들면 이제 백신이 상당히 공급된 상황일 테니 모든 국가가 집단면역에 도달할 수 있을 때까지 백신을 충

- • 조기 사망으로 인한 생존 연수의 손실(Standard Expected Years of Life Loss)은 질병 등으로 일찍 사망한 사람이 생존했다고 가정했을 때 누릴 수 있는 삶의 연수를 뜻한다. 이를 구하는 방법의 하나로, 각 연령에서 이상적인 기준으로 표준 기대여명을 설정하고 각 연령별 사망자 수에 표준 기대여명을 곱한 후 모든 연령대의 수치를 합산해 도출한다.
- •• 빈곤 격차란 하위 소득 계층의 평균 소득과 전체 인구 중위 소득의 절반인 빈곤선(poverty line)의 비율을 말한다. 다시 말해, 하위 소득 계층이 얼마나 벌어야 빈곤에서 벗어날 수 있는지를 비율로 표현한 값이라고 보면 되겠다. 2019년 기준으로 한국의 빈곤 격차는 0.342이다.
- ••• 국민이 생산 활동에 참여하거나 생산 활동에 자산을 제공한 대가로 받은 소득의 합계.

분히 공급하게 된다.

이런 분배 방식은 위해 최소화, 약자 우선, 동등한 도덕적 고려 등 세 가지 가치를 고려한 접근 방식이다. 위해 최소화는 조기 사망자를 줄이기 위한 노력과 직접 이어지며, 약자 우선은 윤리적 자원 분배에서 중요한 목표로서 조기 사망자와 사회·경제적 궁핍을 줄이기 위한 백신의 차등 분배를 이룰 것이다. 동등한 도덕적 고려란 성별·인종·종교 등 도덕과 무관한 차이에 기초해 차별을 두지 않는 것으로 이러한 형태의 백신 분배 방식에서 기초를 이루는 가치다.

취약 계층 우선하기

백신 분배에선 다른 무엇보다도 취약 계층을 우선하는 원칙이 중요하다는 주장도 있다.[42] 이 주장은 국가 간이 아닌, 주로 한 국가 안에서 백신을 배분하는 것에 관한 논의이지만 국가 간 분배 논의까지 확장할 수 있으므로 간략하게 살펴보자.

코로나19로 인한 피해는 평등하지 않다. 팬데믹 상황이 닥치자 소수집단이나 소외 계층이 실직, 감염, 입원, 사망 등의 피해를 더 많이 입었다. 앞서 말한 백신 분배 관련 전략들을 다시 생각해보면, 물론 그것이 국가 간 분배 논의였기에 그런 점도 있으나, 전체 이득의 최대화(또는 위해의 최소화)에 초점을 맞춘 탓에 취약 계층의 피해를 고려하지 못한다는 단점이 있다. 예컨대 모든 국가에 인구 비례에 따라 배분하면 저소득 국가와 고소득 국가 모두가 비슷한 백신

효과를 누리기 때문에 뚜렷한 백신 피해 예방 효과를 얻으리라 보기 어렵다. SEYLL에 따라 조기 사망이 많은 국가에 더 많은 백신을 분배한다 해도 그것이 더 많이 피해를 입은 국가나 집단을 고려해 준 조치라곤 할 수 없다.

특정 국가 안으로 들어가 살펴보면 균등성이 갖는 이런 문제는 좀 더 분명해진다. 이를테면 미국이나 영국의 경우 코로나19로 입은 피해라는 면에서 보면 유색인종의 피해가 더 크다. 최근 보고[43]에 따르면, 미국에서 1만 명당 입원률/사망률을 보면 흑인은 24.6/5.6, 히스패닉은 30.4/5.6, 아시아계는 15.9/4.3이다. 백인의 7.4/2.3과 비교했을 때 상당한 차이를 보인다. 이는 앞서 동등한 도덕적 고려, 즉 성별이나 인종이 코로나19 팬데믹에 따른 피해 정도와 무관하다는 주장에 문제가 있다는 반론으로 이어질 수 있다. 만약 우리가 약자를 진정으로 우선한다고 말하려면 이런 명백한 차이를 백신 분배에서도 감안해야 하는 것 아닐까?

전미과학·공학·의학한림원NASEM, National Academies of Sciences, Engineering, and Medicine은 팬데믹에 의해 각 집단이 입은 불이익에 따라 백신을 차등 분배해야 한다는 보고서를 발표한 바 있다.[44] 기존에 발표된 백신 분배 전략이 이득의 극대화에 맞춰져 기존의 역사와 문화 그리고 사회적 상황을 경시하는 것에 문제가 있다고 본 이 보고서는 이득 극대화, 동등한 고려와 함께 건강 불평등 감소를 같은 수준에서 살펴야 한다고 주장한다.

그래서 이 보고서의 분배 전략에는 기존 전략에 추가 조항이 붙는다. 인구 집단에서 분배할 때, 사회적 취약성 지수SVI*나 관련 지수를 활용해 지역에 따른 차등 분배를 해야 한다는 것이다. 예컨대 기존 전략에선 70세 여성은 모두 동일한 정도로 백신 분배 우선권을 부여받지만, 이 보고서의 주장에 따르면 풍족한 교외 지역에 사는 백인 70세 여성보다 여건이 열악한 도심 지역에 사는 흑인 70세 여성에게 먼저 백신을 제공해야 한다.

사실 인종이나 지역 차이를 반영해야 한다는 이런 논의가 나온 미국이나 영국 등의 고소득 국가라면 이미 백신 계약 물량이 충분했기 때문에 실제 배분에선 이 사항을 고려할 필요가 별로 없었다. 하지만 2021년 4월 현재 확진자 수가 급증하고 있는 인도의 경우 문해력과 교육 불평등으로 백신 접근성에 차이가 나타나고 있으며, 이는 기존에 존재하던 불평등을 명확히 드러낸다.[45] 백신 공급에서 국가 간 불평등이 명백히 드러나자 WHO 사무총장 테워드로스 거브러여수스Tedros Ghebreyesus는 "백신 분배의 충격적인 불균형"은 "심각한 도덕적 실패"임을 지적한 바 있다.[46] 이 상황은 불평등을 모든 영역으로 확산, 심화할 것이다.**[47] 실제로 불평등에 대한 고려는 국가 간 백신 공급에서 더 중요한 문제라고 본다.

---

* 사회적 취약성 지수(Social Vulnerability Index)는 각 군 단위로 자연재해 대응 능력을 평가한 지수로 사회·경제·환경적 요소를 고려한 지수다.
** 이 상황은 델타 변이 이후 제기된 부스터 샷(3차 접종)의 필요성과 그 시행을 통해 악화일로를 겪고 있다. 백신을 다수 확보한 이스라엘과 미국이 부스터 샷 접종을 먼저 시작 또는 계획을 공표하자, WHO 등은 이를 정면으로 비판하고 나섰다.

의료윤리의 좌절과 과제

사실 위에 제시한 어떤 방법이든 잘 지키기만 한다면 좋은 결과가 있을 것이다. 문제는 이런 윤리적 논의가 일찍부터 제기되었음에도 결국 백신은 불평등하게 분배되어 사회와 세계의 양극화가 점점 더 심해지고 있다는 점이다.

모르는 게 약이라는 말처럼 '의료윤리'를 생각한다는 게 이런 상황에선 오히려 좌절을 안기는 요인이 되기도 한다. 그렇지만 우리는 인간으로서 정의를 희구하며, 비록 현실에서 구현될 수 없을지라도 더 나은 세상을 꿈꾼다. 그래서 좌절감이 더 커지기 전에 마음을 다잡는다. 지금까지 의료윤리 관점에서 그나마의 논의가 있어 왔고 또 문세 세기노 있었기에 현재와 같은 성과라도 얻을 수 있지 않았던가 생각해본다. 코백스 퍼실리티가 준비돼 운영될 수 있었던 것은 사람들이 백신의 공정 분배가 필요하다고 믿기 때문이다. 정책이 완벽하게 작동하지 않았다고 해서 관련 정책과 제도 정비마저 없어도 되는 건 아니다. 미래를 위해 더 많이 대비해놓으면 된다.

코로나19와 같은 팬데믹은 언젠가 다시 다가올 것이다. 그리고 정의를 외치는 목소리 또한 커지고 있다. 성, 인종, 연령, 지역 등에서 나타나는 차별을 능동적으로 극복해 의료 자원 분배의 공정과 형평을 추구하고자 하는 이러한 움직임은 더 강해질 것이다. 여기에 어떻게 반응하고 참여할지 생각하는 것이 지금 우리가 직면한 과제다.

2부
어떻게 할 것인가

5장 유전자 조작의 실현
― 유전자 조작 기술이 삶을 지배할 수 있을까,
아니 지배해도 될까

6장 보건의료에서 정의 말하기
― 건강의 공정, 형평은 가능할까

7장 의료 정보는 어디까지 지켜야 할까
― 정보 공개와 사생활 보호의 충돌

8장 환자와 의료인이 만나다
― 지금, 우리의 병원 풍경을 결정하는 것들

5장. 유전자조작의 실현

유전자조작 기술이 삶을 지배할 수 있을까, 아니 지배해도 될까

유전자조작, 이제 시작이다

코로나19 팬데믹 와중에 들려온 2020년 노벨 화학상 소식은 당연하다면 당연한 결과였다. 크리스퍼 기법을 통한 유전자가위genome editing 기술*을 개발한 공로를 인정받아 에마뉘엘 샤르팡티에Emmanuelle Charpentier와 제니퍼 다우드나Jennifer Doudna가 공동 수상의 영예를 안았다. 둘 다 여성 연구자이며, 특히 샤르팡티에 교수는 오랫동안 비정규직을 전전하며 연구를 지속해오다 이런 성과를 냈

* genome editing을 유전자 편집, 유전자 교정, 유전자조작 등으로 번역하기도 했으나 2015년 과학기술정통부가 "유전자가위 기술"을 표준 용어로 채택했다. 이 책에선 기술 자체를 가리킬 때는 유전자가위 기술로, 포괄적 접근을 의미할 땐 유전자조작으로 쓴다. 문제가 되는 것은 기술 자체가 아니라 기술적 접근으로 발생하는 사회문화적 영향이며 이를 포괄하려면 유전자가위 기술이라는 명칭만으로는 불충분하기 때문이다.

다는 점이 개인적으론 인상적이었다. 하지만 연구 주제인 '크리스퍼' 자체도 코로나19 바이러스 못지않은 학계의 관심사이기에 수상자들의 면면 등 연구의 배경에만 집중하는 것은 온당하지 않을지도 모르겠다.

크리스퍼는 간단히 말하면 유전자를 잘라내고 새로운 내용을 첨가하는 여러 방법 중 하나다. 여러 방법 중 하나라는 말은 유전자가위를 최초로 만들었다는 일부 언론의 보도는 적절하지 않다는 뜻이다. 유전자조작 기술은 이전에도 있었지만 정확성이나 적용 가능성이 낮았는데, 크리스퍼 기법이 이를 크게 올려 유전자조작을 통한 연구를 전 세계 실험실에서 가능하게 하고 각 연구자가 원하는 부위의 유전자를 조작할 수 있도록 해준 것이다.

일단 '유전자조작'이 무엇인지부터 살펴보자. 바이러스에서 인간까지 모든 생명체(단, 바이러스는 일반적인 생명의 정의*에 들어맞지 않는 부분이 있다)는 유전자를 지니고 있다. 유전자는 아데닌adenine, A, 구아닌guanine, G, 티민thymine, T, 시토신cytosine, C의 네 가지 염기가 이어진 것으로, 이 네 가지 염기의 순서에 따라 세포는 이런저런 단백질을 만들어 자신을 구성하고 활동하며 또 새로운 세포를 만든

• 대사에 토대를 둔 '생명'은 다음 다섯 가지로 정의한다. ①생장한다. ②물질대사를 한다. ③내/외부적으로 움직인다. ④생식 기능이 있다. ⑤외부 자극에 반응한다. 이 정의는 열려 있는데, 예컨대 노새나 씨 없는 수박은 생식 기능이 없으나 생명이다. 한편 바이러스는 성장하지 않고 숙주 밖에선 생식할 수 없으므로 위 정의에 들어맞지 않지만, 그렇다고 바이러스를 생명이 아니라고 하기도 어렵기 때문에 이런 대사 기준으로 본 생명의 정의를 허무는 대상으로 여겨져왔다.

다. 즉 유전자는 생명체의 형태와 활동을 규정하는 설계도라 할 수 있다. 그렇다면 유전자를 조작하는 일이란 곧 생명체의 설계도에 손을 대는 일이다.

물론 생명체의 유전자는 고정된 것이 아니다. 세포 복제나 생식 과정에서 생명체의 유전자는 변화한다. 방사선에 쪼이거나 화학 물질에 영향을 받아 유전자가 변형될 수도 있다. 하지만 세포는 유전자에 문제가 생기면 교정하는 기능을 지니고 있다. 어느 한 유전자가 끊기거나 변형되면 세포는 다른 유전자(유전자는 보통 한 쌍으로 구성되어 있다)를 주형으로 하여 오류 부분을 수정한다. 즉 한 쌍의 유전자 중 한쪽이 문제가 생기면 반대쪽을 기준으로 문제 부분을 복구하는 것이다.

이 기능을 적극 활용하는 것, 바로 그것이 유전자조작이다. 그 방법은 간단히 말하면 이렇다. 일단 유전자 하나를 끊는다. 세포는 끊긴 부분을 복구하려 한다. 이때 반대편 유전자 대신 연구자가 원하는 유전자 조합을 주형으로 제시한다. 세포는 원래 유전자 대신 수정된 유전자로 복구 작업을 진행한다. 결과적으로 유전자의 내용 일부가 바뀐다.

유전자가위 기술을 책 편집에 비유해보자. "사람은 모두 죽는다"라는 문장을 반대 의미를 갖는 문장으로 고치고 싶으면, "죽는"을 빼고 "산"을 집어넣으면 된다. 결과적으로 완성된 문장은 "사람은 모두 산다"라는 내용이 된다. 그런데 이 문장은 어떤 글 중간에 있고, 이 글은 사람들에게 미치는 영향력이 크다. 그렇다면 이전의

"사람은 모두 죽는다"라는 문장과 "사람은 모두 산다"라는 문장은 독자에게 각각 다른 영향을 미칠 것이다. 여기서 문장을 유전자라 하고 글자를 빼고 넣는 것을 유전자가위 기술이라 할 수 있다. 문장 하나로 글의 내용을 바꿀 수 있듯 유전자가위 기술을 통해 우리는 완전히 다른 생물을 만들 가능성을 손에 넣는다.

이전의 유전자가위 기술은 이 과정이 수월하지 않았다. 이 기술을 이용하려면 비용과 노동력이 많이 필요해 대량의 실험을 수행하기 어려웠으며 조작의 정확성이 떨어졌다. 예컨대 앞의 문장으로 다시 설명해보자. "죽는"을 빼고 싶었으나 조작 위치가 잘못 적용돼 문장의 맨 앞부분을 조작했다고 하면 문장은 이제 "산 사람은 모두 죽는다"로 바뀌고 만다.(빼고자 하는 글자인 "죽는"이 문장 맨 앞에 존재하시 않으므로 삭제는 일어나지 않는다.) 물론 이런 방식으로만 진행되는 것은 아니지만, 이전의 유전자가위 기술은 연구자가 원하지 않는 부분에서 작동할 가능성이 컸다. 또 유전자는 단지 네 글자로 이뤄진 책이기 때문에, 비슷한 부분이 여럿 존재한다. 크리스퍼 기법 이전인 1, 2세대 유전자가위 기술은 이런 부분을 정밀하게 구별하도록 만들기가 쉽지 않아 연구자가 원하는 부분을 고치기란 쉬운 일이 아니었다. 유전자조작이 가능하긴 했으나 제대로 하기는 어려웠다.

크리스퍼는 이런 문제를 상당 부분 해결한 유전자가위 기술이다. 아직 완전하진 않지만 일단 아주 많은 유전자 순열을 인식할 수 있어(다시 글의 비유로 돌아가면, 수정 부분을 찾을 때 여러 단어를 지정할 수 있는 것이다) 정확도가 높다.(이 정확도를 더 높이기 위해 연구를 거듭하고 있으며 새로운 방법이 계속 나오는 중이다.) 그다음으로 이전에 비해 소요되는 비용이 매우 낮아졌다.(이제 대규모 연구실이 아니라 집에서 유전자조작 실험을 하는 것도 가능해졌다.) 마지막으로, 노동력이 많이 필요하지 않다.(혼자서도 충분히 유전자조작 실험을 할 수 있다.) 누구나 손쉽게 유전자조작 실험을 할 수 있는 시대가 된 것이다.

크리스퍼가 가져온 진정한 혁신은 실험 단계였던 유전자조작을 현실화했다는 데 있다. 이전에도 유전자조작 생물을 만들어 태어나게 하는 것은 가능했지만 대규모 실험실 장비와 연구비가 뒷받침되는 연구자만 할 수 있는 특별한 실험이었다. 연구 결과 또한, 정확도와 안정성이 떨어졌다. 그러나 이제는 좀 더 쉽게 생물의 유전자를 조작할 수 있다. 예컨대 유전자 하나의 오류 때문에 발생하는 단일 유전자 질환single gene disorder을 직접 치료할 수 있게 되었다.(실제로 2020년 3월, 크리스퍼 기법으로 실명을 유발하는 유전 질환의 치료를 시도한 바 있다.)

유전자조작과 생명윤리

유전자조작 기술이 확연히 발달하자 사람들의 우려도 커졌다. 기독교 계열의 종교는 신이 생명을 창조했다고 보므로, 그에 따르면 현재의 유전자 구성은 신의 계획이다.(모두가 그렇게 생각하는 것은 아니지만, 주류의 생각은 이쪽에 가깝다.) 그래서 유전자 구성에 개입하는 것은 신의 영역을 넘보는 것이라거나 아직 미흡한 인간의 지성으로 신의 완전한 이성을 어지럽히는 일이라 본다. 종교적 이유가 아니라 해도, 유전자조작이 알 수 없는 결과를 초래하여 큰 위해를 불러올 수 있으리라는 염려가 널리 퍼져 있다. 1997년 개봉한 SF 영화 〈가타카〉는 아이를 낳기 전 유전자조작이 일상화된 사회에서, 유전자조작을 받지 않고 '자연적으로' 태어난 주인공이 운명을 극복하고자 분투하는 이야기다. 영화는 유전자조작 기술이 드리운 그림자, 즉 조작으로 만들어진 뛰어난 인간이 그렇지 않은 인간을 차별하는 사회를 설득력 있게 보여주었다. 이제 크리스퍼를 통해 유전자조작이 현실화되었으니 영화 속의 이런 차별이 현실이 될 가능성도 염려해야 하는 것 아닐까.

기우일지도 모르지만 유전자조작 기술을 마냥 도외시할 수만은 없다. 과학기술의 발전이나 경제적 이유를 떠나 환자들의 고통을 해결해줄 확실한 수단으로 여겨지고 있는 건 사실이기 때문이다. 유전 질환은 대를 이어 해당 유전자를 보유한 사람을 괴롭힌다. 돌연변이나, 열성 인자의 결합*으로 유전 질환이 갑자기 나타날 수도 있다.

---

* 유전 형질이란 유전자가 발현하여 나타난 결과이며, 유전자가 열성이라는 것은 한 쌍의 유전자 중 어떤 형질을 발현하는 부분이 있을 때 양쪽이 모두 같은 형태여야만 이 유전 형질이 발현되는 것을 의미한다. 가능한 한 가장 간단하게 설명해보면 이렇다. 어떤 생물에서 AA 유전자 쌍이 있으면 외형이 둥글고, aa 유전자 쌍이 있으면 외형이 길쭉하다고 해보자. 그리고 Aa 유전자 쌍을 가진 생물의 외형이 둥글다면 a 유전자는 열성인 것이다. 부모 양쪽에서 어떤 유전 형질이 드러나지 않았으나 자녀 대에서 갑자기 이 형질이 나타나는 경우 해당 유전자는 열성일 수 있다. 이는 부모는 한 쌍의 유전자 어느 한쪽에만 질병을 발현하는 유전자가 있고 나머지는 아니라서(예컨대 Aa) 질병이 나타나지 않았으나 자녀는 두 유전자 모두 질병을 발현하는 것으로 이루어져(이를테면 aa) 질병이 나타나는 경우를 가리킨다.

지금까지 현대 의학은 이런 유전 질환이 나타날 경우 그 증상을 완화하는 방향으로 접근했다. 아니, 그렇게 접근할 수밖에 없었다. 원인인 유전자를 바꿀 수 없으니 드러나는 문제만 해결했던 것이다. 원인을 고치지 못하는 이런 접근에는 당연히 한계가 있다. 하지만 만약 유전자를 바꿀 수 있다면 두말할 나위도 없이 유전 질환의 완전한 치료가 가능한 것이다.

애초 치료 방법이 없다면 어쩔 수 없는 일이다. 하지만 치료 방법을 찾을 수 있으며 심지어 현실적 가능성이 생겼는데도 신이 금지했다거나 알 수 없는 위험이 발생할 수 있다면서 치료를 받지 말라고 말해야 할까? 그렇게 말이야 할 수 있다 해도, 환자 또는 가족이 이를 받아들이기는 쉽지 않을 것이다. 누군가에게 기회를 빼앗으려면 그에 상응하거나 넘어서는 이유를 제시해야 하는데, 지금은 중세처럼 모두가 신을 믿는 시대가 아니다. 미래의 알 수 없는 위험성 때문에 당장의 치료 가능성을 물리쳐야 할까. 이득도 위해도 모두 가능성의 영역이라면 그 사이 어딘가에 선을 그을 필요가 있으며, 이것이 생명공학에 관한 윤리적 접근의 핵심이다.

생명윤리에 관한 초기 논의: 생명윤리 및 안전에 관한 법률

그간 국내에서 생명공학의 윤리, 즉 생명윤리에 관한 논의는 어떻게 이뤄져왔는가. 이 논의가 사회적 이슈로 부상한 것은 1996년 영국 에든버러대학교 로슬린연구소에서 복제양 돌리가 태어나면서다. 돌리의 탄생과 당시 시장에 퍼지고 있던 유전자 변형 농산물GMO은 종교와 환경 운동에 발을 담그고 있던 이들이 본격적으로 생명공학 규제 법안의 필요성을 외치게 하는 출발점이 됐다.

시민단체가 생명윤리안전법 제정과 국가생명윤리위원회 설치를 요청하자 정부는 2000년 생명과학보건안전윤리법(안) 제정 준비에 착수한다.[1] 이어 2002년 보건복지부가 생명윤리 및 안전에 관한 법률(이하 '생명윤리법')을 입법 예고하고, 2003년 의결 과정을 거쳐 2004년 1월 29일 법이 공포되기에 이른다.

여러 문제의식을 담은 이 법안은 태어나자마자 충격적인 사건을 마주하게 되는데 바로 황우석 사태다. 2005년 사태 발생 이후로 르포와 책, 심지어 영화까지 다양한 매체에서 수없이 다뤄졌으며 이를 계기로 한국 사회에 연구윤리가 일정 부분 자리 잡은 측면도 있으나 여기서 다시 한번 그 사건의 경과를 정확히 분석해보자. 이 장에서 우리가 다룰 유전자조작을 포함한 생명공학적 문제를 어떻게 윤리적으로 접근해야 할지를 파악하는 데 유용한 사례이기 때문이다.

황우석 사태

임상 수의학자 황우석은 서울대학교 교수였으며, 1990년대에 정부 지원을 받아 동물 복제 연구를 시작한다.[2] 처음에는 생식세포 핵이식*을 연구하던 황우석은 돌리 탄생 이후 체세포 핵이식**으로 관심을 돌렸다. 1999년 2월 복제소 영롱이의 탄생에 성공하면서 세계에서 다섯 번째 체세포 동물복제 성공 사례로 기록됐다.(하지만 이 결과의 진위에 관한 논란이 있다.) 같은 해 4월 복제 한우 진이가 태어나면서 황우석은 정부와 국민의 지지를 등에 업게 됐다.

2003년 출범한 노무현 정부는 '바이오 신약·장기' 분야를 10대 차세대 성장 동력의 하나로 선정하고 황우석을 국가과학기술위원회 장관급 민간위원으로 임명했다. 광우병 내성 소와 무균돼지 복제연구에 성공한 데 이어 황우석은 2004년 2월, 세계 최고의 학술지《사이언스》에 논문을 게재하기에 이른다. 세계 최초로 인간 체세포 핵이식 줄기세포*** 추출에 성공했다는 것이 논문의 골자였다. 황우석과 그의 연구팀은 2005년 재차《사이언스》에 환자 맞춤형 배아줄기세포 배양에 성공했다고 보고한다.³ 2004년 연구는 난자 242개를 통해 1개의 줄기세포만 배양해 실용화와 거리가 멀다는 비판을 받았는데, 2005년 연구는 난자 185개에서 11개의 줄기세포를 배양했다고 보고하면서 기존의 한계를 가볍게 넘어선 것이다.

- • 정자와 난자가 결합해 만들어진 수정란에서 핵을 분리하고, 그것을 핵이 제거된 난자에 이식하는 방법.
- •• 생명체를 구성하는 체세포에서 핵을 분리하고, 그것을 핵이 제거된 난자에 이식하는 방법.
- ••• 신체의 어떤 세포로도 분화 가능한 세포로 이를 손상 부위에 이식해 분화시키면 손상된 장기의 회복이 가능할 것으로 기대되고 있다. 줄기세포 연구는 지금도 계속되고 있으나 임상적으로 활용 가능한 분화 기술은 아직 미흡하다. 수정란에서 얻은 줄기세포는 환자와 유전자가 다르므로 거부 반응이 일어나지만, 체세포에서 줄기세포를 얻으면 환자의 세포와 같은 것이므로 거부 반응 없이 적용 가능하다는 장점이 있다.

전 세계와 국내의 찬사를 받은 실험 결과였으나 하나둘 문제가 제기됐다. 우선, 난자를 구하는 과정에서 문제가 있었다는 주장이 나왔다.[4] 난자의 출처가 불명확하다는 의문에 대해 황우석 연구팀은 모두 기증받은 것으로 아무런 문제가 없다고 주장했다. 이를 둘러싼 잡음은 2005년 11월 22일 MBC〈PD수첩〉이 황우석 연구팀의 난자 매매 의혹을 보도하는 것으로 확장됐다. 난자의 다수가 매입된 것임을 난자를 조달한 미즈메디병원 노성일 이사장이 시인했으며 연구팀의 여성 연구원에게 난자를 제공하라는 강압도 있었음이 확인됐으나 대중은〈PD수첩〉을 국가의 이익에 반하는 행위를 했다며 강하게 비난했다. 결국 MBC는〈PD수첩〉폐지를 결정해야 했다.

여기가 끝이 아니었다. 황우석 연구팀의《사이언스》논문의 조작 가능성에 관한 조사가 수면 아래에서 이뤄지고 있었고, 2005년 12월 5일 생물학 정보 공유 웹사이트 'BRIC'에 논문의 줄기세포 사진이 조작됐다는 글이 올라오면서 이 문제는 일파만파 퍼져나갔다. 서울대학교는 '황우석 교수 연구의혹 관련 조사위원회'를 조직했고,〈PD수첩〉이 방송을 재개해《사이언스》논문이 조작임을 보도했다.

2006년 1월 8일, 조사위원회는 2004년과 2005년의 논문이 모두 조작이고 줄기세포는 만들어지지 않았다고 최종 발표했다.[5] 수많은 환자에게 헛된 소망을 심어준 황우석의 만행은 여기서 끝이 났고,《사이언스》는 두 논문에 대해 '게재 취소' 처분을 내렸다. 하지만 이후로도 음모론이 계속됐다. 미국이 한국의 과학 발전을 가로막기 위해 벌인 공작이므로 황우석 연구가 재개돼야 한다는 것이 음모론자들의 주장이었다. 음모론 속에서 황우석은 피해자이자 그들의 우상으로 분하여 오랫동안 살아남았다.

황우석 사태가 남긴 교훈

황우석 사태의 핵심 문제는 네 가지로 정리할 수 있다. 첫째, 난자 수급 과정이 비윤리적이었다. 신체는 매매 대상으로 삼지 않는다는 게 오늘날 우리에게는 아주 당연한 이야기이지만,* 황우석 연구팀에서는 난자를 공공연하게 매매의 대상으로 삼았다. 여기에 영향을 미친 것은 낙태죄 존속으로 인한 불법 임신중절 수술이었다. 임신중절 수술 과정에서 생긴 잔여 배아** 다수가 판매, 유통된 것이었다.(시술자는 배아를 처리할 수 있고 연구자는 배아를 손쉽게 구할 수 있

- 　정자와 난자의 매매를 허용하는 국가가 더러 있으나 논란의 여지가 많다. 우선, 높은 학력을 지닌 사람의 정자와 난자가 비싼 가격에 거래되는데, 이는 인간의 우열을 따지는 우생학적 접근이고 능력에 따른 차별을 유발하는 행위다. 다음으로, 정자와 난자가 과연 매매의 대상이 될 수 있느냐 그 자체에 관한 정의론적 논증이 요구될 수 있다. 정자나 난자를 기증받은 데 감사하며 일정액을 보상하는 것은 가능하지만 이를 매매의 대상으로 여기는 것은 잘못이라는 주장이 있다. 게다가 정자 매매를 허용하는 국가라 해도 근친혼에 따른 예측할 수 없는 문제 발생이나 체액 매개 감염을 염려해 정자 제공에 제한을 두고 있다.
- **　정자와 난자가 만나 수정하면 배아가 되고, 배아는 자궁에 착상하여 성장, 태아가 된다. 정의상 수정 후 9주까지를 배아라고 하고, 이후부터 출산 전까지는 태아라고 부른다. 외과적 임신중절 수술의 경우 자궁에서 배아 또는 태아를 떼어내는 방식으로 이루어진다. 수술 시 자궁(포궁)에서 떼어낸 배아가 잔여 배아다.

는 방안이었기에 양쪽 모두에게 이것은 이득으로 여겨졌다.) 둘째, 연구팀의 연구 부정이 고의로 묵인됐다. 실험 과정은 공개된 과정과 다르게 진행됐고 데이터는 조작됐다.(사태 발생 초기에는 이 조작이 연구원의 단독적 일탈이라는 주장도 나왔으나 결국 여러 가지 반증이 제시됐다.) 셋째, 기관의 감독이 제대로 이뤄지지 않았다. 정부는 생명윤리법을 입법하고 국가생명윤리위원회를 운영했지만 미래 산업과 과학적 성취라는 명분에 취해 황우석의 연구를 제대로 살피지 않았다. 대학의 기관생명윤리심의위원회Institutional Review Board, IRB는 심사와 감독이 무엇인지 제대로 이해하지 못한 채 관리 업무를 수행함으로써 문제를 지적하는 일에서도 실패했다.[6] 넷째, 과학기술의 성공과 성취에만 매달려 수단도, 결과가 가져올 영향도 고려하지 못했다.[7] 체세포 배아 복제는 애초 인간 난자를 사용해야 하고 실험 과정에서 만들어진 배아를 파괴해야 하며, 인간 복제로 이어질 가능성 때문에 윤리적 한계를 지닌다. 게다가 기술 구현의 난이도가 높다. 실제로 2013년 5월이 돼서야 인간 배아 복제에 성공했다는 보고가 나오게 된다.[8]

이 모두는 생명공학 연구에서 제대로 된 감시와 규제가 얼마나 중요한지를 잘 보여준다. 이를 위해서는 우선, 연구 참여자를 보호하기 위한 제도가 있어야 한다. 연구 참여자는 연구 과정에서 본인의 신체에 발생하는 변화에 관한 충분한 정보를 제공받은 상태에서, 그리고 외부의 강압으로부터 벗어나서 자유롭게 연구에 참여할 수 있어야 한다. 또한 연구 부정을 감시·감독할 수 있는 체계가 마련돼야 한다. 이는 연구를 감독하는 기관이 적절히 운영되는 것과 함께 운영을 위한 제반 사항과 인력의 필요성 또한 강조한 것이다. 마지막으로, 연구 수단과 결과에 대한 수준 높은 고찰이 필요하다. 연구가 근시안적 이득을 추구한다면 위험성은 높아진다.

다시, 생명윤리법

2005년에 마련된 생명윤리법은 인간 복제, 배아 줄기 세포, 유전자와 관련된 내용을 규제하려는 것이었다.[9] 이러한 법제에 영향을 미친 것이 앞서 살핀 1997년 복제양 돌리, 2000년 인간 게놈 프로젝트Human Genome Project, 같은 시기에 수행된 황우석의 연구다. 2005년 법은 체세포 핵이식으로 인간을 복제하는 행위를 전면 금지했으나, 줄기세포 수립 연구는 보건복지부 장관 승인으로 수행이 가능하도록 분리해뒀다. 그리하여 관련 연구는 기관에 설치된 IRB가 규제하도록 했다.

황우석 사태는 당시의 생명윤리법이 지닌 한계를 여실히 보여주었고, 그리하여 2008년 생명윤리법의 일부개정이 이루어졌다. 여기서 난자 제공자 보호, 줄기세포주• 연구 규정이 신설되었고, IRB 등에 관한 규정이 개정됐다. 그리고 2013년에는 생명윤리법이 전

• 세포주(cell line)란 채취한 세포를 배양해 확립한 동일한 세포 집합을 가리킨다. 줄기세포를 채취하여 배양한 것이 줄기세포주다.

면 개정됐고, IRB의 심의를 받지 않은 인간 대상 연구*는 아예 학술 논문 투고를 할 수 없도록 한 세계적 경향에 따라 이 법 역시 IRB 심의 과정을 강화했다. IRB를 설치하지 않으면 연구 기관의 장에게 과태료를 부과해 연구 기관에 윤리적 연구 감독의 책임을 부여했다.

생물학 연구는 중앙에서 통제하기가 어렵다. 기술의 이득과 위해가 가능성으로만 제시되고 빠른 변화로 인해 연구자 혹은 지속적으로 관심을 가지고 살핀 이가 아닌 이상 문제 상황을 정확히 파악하기가 어렵기 때문이다.** 따라서 연구 기관에 감독 책임을 부여하는 것은 정부가 전적으로 통제하기보다는 자율 규제를 추구한다는 의미다. 결국 중요한 것은 연구자 개인과 시민사회의 참여다. 연구자는 관련 지식의 소유자와 생산자로서 그 책임을 지며, 시민사회는 연구 수단을 제공하고 결과의 대상이 되기에 지식이 가져올 변화에 직접적으로 관여할 권리를 지닌다.

그런데 유전자조작 기술 연구의 이득과 위해를 어떻게 가늠해야 할까? 체세포 핵이식이 인간 복제로 이어진다면, 인간 복제가 가져올 위해는 얼마나 큰 것인가? 유전자조작 기술로 차별의 가능성이

---

* 인간 참여자를 대상으로 진행하는 모든 연구를 말한다.
** 중국의 경우 중앙 통제 방식을 취한다. 그러다 보니 2018년 허젠쿠이가 유전자가위 기술을 통해 에이즈 저항 유전자를 지닌 태아를 태어나게 한 다음에야 제제를 가했다. 어찌나 성급하게 유전자가위 기술을 배아에 적용했는지 태어난 아이가 에이즈 저항 유전자를 지닌 것조차 확인되지 않은 것이다. 이 사건은 유전자가위 기술의 인간 적용에 대한 전 세계적 우려를 불러왔다.

있다면 구체적으로 그 차별의 내용이나 양상은 어떻게 따져봐야 하는가? 기술이 오용되지 않는다고 해도 오류가 발생해 대상자에게 위해를 입힐 가능성은 없는가? 또 기술이 가져올 이득은 어떻게 따져볼 수 있는가? 줄기세포나 유전자조작이 질병을 고칠 가능성은 또 얼마나 되는가? 이 모든 것을 미리 알 수 없으니 그저 짐작에 근거해 '규제' 또는 '허용'이라는 결정을 내려야 하는가? 이런 '가능성'의 문제들을 어떤 원칙에 따라 살피면 좋을지 생각해보자.

예방 원칙 vs 사전주의 원칙

우리는 흔히 발생 가능한 문제가 예측되면 당연히 예방을 해야 한다고 생각한다. 이것을 제도적으로 적용할 때 '예방의 원칙Prevention Principle'이라 부른다. 한편 위해를 가져올 것으로 의심되는 일이 있다면 그런 사건이 벌어질 때까지 마냥 기다리기보다는 그 일이 진행되지 않도록 당장 멈추는 게 좋다고 생각할 수 있다. 이를 '사전주의의 원칙Precautionary Principle'[•][10]이라 부른다. 이런 구분은 처음엔 환경 관련 법률[••]로부터 나왔지만 최근에는 생명과학이나 의학 영

• 사전예방의 원칙, 사전배려의 원칙으로 번역되기도 한다. 그러나 사전예방의 원칙은 예방의 원칙과 구분하기 어렵다는 점에서, 사전배려의 원칙은 이 원칙이 가리키는 것이 염려의 차원을 넘어 실제적 방지의 역할을 한다는 점에서 한계가 있다고 여겨 사전주의의 원칙이라는 번역어를 택한 논문을 따랐다.

역에도 적용되고 있다. 우선 이 두 원칙이 어떤 차이를 보이는지 사례를 통해 살펴보자.

첫 번째 '예방 원칙'을 이해하기 위해 앞서 살펴본 연구 부정 문제를 다시 떠올려보자면, 현대 과학 연구자는 성과가 급여와 연결된 경우가 많다. 연구비를 수주하면 그중 일부를 인건비로 받기 때문에 연구비를 받으려면 연구 성과가 나와야 하는 것이다. 그러므로 이들은 성과를 내야 한다는 압력을 지속해서 받게 되며 이 압력이 부정행위를 낳는 원인으로 작용하기도 한다. 황우석 연구팀도 한시라도 빨리 성과를 내서 알려야 한다는 압박이 심했고, 그런 가운데 책임자였던 황우석의 묵인하에 소속 연구원이 연구를 조작했던 것이다.

이런 사태를 막는 방안은 여러 가지다. 이를테면 황우석 연구팀의 논문에서 문제가 된 사진 조작을 생각해보자. 컴퓨터 그래픽 기술이나 소프트웨어 프로그램이 발전을 거듭하다 보니 사진을 조작하는 것도 이젠 아주 쉬운 일이 됐으며 그 결과물도 웬만한 사람은 눈치 채지 못할 정도로 자연스럽다. 연구자들 스스로가 실제와는 다르게, 자신이 원하는 결과가 나온 것처럼 사진을 조작할 수 있음을 알고 있고, 황우석 연구팀처럼 사진 조작이 발각되는 경우

•• 우리나라의 경우 헌법의 환경권, 환경정책기본법, 개별 환경법에서 도출된다. 예방 원칙과 사전주의 원칙은 환경의 적정, 지속 가능한 관리·보전을 규정한 환경정책기본법 제1조, 환경오염의 사전예방 관리를 규정한 제8조, 사업이 환경에 미치는 영향을 미리 예측·평가하여 보전방안을 마련토록 한 환경영향평가법 제1조에 근거할 수 있다.

도 더러 있다. 사진 결과물 자체의 조작 여부를 기계적으로 검증할 수는 없으므로, 이를 막기 위해 사진 조작이 발각되면 매우 큰 벌을 부과하는 방법을 적용할 수 있다. 그 벌이 두려운 연구자는 사진 조작을 하지 않을 것이기 때문이다. 이런 접근은 이미 발생했던 문제의 재발을 막기 위한 조치로서 '예방 원칙'을 적용한 것이라 볼 수 있다.

한편 이런 문제가 아예 나타나지 않도록 '사전주의 원칙' 조치를 취할 수도 있다. 실험실 장비에서 나온 사진을 매번 연이어 기록으로 남겨 연구 결과를 보고할 때 함께 제출하도록 한다든지 연구실 컴퓨터에는 사진을 조작할 수 있는 프로그램 설치를 아예 차단하는 방법을 쓸 수도 있다. 이러면 사진 조작은 원천적으로 불가능할 것이다. 하지만 연구자 입장에선 연구를 진행하는 작업 과정이 매우 불편해질 것이다. 이런 접근법이 문제 발생의 가능성 자체를 사전에 차단하는 '사전주의 원칙'이다.

이를 일반화하여 생각해보면, 예방 원칙은 이미 나타난 문제로부터 차단시키는 방법을 의미하는 것으로서, 그 문제가 초래하는 위험과 위해를 계산할 수 있는 경우에 적용할 수 있다. 반면 사전주의 원칙은 아직은 발생하지 않은 문제라서 위험이나 위해를 계산할 수 없는 경우에 주로 적용된다. 환경 보호가 필요한 경우를 예로 들어 설명해보자면 폐수 방류와 같이 오염 사건이 벌어질 경우 발생 가능한 문제와 그 범위가 예측 가능할 때는 예방 원칙을 적용한다. 하지만 지구 온난화로 인한 위해라면 어떨까. 이러한 문제는 가능성을 판단하기도 어렵고 피해의 범위도 예측이 어렵다.* 이런 위해 가능성을 막고자 할 때는 주로 사전주의 원칙을 취한다.

다시 연구 부정 사례로 돌아가보자. 연구 부정으로 인해 발생할 피해는 명확하다. 해당 연구실과 더 나아가 연구실이 속한 국가의 과학적 신뢰성이 하락하고 발전 가능성에 투자됐던 자금 또한 회수할 수 없다. 황우석 사태의 경우, 치료를 기대했던 환자들을 저버린 것 역시 큰 피해의 하나로 꼽을 수 있을 것이다. 이런 위해가 예상된다면 당연히 예방해야 한다. 하지만 황우석 사태가 가져온 파급력은 단순히 연구 부정에서 끝나지 않았다. 인간 복제에 기술이 사용되거나 체세포 복제로 생체 인증을 받아(이를테면 혈액을 채취해 유전자 검사를 하여 접근을 승인하는 금고가 있다고 해보자) 범죄를 저지를 수도 있다. 기술 발전을 위해 난자 채취가 폭넓게 허용돼 여성 건강에 위해를 가져올지도 모른다.

이렇듯 아직은 '가능성'의 영역에 있는 문제는 어떻게 따져봐야 하고 어디까지 막아야 하며 또 막을 수 있을까? 그 답을 찾으려면 사전주의 원칙을 조금 더 자세히 살펴볼 필요가 있겠다.

• '예측' 여부는 과학의 발전과 문제 상황의 진행 정도에 따라 달라질 것이다. 지구 온난화가 문제가 되리라고 주장한 것은 1896년 스웨덴 화학자 스반테 아레니우스(Svante Arrhenius)로, 당시 그는 대기 중의 이산화탄소 농도 증가가 온실효과를 불러온다는 실험을 바탕으로 이런 예측을 했다. 그런데 지금 우리는 지구 온난화를 현실에서 목격하고 있으며, 그 영향 또한 이젠 어느 정도 예측이 된다.

사전주의 원칙의 적용

1970년대 유럽에서 점차 환경 문제가 대두하면서 규제가 검토됐으나 그 근거가 논란이 됐다. 독일의 경우 삼림 파괴를 염려해 공기의 질에 관한 기준을 세우고자 했지만 당시 대기오염으로 삼림이 파괴된다는 증거는 없었다.[11] 그러나 적극적 환경 정책을 추진하던 독일 정부는 기업에 대기오염 최소화 조치를 요구했고, 이를 정당화할 필요가 있었다. 여기서 이른바 '사전배려의 원칙Vorsorgeprinzip'이 도입됐으며, 이것이 사전주의 원칙의 출발점이 됐다.[12]

1992년 브라질 리우데자네이루에서 유엔환경개발회의UNCED가 개최됐고, 회의는 환경과 개발에 관한 리우 선언Rio Declaration on Environment and Development(이하 '리우 선언')을 재백한다. 리우 선언은 전 세계의 지속 가능한 개발 추구에 관한 약속을 담은 것으로 총 27개 원칙으로 이뤄져 있다. 이 가운데 '원칙 15'가 환경보호를 위한 사전주의 원칙 적용을 천명했으며, 이를 계기로 '사전주의'는 환경보호를 위해 고려해야 할 중요한 원칙으로 자리 잡게 됐다.[13] 리우 선언 원칙 15가 명시한 사전주의 원칙은 "심각하고 비가역적 피해의 위협이 있을 때"에만 "비용 효과적 조치를 연기"하도록 했기에 다소 한정적으로 적용된다.

반면 환경을 염려하는 과학자들이 만든 '과학과 환경보건 네트워크Science and Environmental Health Network'가 주축이 돼 1998년에 발표한 윙스프레드Wingspread 선언은[14] 위해의 가능성이 있다면 사전주의 원칙에 따라 조처해야 한다고 주장한다. 윙스프레드 선언의 사전주의 원칙은 리우 선언이 내세운 것과 비교하면 상당히 강력한 내용을 담은 것으로, 만일 가능성에 기초해 조처해야 한다면 거의 모든 경우에 적용할 수 있게 된다. 따라서 리우 선언을 약한 사전주의 원칙, 윙스프레드 선언을 강한 사전주의 원칙으로 구분할 수 있겠다.[15]

여기서 사전주의적 조치란 무조건적 금지를 의미하는 것은 아니다. 사전주의 원칙을 채택한다 하더라도 엄격한 금지부터 추가 연구 결정까지 다양한 수준의 정책을 적용할 수 있다.[16] 이것은 사전주의 원칙이 과잉 규제로 이어진다는 반론에 대한 대답이 된다. 그 반론이란 가능성만으로 규제하면 결국 규제 과잉 또는 규제 만능 상태로 이어질 것이라는 지적인데, 가능성이 있으니 추가 연구를 해보자는 말은 결코 과잉 규제를 의미하지 않는다. 오히려 위해 가능성 앞에서 사려 깊은 접근을 하자는 것이 사전주의 원칙의 지향점이다.*

요컨대 사전주의 원칙이란 불확실한 위협에 대한 사전주의적 정책 적용을 촉구하는 것을 의미하며, 위협의 범위와 적용 정책은 사안별로 다양하다.

---

* 따라서 예방 원칙과 달리 사전주의 원칙은 곧바로 처벌 등의 강제를 해결책으로 제시하지 않는다. 물론 가능성도 높고 큰 위해가 예상된다면 상당한 정도의 강제력을 갖는 방안을 도입해야 할 것이다. 하지만 우리가 여기서 사전주의 원칙을 통해 다루는 사안들은 가능성이나 위해의 내용이 모호한 경우가 많다.

유전자 드라이브

MIT의 유전 공학자 케빈 에스벨트Kevin Esvelt는 유전자가위 기술을 적극 활용해 당면한 환경 문제를 해결해야 한다고 믿는다. 20세기 이래로 인간은 환경에 막대한 영향을 미쳐왔고 인간의 영향력이 점점 더 커져가는 상황에서 환경을 가만 놓아두는 것은 인간이 책임을 방기하는 일이라고 그는 믿는다. 인간이 유전자가위 기술을 손에 넣었으니 그 기술로 망가진 환경을 복구하고자 노력해야 한다는 것이 에스벨트의 주장이다.

그가 해결하고자 한 문제 중 하나는 쥐의 급속한 번식이었다. 외래종이 기존의 생태계를 교란했다는 이야기를 들어봤을 것이다. 19세기 호주에 유럽산 야생토끼Oryctolagus cuniculus가 급속도로 번식하면서 사막화 현상과 작은 포유류의 멸절을 초래했던 것이나,[17] 한국의 하천 생태계를 위협하여 환경부가 전쟁까지 선포했던 황소개구리 사례가 그렇다. 쥐의 급격한 번식 때문에 많은 동물이 멸절 위기에 처해 골머리를 앓던 뉴질랜드 정부는 '2050년까지 포식동물 없애기Predator-Free 2050' 정책을 발표했다. 이때 에스벨트는 그 해결책으로 유전자가위 기술을 활용하자고 제안한다.

에스벨트가 제안한, 유전자가위 기술로 야생 생물의 개체 수를 줄이는 방법을 한번 살펴보자. 간단하게는, 유전자조작으로 해당 생물의 불임 수컷 또는 암컷을 만들어 야생에 풀어놓는 방법이 있다. 이들은 유전자조작을 하지 않은 생물과 짝짓기를 하지만 후손을 만들지 못하기에 전체 개체 수는 감소하게 된다.

이 방법의 문제는 효과가 단속적이라는 것이다. 일시적으로 개체 수를 줄일 순 있겠지만, 엄청나게 많은 수의 불임 생물체를 풀어놓아 단번에 멸절로 몰아넣지 않는 한 시간이 지나면서 생물은 다시 기존의 수효를 회복할 것이다. 후손을 낳을 수 없으니, 유전자를 조작한 불임 생물의 형질은 유전되지 않는다. 결국 조작한 유전자를 지닌 생물은 시간이 지나면 사라진다.

이런 상황에 크리스퍼 방법이 새로운 해결책을 제시할 수 있는데, 바로 유전자 드라이브gene drive라고 불리는 기술이다. 유전자조작 생물체의 유전체에 아예 유전자조작 기능을 덧붙이는 것이다. 이를테면 암컷을 불임으로 만드는 유전자가위를 쥐의 유전체에 심을 수 있다. 이 유전자를 암컷 쥐와 수컷 쥐에 모두 넣고 야생에 풀어준다. 암컷 쥐는 곧 유전자가위가 작동해 불임이 될 것이고, 앞의 예처럼 전체 개체 수를 줄이는 효과를 나타낸다. 수컷 쥐는 유전자조작을 하지 않은 쥐와 짝짓기를 해 새끼 쥐를 낳게 되는데, 이 쥐들은 불임 유발 유전자를 물려받는다. 새끼 쥐가 암컷이면 또 불임이 될 것이고, 수컷이면 불임 유발 유전자가 이어진다. 점차 불임 유발 유전자가 확산하고, 결국 암컷의 수는 줄어든다. 이렇게 몇 대가 지나면 해당 종은 멸절한다.

이 방법은 효과 면에서 보면 기존에 등장했던 위해 종 멸절 수단보다 탁월하다. 살충제나 쥐약은 독성이 있어 다른 부작용을 일으키는 데다 개체 수를 획기적으로 줄이는 데에는 한계가 있다. 기존의 불임 쥐 방류 방법은 앞서 살펴본 것처럼 그 효과가 일시적이

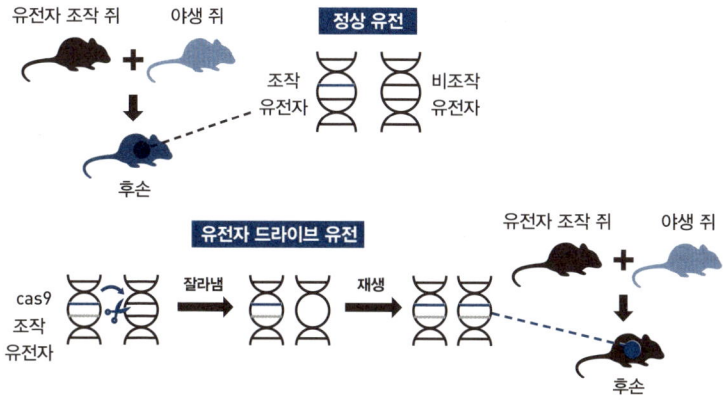

다. 하지만 유전자 드라이브 방법은 지금까지 나왔던 그 어떤 방법보다도 확실하다. 개체 수가 너무 빨리 불어나 문제가 되는 종을 대상으로 하므로 유전자가위를 심은 개체를 풀어놓으면 이 유전자는 금세 더 많은 개체로 확산할 것이다. 그 결과 불임 자손의 수가 빠르게 증가하여 스스로 종의 수가 조절된다.

사전주의 원칙의 적용: 유전자 드라이브 규제

다시 뉴질랜드로 돌아가자. 쥐로 인해 뉴질랜드가 자랑하던 작은 새들이 사라지고 있다. 새가 멸종한 뒤에는 대형 동물의 새끼도 공격받을 것이다. 이대로 두었다간 뉴질랜드의 섬에는 앞으로 인간과 쥐만 살게 될지도 모른다. 쥐약을 풀어놓는 방법은 이미 써볼 만큼 써봤고 그 방법으론 한계가 있음을 모두가 인정했다. 그렇다면 유전자 드라이브 기술을 적용해보면 어떨까?

외래종을 대상으로 하므로 해당 종이 멸절한다고 생태계에 문제가 생기진 않을 것이다. 따라서 쥐의 멸절 자체를 문제로 삼기는 어렵다.(이게 문제라면 애초 살충제나 쥐 사냥도 마찬가지로 제약을 가해야 했다.) 그러나 유전자 기술의 가능성을 우리가 다 알지 못한다는 문제가 남는다. 예컨대 쥐 번식 과정에서 유전자 돌연변이가 발생해 인간마저 위협하는 생물이 탄생하는 건 아닐까? 바이러스는 숙주 유전자의 일부를 다른 생물체에 옮기곤 한다. 불임 유발 유전자가위가 바이러스를 통해 다른 쥐나 비슷한 설치류齧齒類에 옮겨 갈 가능성도 배제할 순 없다. 쥐를 멸절시키려다 다른 종까지 다 멸절시키게 되는 건 아닐까?

일반적으로 어떤 행동에 대해 규제 여부를 따질 때 비용편익 분석cost-benefit analysis을 적용한다.*[18] 정책이 하나뿐이라면 비용보다 편익이 큰지를, 여러 정책을 비교한다면 비교 대상인 정책 중에서 가장 비용편익비cost-benefit ratio가 큰 정책을 선택하게 된다. 그런데 유전자 드라이브를 통한 쥐 감소 정책은 비용이나 편익을 정확히 계산하기가 어렵다.**

- 이를테면 자동차 오염물질 배출량을 줄이려고 5부제를 실시한다고 해보자. 편익은 오염물질 배출이 줄어들어 국민 건강이 증진되는 것이고, 비용은 단속을 위한 인력 등 집행 비용, 자동차 운행 감소로 인한 경제활동 비용, 자동차 사용 축소로 인한 경제성장률 하락을 들 수 있다. 이때 5부제를 도입해 얻을 수 있는 편익(적정 수준 이상의 자동차를 운영해 발생하는 사회적 비용의 감축)과 정책 시행에서 나오는 비용(운영에 드는 직접 비용과 정책 시행의 효과로 드는 간접 비용)을 비교해 편익이 크다면 정책 시행은 타당하다.

뉴질랜드가 얻는 이득은 현실적이다. 당장 소형 동물이 위협받고 있으며 쥐를 물리치기 위해 상당한 예산을 쓰고 있다. 동물을 구하고 예산을 절감하는 것은 곧바로 경제적 이득으로 나타낼 수 있는 결과다. 반면 유전자 드라이브를 통해 새로운 생물이 탄생할 가능성이나 다른 생물체가 멸절할 가능성은 말 그대로 가능성의 영역일 뿐 그 가능성이 얼마나 되는지 또 발생했을 때의 위해는 어느 정도인지 알기 어렵다. 결국 생물 탄생 가능성, 타 생물체 멸절 가능성을 설정하고 그 위험을 계산할 때 임의적 기준을 따르게 된다. 이는 정책을 자의적으로 결정하는 것과 다를 바 없다.

그렇다면 유전자 드라이브로 인한 미래의 위험을 대비하는 데 사전주의 원칙을 적용해볼 수 있다. 위험이 예측되었으니 사선에 미리 주의를 기울여야 한다. 따져볼 것은 다음과 같다. 위험이 초래하는 위해와 발생 확률을 알 수 있는가? 위해의 정도와 발생 확률을 모두 안다면 곧바로 비용편익 분석을 적용하면 된다. 그러나 둘 중 하나, 아니면 둘 다 모를 경우엔*** 사전주의 원칙 적용의 절차를 거친다. 위해의 불확실성을 가늠하고 폭넓은 범위에서 문제에 대한 합리적이고 과학적인 판단을 거친다. 그런 다음, 찬반 의견

** 여기서 비용이란 기술을 적용하는 데 드는 비용만이 아니라 기술 적용으로 나타난 결과로 쓰게 되는 비용이나 다른 부작용을 해결하는 데 드는 비용 등 소모되는 자원 전부를 가리킨다.

*** 예컨대 유전자 드라이브로 인한 새로운 생물의 탄생 가능성은 위해와 발생 확률 모두 알기 어렵다. 반면에 다른 종이 멸절할 가능성은 위해의 크기를 측정하는 것은 가능하나 발생 확률은 알지 못한다.

을 종합하여 수용 여부를 평가하고, 지속하여 관리와 소통의 과정을 밟아나가는 것이 사전주의 접근법의 기본 절차라 하겠다.[19] 이때 문제를 다학제적으로 분석하고 위험 요소에 보수적으로 접근하는 것이 사전주의를 기존 정책 평가 절차와 구분해주는 특징이라 볼 수 있다.

유전자 드라이브 적용 쥐를 예로 들어 말하자면 사실 새로운 종이나 변이가 나타날 가능성은 매우 낮으며 새로운 종이 나타난다고 해서 그것이 유전자 드라이브 기술 자체와 연결되어 문제가 되리라고 생각하긴 쉽지 않다. 단, 환경에서 급속도로 유전자 전달과 교정이 일어난다면 그때는 문제를 단순히 볼 수 없다. 앞에서 살핀 것처럼, 크리스퍼 유전자가위의 정확성은 이전에 개발된 유전자가위에 비하면 기술 수준이 상당히 높아진 것이지만 그렇다고 완벽한 것은 아니다. 유전자가위 삽입이 원하지 않던 유전자 변이를 가져올 수 있음을 염두에 두어야 한다. 그리고 특정 종의 멸절은 생태계에 상당한 영향을 미친다.(재래종이 멸절하는 경우 이를 되돌릴 방법은 없으며 생물 다양성에도 피해를 입힌다.) 따라서 이런 일이 발생할 가능성이 아무리 작다고 해도 세심하게 주의를 기울여야 한다.

따라서 이 기술을 도입한다면 조작 유전자가 널리 퍼지지 않는 범위 안에서만 적용(예컨대 동식물 출입이 제한된 섬에만 적용)한다든지 해당 지역 내 연관 생물에 대한 주기적인 유전형 검사 등을 관리 방안으로 고려해볼 수 있다. 물론 원치 않는 돌연변이가 나타나

지 않는 방법을 지속적으로 연구하고 이를 적극 권장하는 것도 필요하다.[20]

무엇보다 위험 평가가 정책 시행 전 일회적 성격에 그쳐선 안 된다는 점이 중요하다. 유전자조작 기술은 적용 이후에도 계속 지식이 확장될 것이고 그 영향에 관해서도 더 잘 이해하게 될 것이다. 그러므로 기술을 적용하고자 한다면 평가 위원회를 상설 기구로 운영해 이 기술이 미치는 영향을 지속적으로 확인하고 발생한 문제나 지식을 갱신해 규제 방향을 조정해나갈 필요가 있다.

사전주의 원칙의 한계와 변형

미래에 어떤 영향을 미칠지 그 가능성을 예측하기 어려운 유전자조작 기술에 사전주의 원칙을 적용하는 것은 타당한 접근이다. 그렇지만 강력한 비판이 하나 남았는데, 사전주의 원칙 자체가 모순이라 한계점을 지닌다는 것이다. 사전주의 원칙을 비판하는 측에서 든 예를 하나 살펴보자.[21]

지구 온난화의 주범으로 탄소 가스 배출이 지목돼왔다. 탄소 가스 배출량을 줄이지 않으면 생태계가 위험에 처하고 인간의 생활 조건도 악화할 가능성이 있다. 한편 탄소 가스 배출을 강제로 줄이면 줄이는 대로 많은 사람이 피해를 입을 수 있다. 특히 탄소 배출이 많이 이뤄지는 경제활동에 종사하는 개발도상국의 저소득층에 심각한 경제적 피해를 가져올 가능성이 있다. 양쪽 모두 상당한 위험을 내포하는 결과가 예상되므로 모두 사전주의 원칙의 적용 대상이 된다. 여기서 사전주의 원칙을 강하게 적용한다면 결국 어떤 결정도 내리지 못하는 상황이 되며, 따라서 원칙은 모순된다.

이 문제를 해결하려면 사전주의 원칙이 적용되는 범위를 제한하거나(제한의 기준을 어떻게 정할 것인가는 또 다른 문제로 남는다) 두 위험 중 어느 것을 우선해 원칙을 적용할지를 정해야 한다. 일부 학자가 변형된 사전주의 원칙을 제시했다. 그중 하나가 스티븐 가드너Stephen Gardiner가 제시한 롤스주의적 사전주의 원칙Rawlsian core precautionary principle이다.[22] 존 롤스John Rawls는 정치철학에 큰 영향을 미친 저서 《정의론》에서 공정한 분배의 원칙을 제시하는데(이에 관해선 6장에서 자세히 다룬다) 그중 하나에 이후 맥시민 원칙maximin principle*이라는 이름이 붙었다.

맥시민 원칙은 자원을 배분하는 여러 방법 중 가장 최소로 이득을 보는 자가 가져가는 몫이 가장 많은 방법을 선택해야 한다는 원칙이다.** 이 원칙을 사전주의 원칙과 결합한다면 최악의 결과가 발생하는 사태에 사전주의를 적용하는 방향으로 원칙을 수정하게 된다. 예컨대 앞서 유전자 드라이브 사례의 경우, 위험성이 크지 않

- '최소 수혜자의 최대 이익 원칙'이라 부르기도 한다. 이 책의 6장에서 나는 이 긴 표현을 주로 사용했으나 맥시민(maximin)이라는 간편한 표현을 쓰는 경우도 많기에 소개해둔다.
- 후술하겠지만, 롤스는 만약 사람들이 자신의 사회경제적 조건을 알지 못하는 상태에서 정책을 결정하기 위해 모인다면 결정 후 자신이 최약자가 될 수 있다는 두려움 때문에 최약자에게 가장 많은 몫을 배분하는 정책을 선택하게 될 것이고, 이것이 공정한 결정이라고 주장했다.

은 단순 유전자조작(즉 불임으로 조작한 생명체의 방류)과 비교할 때 유전자 드라이브의 적용, 특히 변이 생명체의 탄생 위험은 (발생 가능성은 차치하더라도) 그 위험성이 너무나 커서 강한 사전주의 원칙을 적용해야 한다는 결정을 내릴 수 있다.

그러나 이런 롤스주의적 사전주의 원칙은 위험 회피에 너무 큰 가중치를 부여한다는 문제가 있다. 아무리 좋은 기술이나 정책도 미약하나마 중대한 위험을 발생시킬 소지만 있다면 사전주의 원칙에 의해 걸러질 것이기 때문이다. 사실 유전자조작은 롤스주의적 사전주의 원칙에 의거하면 선택하기가 어려운 정책이다. 유전자조작은 아직 기술의 안전성이 담보되어 있지 않고 이후 큰 위해를 발생시킬 가능성을 완전히 배제할 순 없기 때문이다.

줄리언 코플린Julian Koplin 등은 그 대안으로 충분주의자 사전주의 원칙sufficientarian precautionary principle을 제시한다.[23] 여기서 충분주의란 다수의 사람을 충분한 역치閾値 이상의 상태로 만드는 선택지를 택해야 한다는 의미다. 이를테면 각 사람의 웰빙을 100점 만점으로 수치화할 수 있고 80점 이상이면 어느 정도 웰빙을 누린다고 말할 수 있다고 하자. 앞서 살핀 맥시민 원칙은 대상자 중 웰빙이 최소인 사람의 값을 최대한 높이는 정책을 선택할 것이다. 반면 충분주의는 정책을 시행하여 웰빙 80점을 넘기는 사람이 가장 많아지는 방향을 선택한다.

이것을 사전주의 원칙과 단순히 결합해, 많은 사람을 충분한 수준 이하로 떨어뜨릴 수 있는 선택지나 행동에는 사전주의 원칙을 적용해야 한다는 방침이 도출될 수 있다. 그런데 충분주의자 사전주의 원칙을 주장하는 이들은 거꾸로 많은 사람을 특정 수준 이상의 웰빙으로 올리는 기술이라면 도입해야 한다는 상반된 주장을 펼 수 있다. 이를테면 인간 대상의 유전자조작에서 롤스주의적 접근이 위험성에 초점을 맞추어 이를 거부하거나 강한 사전주의 원칙 적용을 요구한다면, 충분주의적 접근은 기술이 다수를 일정 수준 이상으로 올려놓을 가능성에 초점을 맞추어 이를 허용하라고 권할 것이다.

즉, 이 접근법은 앞서 살핀 사전주의 원칙의 원형이나 롤스주의적 접근에 비해 그 허용 범위가 상당히 넓다. 특히 개인을 대상으로 한 유전자조작에 관한 논의가 아닌, 인간종 전체의 유전형을 놓고 논의할 때 충분주의자 사전주의 원칙은 새로운 기술이나 정책을 허용하자고 주장할 가능성이 높다. 예컨대 인류 전체의 유전 질환 감소와 같이 어떤 선택이 다수에게 '충분함'을 가져온다면, 그 방향을 추구하게 될 수 있다.*[24]

- 단, 충분주의자 원칙은 아직 명확한 난점을 지닌다. 첫째, 충분 역치를 어느 수준에서 결정할 것인지 그 원칙은 제시하지 않는다. 100점을 기준으로 할 때 과연 몇 점 이상의 웰빙이 충분한 것인가? 둘째, 아무리 충분 역치 이상으로 다수를 상향시키는 방법이라 해도 중대한 위험을 가할 가능성이 있다면 선택할 수 없을 것이다. 또한 이 둘은 서로 다른 문제로 논의를 구분해야 함에도, 충분주의자 원칙은 이를 하나의 척도로 판단한다는 한계를 보인다.

생식세포 유전자조작과 사전주의 원칙

유전자조작이 문제가 되는 것은 사실 생식세포 유전자조작germline gene editing의 경우다. 유전자가위 기술은 두 가지로 적용될 수 있다. 하나는 체세포 유전자조작somatic gene editing으로, 근육 세포, 간 세포 등 인간의 체세포를 조작하는 것이다. 이 경우 보통 태어난 이후에 기술을 적용하게 되고 이미 분화된 세포를 대상으로 하므로 그 효과는 관련 치료를 받은 인간에 국한한다. 반면 생식세포 유전자조작은 발생 초기 배아를 대상으로 한 유전자조작으로, 이렇게 변형된 유전 형질은 후대에까지 이어진다.

앞에서도 언급했지만, 2020년 유아기부터 시작되어 점차 시력이 약화되다가 결국 심한 시력 상실을 겪는 레베르 선천성 흑암시Leber Congenital Amaurosis 치료를 위해 크리스퍼 유전자가위를 환자 눈에 직접 적용한 실험이 있었다.[25] 이 사례에서 볼 수 있는 것처럼, 체세포 유전자조작은 문제가 발생하더라도 기술이 적용되는 개인에게만 나타나는 것이므로 그 위험이 제한적이라는 특징이 있다.

따라서 그 대상의 안전성만 충분히 확보된다면 임상적 적용이 가능하다. 그러나 생식세포 유전자조작은 그렇지가 않다. 왜 그럴까? 유전자 변형이 적용 대상자의 후손에게도 계속 전달되므로 이후 어떤 문제가 발생할지 시행하는 시점에서 미리 알 수 없기 때문이다.

이런 이유로 현재 여러 국가에서 생식세포 유전자조작을 금지하고 있다. 하지만 체세포 유전자조작과 생식세포 유전자조작 사이의 구분은 모호하며, 둘 다에 걸친 회색지대 또한 존재한다. 예컨대 아직 미분화 상태인 배아의 유전자를 조작하는 경우, 그것이 이후 어떤 세포로 분화할지 알 수 없으므로 체세포 유전자조작인지 생식세포 유전자조작인지 말하기가 어려운 것이다. 무엇보다 연구 대상 또는 현재 인구 집단에서 안전이 확인됐다면 후손에게 그 유전자를 전달하지 않을 이유는 무엇인가?

이렇게 충돌하는 논거로 인해(이를테면 유전자조작의 효용 대 위해 가능성), 아직 우리는 해당 기술에 관한 해결 방안이나 지침을 결정하지 못했다. 어느 쪽이 더 중요한지, 만약 효용이 더 중요하다면 기술 활용을 어디까지 허용할지를 우리는 결정해야 한다. 따라서 생식세포 유전자조작의 규제에 관한 논의는 지속되어야 할 필요가 있으며, 그 과학적 적용과 한계, 영향에 관해서도 정밀히 살펴야 할 것이다.

그런 맥락에서 볼 때 방금 살펴본 사전주의 원칙은 생식세포 유전자조작을 규제하는 데 적절한 틀이라고 생각한다. 후대에 나타날 위험은 불확실하지만, 그 위험이 벌어진 다음에는 되돌릴 수 없으므로 현재 상황에서 기울일 수 있는 최대한의 주의를 기울여야 하기 때문에 그렇다.

단, 사전주의 원칙은 상당히 보수적이기에 생식세포 유전자조작에 관한 연구가 차단될 수 있다는 우려도 있다. 사실 기술 발전을 놓고 보면 사전주의 원칙을 그대로 유지할 수 있을지도 의구심이 든다. 일반적인 사전주의 원칙이나 롤스주의적 접근은 생식세포 유전자조작을 반대한다. 이미 자세히 따져본 것처럼 생식세포 유전자조작으로 인해 발생할 위험은 중대한 것인 동시에 이후 여러 세대에 걸쳐 일어날 가능성이 있으니 말이다. 더구나 영화 〈가타카〉가 웅변했던 바 유전자로 인한 차별의 문제는 생식세포 유전자조작의 선택을 더 어렵게 만든다. 그렇다면 사전주의 원칙을 견지할 때 생식세포 유전자조작은 아예 연구 대상으로 삼기가 어려울 수 있다.(물론 사전주의 원칙이 전면 금지는 아니라는 점 또한 살폈으나 유전자조작이 가져올 위험 가능성을 놓고 본다면 최고 수준의 주의를 기울여야 한다는 결론으로 이어질 수밖에 없을 것이다.)

반면 충분주의자 사전주의 원칙은 이런 기술이 유전 질환 제거, 건강한 삶 유지 등 나수의 삶에 충분한 이득을 가셔나준나면 최소한의 주의 수준을 유지하거나 주의를 하지 않아도 된다는 결론을 낼 수 있다. 이런 접근은 유전자가위 기술의 위험을 정당하게 고려하지 않는다는 점에서 무조건 적용이 어렵다. 결국 원칙 수준에서만 생각하자면 아직은 둘 중 어느 쪽이 좋다고 말하기가 어려운 상황이다.

단, 사전주의 원칙 일반이 연구를 원천봉쇄하는 데 쓰일 수 있다는 점은 경계해야 한다. 예를 들어 질병관리청이 시행 중인 '국가 통합 바이오 빅데이터 구축 사업'은 시범 사업으로 2021년까지 자발적으로 참여하는 희귀 질환자 및 가족 1만 5,000명의 유전체 정보를 수집하고 있으며, (사업 제목이 잘 보여주고 있는 것처럼) 이후 총 100만 명의 유전체 빅데이터 구축을 목적으로 한다. 문제는 이 사업을 통해 모은 자료를 활용하는 방식이다. 2021년 6월 현재, 사업단은 폐쇄망 내부에서만 유전체 정보에 접근, 분석할 수 있도록 하고 있다.

이런 방식은 안전하고 어떤 문제도 일으키지 않는다. 사업단에서는 유전체 정보가 밖으로 나가지 않으므로 참여자 차별이나 보안 문제에서 자유롭다고 자신한다. 이 말은 맞는다. 하지만 이런 방식으로는 유용한 연구 결과를 내기가 어렵다. 유전체 정보는 다른 정보, 예컨대 의료나 사회경제 데이터와 연결돼야 의미 있는 분석 결과를 얻을 수 있다는 점이 특징이다. 강한 사전주의 원칙을 적용한다면 이와 같은 접근이 분명 타당하다. 그러나 생각해보라. 자료를 모아놓기만 하고 제대로 활용하지 못하게 해서야 무슨 소용인가?

따라서 우리는 향후 발생할 위험을 조심스레 살펴야 한다. 더불어 과학기술이 선을 넘지 않는 한 빠르게 발전할 수 있도록 도와야 한다. 그 선이 어디인지, 어떻게 선을 그어야 할지, 선이 막아서는 정도가 얼마큼이어야 할지 우리는 전향적으로 검토할 필요가 있다. 이것이 사전주의 원칙 또는 그 변형을 제대로 적용하는 방법이리라.

우리는 무엇을 지키려 하는가?

원칙을 고민하는 것만으로는 충분한 답을 얻지 못한다. 그럼에도 우리는 사전주의의 여러 방식을 살펴보았는데, 우리가 규제를 통해 성취하고자 하는 것이 뭔지 알아보기 위함이었다. 왜 사전주의 원칙이 필요한지, 이 원칙은 어떤 문제를 갖는지 생각해보려는 의도였다. 견해 차이가 있기는 하겠지만, 사전주의 원칙에 근거한 정책이 걸러내고자 하는 상황은 명확하다. 인간 유전자에 큰 문제가 생겨 인간의 존속이 위험해지는 일이다.

다시 말해 불확실한 위험을 두려워하는 것이고, 거꾸로 우리가 사전주의 원칙을 따른다 함은 우리가 보호하고자 하는 것이 분명히 있다는 얘기다. 최악의 경우, 앞서 살핀 유전자 드라이브 기술에서와 같이 불임 유전자가 갑자기 나타나 더는 후손을 생산하지 못할 수도 있는 것이나. 거기까진 아니라 해도 심각한 건강상 위협을 일으키는 유전자가 나타날 수 있다.

이처럼 우리가 유전자조작 문제를 걱정하는 것은 곧 현재의 유전적 완전성, 인간종 전체로 봤을 때 현재 삶의 형태를 부여하고 이를 후대로 전달할 수 있는 유전적 소질이 상실될 것을 염려하는 것이다. 다시 말해 인간종이 다른 무엇으로 변할 수도 있지 않을까, 지금까지 우리가 알아왔던 '인간'이 사라질 수도 있지 않을까를 걱정하는 것이다.

이것은 인간종을 인간으로서 규정하는 것이 무엇인가에 관한 질문이다. 더 나아가 변화를 어디까지 수용할 수 있는가에 관한 탐구라고도 할 수 있다. 여기서 인간이란 무엇인가 하는 아주 오래된 질문을 다시 생각해봐야 할 필요가 나온다. 이 질문은 철학적

인간학philosophical anthropology이라는 분야가 오랫동안 다뤄온 내용이기도 하다. 유전자조작의 윤리에 관한 논쟁은 이 지점을 피해 갈 수 없다.

인간, 인간, 인간

리들리 스콧Ridley Scott 감독의 1982년 영화 〈블레이드 러너〉는 SF 작가 필립 K 딕Philip K. Dick의 1966년 장편 《안드로이드는 전기양의 꿈을 꾸는가?》를 원작으로 한다. 하지만 〈블레이드 러너〉는 원작 소설과 상당히 다른 작품이 됐고, 딕은 영화화된 그 작품을 좋아하지 않았다고 한다. 그도 그럴 것이, 〈블레이드 러너〉와 《안드로이드는 전기양의 꿈을 꾸는가?》는 주제 의식이 정반대에 놓여 있다.

먼저, 줄거리를 살펴보자. 소설과 영화는 어느 정도 우주 진출에 성공한 인류와 이미 오염될 대로 오염된 지구를 배경으로 한다. 인류는 인간과 비슷하지만 힘과 능력이 월등한 안드로이드(영화에선 레플리칸트라고 부른다)를 만들어 우주 개발에 활용해왔다. 한편 지구는 환경오염이 극심해 유전 질환 발생과 기형아 출생의 가능성이 매우 큰 상태다. 정부는 우주로의 이주를 적극 권장하나 그럴 돈이 없는 사람들은 지구에 머물러 있다.

한편 안드로이드는 고된 노동에서 벗어나고자 다른 행성으로 탈주하곤 하는데, 이런 안드로이드를 제거하는 역할을 맡은 사람들을 '블레이드 러너'라고 부른다. 안드로이드는 인간을 위협하지 못하도록 생활 연수에 제한이 걸려 있다.(이야기에 등장하는 안드로이드의 경우 4년이다.) 안드로이드 로이 배티가 이끄는 집단이 지구로 숨어들면서 이야기는 시작되고, 이들은 자신에게 주어진 생명의 한계를 벗어나고 싶어 한다.

흥행에 실패해 저주받은 걸작이라 불린(명작 반열에 오른 다른 SF 영화들, 예컨대 테리 길리엄의 〈브라질〉이나 앤드루 니콜의 〈가타카〉도 그랬다) 〈블레이드 러너〉는 서술자 블레이드 러너 데커드보다 상대역인 안드로이드 로이 배티에게 비중을 둔다. 안드로이드 사냥꾼인 데커드 자신이 안드로이드인 것은 아니냐는, 이후 오랫동안 사람들을 괴롭힌 질문을 낳았으나 영화 속에서 데커드라는 인물은 사실 그리 흥미롭지 않다. 오히려 자신의 생물학적 조건(그는 유전공학으로 완성되었으므로)을 벗어나려 했던 로이 배티가 마지막에 데커드와 격투를 벌이며 던지는 대사, "그 모든 순간이 곧 사라지겠지, 마치 빗속의 눈물처럼"이 관객에게 이 영화를 각인시켰다. 또한 로이 배티의 최후는 영화를 인간의 본질에 관한 탐구로 바꿔낸다.

사실 〈블레이드 러너〉와 《안드로이드는 전기양의 꿈을 꾸는가?》

는 인간에 관한 질문을 하고 있다는 점에선 같다. 하지만 《안드로이드는 전기양의 꿈을 꾸는가?》에서 작가 필립 K 딕(다른 작품에서도 마찬가지다)은 인간이 인간일 수밖에 없는 이유를 탐구했고, 소설은 공감을 답으로 제시한다.[26] 안드로이드와 달리 인간은 공감 능력을 지니고 있으며, 기계와는 다른 이 특성이(이 진술의 진위 여부와는 별개로) 인간을 인간답게 만든다는 메시지다.

소설 속 화자는(영화와 마찬가지로 이름은 데커드이며 현상금 사냥꾼이다) '감정이입 장치'를 통해 머서교의 선지자(소설 속에 등장하는 종교를 창시한 인물로, 알 수 없는 곳을 향해 계속 걸어간다) 및 이 장치를 사용하는 다른 사람들과 일체감을 느낄 수 있다. 그러나 안드로이드는 공감 능력이 없거나 미약하고, 머서교를 비웃으며 그 정체를 폭로하려 한다.

딕이 이런 주제를 설정한 것은 제2차 세계대전에서 나치의 악행이 공감 결핍에서 나왔다는 진단 때문이다. 안드로이드와 그들의 생각을 전파하는 텔레비전 쇼(버스터 프렌들리라는 인물이 진행하는데 이 인물도 안드로이드인 것 같다)는 공감 능력 결핍이 널리 퍼져나갔을 때 어떤 일이 벌어지는지를 보여주려는 설정인 것으로 보인다. 따라서 딕의 세계에서 안드로이드는 인간보다 못한, 나쁜 존재일 수밖에 없다.

그러나 〈블레이드 러너〉의 안드로이드는 짧은 생애 동안 감정을 배우지 못했을 뿐 감정 능력 자체는 충분히 지니고 있다. 영화에서 안드로이드의 삶이 짧게 설정된 이유는 이들이 더 오래 살면 감정을 배워 인간과 구분할 수 없게 되리라는 염려 때문이다. 따라서 원작 소설과 달리 영화는 인간과 비인간을 구분하는 것은 무엇인가를 질문한다. 그런 구분은 자의적일 뿐이라는 메시지와 함께.

유전자조작의 윤리를 주제로 살피다가 갑자기 〈블레이드 러너〉를 이야기하는 것은 우리가 유전자조작의 적용과 범위에 관해 논의하려면 이 영화가 던진 질문에 답해야 하기 때문이다. 인간과 비인간을 구분짓는 선은 어디인가? 생물학적으로 인간을 규정하는 것이 유전체라면 유전자에 손댈 경우 더는 인간이 아니게 되는가?

단순히 유전자조작이 일으킬 위해의 가능성 때문에 유전자조작을 특별하게 취급하는 것은 적절한 접근이 아니다. 그 점에선 다른 공학 기술과 유전자조작이 굳이 구분될 이유가 없으니 말이다. 반면에 유전자조작으로 인해 인간이 더는 인간이 아니게 되는 순간을 초래할 수 있고 심지어 인간의 소멸까지 초래할 수 있기 때문이라면 얘기가 좀 달라진다. 이는 누구나 막아야 할(이제 인간은 인간의 틀을 벗어나야 한다고 믿는 극단적 트랜스휴머니스트•를 제외하면) 사태라고 봐야 할 테니 말이다. 하지만 여기서 논의의 필요가 발생한다. 지켜야 할 '인간'을 규정하는 선이 있어야 하기에 문제는 좀 더 복

• 트랜스휴머니즘(transhumanism)이란 과학기술을 통해 인간의 육체적·정신적 변화를 초래하고자 하는 운동이다. 이에 따르면, 인간은 현재의 유전자 규정에 매여 있을 이유가 없으며, 우리는 더 나은 방향으로 우리 자신을 바꿀 수 있다. 하지만 이론의 적용 수준은 입장마다 차이가 있으며, 전면적 변화(예컨대 마인드 업로딩을 통해 육체를 벗어나 컴퓨터 네트워크 속에 위치하는 데이터 존재가 되는 것)를 지지하는 이도 있고 어느 정도의 변화(이를테면 신체 개조나 유전자조작을 통한 인간 향상 등)만을 지지하는 이도 있다.

잡해진다. 즉 인간의 선을 따져보는 것이 유전자조작 논의를 이어 나가는 데 무척 중요한 문제라 하겠다.

안드로이드와 합성생물학

다시 〈블레이드 러너〉로 돌아가 영화 속 인간과 비인간을 살펴보자. 〈블레이드 러너〉에서 안드로이드를 만드는 방식은 구체적으로 묘사되지 않는다. 단, 엘든 타이렐 박사와 J. F. 세바스찬 등 타이렐 사에서 안드로이드를 제작하는 데 관여한 사람들은 모두 유전공학자다. 타이렐 사의 목표는 "인간보다 더 인간 같은" 안드로이드를 민드는 깃이며, 이 과징에서 유전자 조합 또는 조작 기술을 활용한다. 여기서 나오는 유전자 기술은 기존의 유전공학보다는 합성생물학의 그것을 닮았다. 눈 유전자를 만드는 기술자 한니발 츄가 등장하고, 각자 유전자조작의 전문 분야가 있다는 식의 언급이 나오기 때문이다. 먼저, 합성생물학이 무엇인지 간략히 살펴보자.

합성생물학은 생물학적 시스템을 설계·제조하는 학문 분야다. '생물학적 시스템' 개념은 컴퓨터를 떠올려보면 얼른 이해할 수 있다.[27] 컴퓨터를 완제품으로 살 수도 있지만 CPU나 메인보드, 램, 비디오 카드 등 각 부품을 구입해 간단히 조립하는 것도 가능하다. 왜냐면 부품의 규격이 정해져 있어 호환되는 부품을 구입해 연결하면 작동하기 때문이다. 이것을 표준화와 부품화라고 하는데, 생물학적 시스템도 바로 이런 접근 방법을 이용한다. 즉, 생명체의 각 부분을 부품으로 만들어 그 규격을 표준화하는 것이다.

생명체의 부품이라면 눈, 코, 팔, 간, 심장 등 신체 각 부위나 장기를 말하는 것일까? 합성생물학에서 '부품'이란 유전자다. 즉 유전자가 하는 역할을 구분·분리하고 각 부분의 연결을 표준화한다. 이런 부품 유전자는 데이터베이스로 정리돼 다수에게 공개된다. 그렇다면 원하는 기능의 유전자를 연결하고 붙여, 이전에 없던 새로운 생명체를 만드는 것도 이론적으론 가능해진다.

〈블레이드 러너〉가 만들어질 당시엔 꿈같은 이야기였지만(영화가 합성생물학을 생각하고 만들어진 것도 아니므로 직접적으로 연결 짓는 건 무리지만 SF에서 기원을 찾는 수많은 기술이 다 마찬가지다) 합성생물학은 2000년대 중반부터 가시적 성과를 냈다. 우리가 기르기 쉬운 미생물에 유전자를 결합해 약물 성분을 만들게 하는 것이 그 예다. 크리스퍼도 유전자 부품으로 사용할 수 있음이 확인됐기에 앞서 소개한 유전자 드라이브 기술을 적용할 수 있다.

그렇다면 유전자 부품을 결합해 인간은 아니지만 인간과 비슷한 생물을 만드는 것도 언젠가는 가능하리라. 이 생물은 겉보기엔 인간과 비슷하지만 인간은 아닌데, 부품을 결합해 겉보기를 유사하게 했을 뿐 인간을 고쳐 만든 것은 아니기 때문이다. 〈블레이드 러너〉 속 안드로이드는 이렇게 탄생했기에 인간이 아니라고 말하는 것이며, 심지어 규칙을 위반하고 지구로 돌아온 안드로이드(이들은 지구 바깥 우주의 험난한 환경에서만 생활할 수 있다)를 '은퇴'시키는 데, 아니 살해하는 것에도 아무런 거리낌을 느낄 필요가 없다.

하지만 데커드는 영화의 주요 상대역으로 등장하는 로이 배티와 일당을 쫓으며 계속 내적 갈등을 겪는다. 물론 자신이 안드로이드인 것은 아닐까 하는 고민도 그 한 축을 형성한다. 하지만 더 큰 고민은 이들을 죽이는 일에 쉽게 손이 나가지 않는다는 것이다. 그 이유는 데커드가 점점 안드로이드와 인간의 차이를 구별하지 못하게 되기 때문이다.

데커드의 구별을 가장 흐릿하게 만드는 존재 로이 배티는 말한다. 나는 인간들이 상상도 하지 못할 것을 봤다. 하지만 그 모든 기억은 스러질 것이다. 이제 자신에게 죽을 시간이 왔다고 독백하는 그의 모습에서 우리는 자신의 실존을 정면으로 마주하는 존재의 장엄함을 본다. 즉 그는 인간에게서 태어나지 않고 유전공학을 통해 조립된 생명체이지만, 그는 인간과 같이 느끼고 인간과 같은 결말을 맞는다. 그의 이야기는 인간의 것이다(비록 보통의 인간은 경험할 수 없겠지만). 만약 우리가 삶과 경험의 방식을 가지고 인간을 정의한다면,* 우리는 그를 인간으로 정의할 수도, 부를 수도 있다. 그렇게 로이 배티는 안드로이드로 태어났으나 인간으로서 죽음을 마주한다.

이것이 〈블레이드 러너〉가 원작을 벗어나 제시하는 인간관이

- 인간과 개를 구분하는 것은 무엇인가? 지적 능력 또는 유전자의 차이일 수 있겠으나 경험을 받아들이는 방식으로 둘을 구분할 수도 있다. 인간이 개와 같은 환경에 처할 순 있으나 개의 경험을 할 순 없다. 그 반대도 마찬가지다. 반면 어떤 로봇이 인간과 똑같은 경험을 하고 똑같은 방식으로 반응한다면 그를 인간으로 불러도 이상하지 않을 것이다. 물론 이 일은 불가능하다고 말할 수 있겠으나(적어도 현재 과학기술 수준에선 불가능하다) 우리의 논의는 이미 SF적으로 확장돼 있으므로 미루어 짐작해볼 순 있다.

다.(그런 점에서 작가 필립 K 딕이 영화를 싫어한 건 당연한지도 모른다.) 인간은 유전자로 규정되지 않는다. 인간을 규정하는 것은 경험의 방식과 역사·문화·사회적 조건이다. 인간의 언어를 사용하고 인간이 축조한 문화적 구성 안에 있다면 그 안에서 같은 생활양식을 공유하는 그 존재를 인간이라 부를 수 있다.

단, 이것이 생물학적 규정을 완전히 부정하고 모든 것을 다 인간으로 품을 수 있다는 말은 아니다. 인간이 품을 수 있는 경험의 폭은 계속 넓어질 수 있으나 특정 시점에선 여전히 한정적일 것이다. 언젠가 감각 임플란트*가 발전하거나 유전자조작을 통한 감각기관 변화로 모두가 초음파 영역이나 적외선 영역까지 보고 듣는 걸 당연하게 여길 수도 있다. 그러나 지금은 그런 시각과 청각을 인간의 것이라곤 생각할 수 없다. 미래의 변화에 열려 있다 해도, 그 변화는 지금까지의 역사·문화적 조건에 또한 묶여 있다.

유전자조작의 윤리

물론 종교적 관점이나 자연주의적 관점에서 이런 인간관을 수용하기는 어렵다. 종교 차원에서 인간은 신의 피조물이자 신의 형상을 닮은 존재이므로 그 형상을 바꾼다는 건 금기에 손을 대는 일이다.

- 인간의 오감(五感) 또는 인간이 자연적으로는 느낄 수 없는 다른 감각을 뇌에 전달하기 위해 인체에 설치하거나 부착하는 장치.

또 자연주의는 자연적인 것을 좋은 것으로 여기므로 그 입장에서 봐도 유전자조작 등을 통한 인위적 변경은 나쁜 일일 것이다. 따라서 이들 관점에 따르면 이런 조작을 허용해선 안 된다.

그러나 우리가 유전자조작 기술을 받아들이기 시작한다면(이는 당연히 기술의 장벽을 넘어선 것을 가리킨다. 즉 위해는 최소화하고 원하는 효과를 얻을 수 있는 단계에 이르렀다고 가정해보자) 진화적 시간으로 이어져온 생물학적 과정에 직접 개입하게 된다. 그것이 단일 유전자 변경을 통한 질환 치료라 해도 유전자조작을 시작하기 전과 후의 인간은 같은 존재일 수 없다. 어느 범위까지 교정 또는 수정이 가능한가를 생각할 때 그 기준선이 자의적일 수밖에 없고, 따라서 인간 유진자조작의 시작은 새로운 인간의 탄생을 포함한다.

그렇다면 우리가 선택할 수 있는 것으로는 이제 두 가지 노선이 남는다. 인간의 유전자를 불가침의 영역으로 남겨놓거나 '인간의 정의'가 변경되는 것을 수용하거나 둘 중 하나인 것이다. 그리고 환자의 요구를 받아들이지 않을 다른 정당한 사유가 없는 한 인간의 유전자를 손댈 수 없다고 보는 당위를 유지하긴 어렵다. 다시 말해, 유전자조작의 윤리는 유전자조작을 할지 말지, 그것이 위험한지 아닌지의 논의를 벗어나는 영역에 걸쳐 있다는 이야기다. 인간 역사에서 한 번도 바뀌지 않았던 생물학적 인간의 정의를 바꿀지 말지가 이 판에 거는 판돈이 된다.

그리고 이 문제는 최근 우리 사회의 중요한 쟁점인 인간과 비인간의 관계와 직접 이어져 있다. 우리는 지금까지 인간 세계와 역사를 만든 것은 인간이라고, 인간의 정신이 구현된 것이라고 여겨왔다. 그러나 신유물론new materialism을 포함한 이론은 인간 사회에 비인간 물질이 미친 영향을 살핀다. 아니, 비인간 물질이 행위자로서 '직접' 행위하고 있음을 심각하게 고려해야 함을 주장한다.[•28] 이는 그동안 열등한 것으로 간주한 비인간 물질을 무시했다가는 인간 사회가 지속할 수 없음을 깨닫게 됐기 때문이다. 기후 위기의 심각성을 다루는 접근 방법으로서 중요성이 있다.

또한 이 주장은 그동안 '인간'이라는 표현이 전체 인간이 아닌 일부 인간(백인, 남성, 중산층, 경제 활동자, 비장애인)만을 가리켜왔음에 대한 강력한 비판으로 작동하기도 한다. 윤리학을 포함해 많은 이론이 인간을 상당히 편협한 범주로 다뤄왔으며, 의학도 마찬가지다. 이 범주가 확장되려면 인간의 정의에 관한 질문을 다시 던져야 한다. 예컨대 유전자조작이 인간이 무엇인지 다시 묻는다면, 장애인은 어떤가? 성소수자는? 이들 또한 인간의 정의를 되묻고 있지 않은가? 이들을 여러 방식으로 배제해온 것이 지금까지의 의학이고 사상이었다면, 이런 차별적 범주를 당연한 것으로 간주해온 학문을 비판하고 새로운 규정을 쓰는 것이 지금 우리에게 필요한 유전자조작의 윤리다.

• 아직 통일된 이론적 지향이라 보긴 어렵지만 브뤼노 라투르(Bruno Latour)를 필두로 한 여러 이론가가 지적하는 비인간 물질의 역할은 이미 확고한 위치를 점하고 있다. 여러 필자가 참여해 저술한 《21세기 사상의 최전선》이 관련된 이론가 및 주장을 개괄적으로 설명하고 있으며, 관련 저서의 번역도 빠르게 늘어나고 있다.

6장. 보건의료에서 정의 말하기

건강의 공정, 형평은 가능할까

부족한 의료 자원,
누구에게 먼저 줄 것인가

2019년 3월 7일, 선천성 심장 기형의 외과 수술에 사용되는 인공혈관을 독점 제조하는 고어 사Gore 社가 국내에서 의료 사업부 철수를 선언해 당장 선천성 심장 기형 수술이 어려워졌다는 이야기가 언론에 보도됐다.[1] 고어 사가 한국 시장 철수를 결정한 것은 2017년 9월이었으나 그동안은 재고가 있어 겨우겨우 수술을 진행할 수 있었다. 그러다 더는 남은 재고가 없자 심장 기형 수술 연기라는 사태가 벌어진 것이다. 고어 사의 철수와 관련해 알려진 이유는 두 가지로, 한국의 건강보험 수가가 낮아 수익성이 떨어졌고, 완제의약품 제조 및 품질관리기준인 GMP Good Manufacturing Practices 인증을 받는 과정에서 식품의약품안전처와 갈등이 빚어졌다는 것이다.

문제가 불거지자 처음에는 돈만 밝히는 기업을 성토하는 발언이 나오다가 점차 '건강보험 수가'가 쟁점이 됐다. 다른 나라에 비해 턱없이 싼 가격으로 물건을 공급하라는 요구를 받아온 회사가 결국 공급 중단을 선언한 것이라는 이야기였다. 그런데 물건의 가격은 애당초 시장이 조절하는 것 아닌가? 여기서 잠깐 의료 재료의 가격이 결정되는 방식을 살펴보자.

의료 재료는 국가가 어떤 의료 제도를 취하느냐에 따라 그 가격도, 사용도 변한다. 의료 제도란 의료 서비스를 공급하는 방식을 결정한 것으로, 시장이 조절하도록 거의 일임하고 문제 되는 사항만 국가가 개입하는 미국의 제도와 완전히 국가가 가격을 통제하는 영국의 제도를 흔히 대조한다. 가벼운 병일 때는 치료비가 별 문제가 아닐 수 있지만, 여러 경우 치료에는 많은 비용이 들기 마련이다. 이에 따라 중병에 걸리는 것은 사고를 당한 것으로 여겨졌다. 의학이 병원을 중심으로 발전하기 시작했고 잦은 전쟁으로 소수의 귀족을 넘어 모두에게 의료 서비스가 제공되기 시작한 19세기부터는 상호 부조를 위해 고대로부터 있었던 보험이 의료 서비스에도 적용됐다.

미국과 영국의 의료 제도는 어떻게 다른 길을 가고 있는가

미국의 경우 소수의 부자는 의료 비용을 지불하고 빈자는 무료 진료소를 이용하도록 하는 의료 체계가 의사들에 의해 확립되면서 제도 구축이 이뤄졌다. 또 현대의 장해 보험과 유사한 사고 보험이

19세기에 시작되었다. 이런 체계는 20세기 들어 점차 많은 사람이 치료비를 내고 치료를 받는 방식으로 변화해갔다.[2] 20세기 초, 의학의 발전과 함께 의료비가 급증하자 계속해서 올라가는 가격을 어떻게 통제할 것인가에 관한 논쟁이 벌어졌고 사회의 다수는 국가 의료보험을 지지했다. 그러나 메이요 클리닉의 설립자 중 한 사람인 윌리엄 메이요Dr. William J. Mayo와 미국의사협회American Medical Association는 집단 진료 모형*을 추구했으며 차츰 이들의 주장이 힘을 얻었다. 이들은 집단 진료 병원을 늘려나갔으며, 미국병원협회American Hospital Association 설립과 함께 병원 네트워크 지불 서비스**인 블루 크로스Blue Cross가 1929년 탄생한다.

한편 병원이 의료 비용 지급 계약을 독점하는 것을 우려한 미국 의사협회와 일단의 의사들은 지역 의사협회를 중심으로 새로운 의료 비용 지급 계약을 위한 단체 설립에 주력했고, 그 결과 블루 실드Blue Shield가 1939년 서비스를 개시했다. 블루 크로스와 블루 실

---

* 그 이전까지는 의사 개인이 단독 진료, 즉 혼자서 진료소를 차려 환자를 보는 것을 당연시했다. 메이요는 성마리아병원(St. Mary's Hospital)에서 동생 찰스 메이요(Charles Horace Mayo)와 함께 외과를 맡아 진료 결정, 치료, 관리를 함께하는 치료 모형을 수립했다. 이것이 이후 의사 여럿이 모여 함께 진료를 하는 집단 진료 모형으로 발전해나갔다.

** 의사들의 집단 개원은 함께 일하던 의사가 다른 곳으로 옮길 때 같은 이름을 사용하는 방식 등을 통해 병원 네트워크 구축으로 이어졌다. 이전에 개별 병·의원과 각각 지불 계약을 맺을 수 없던 보험회사는 새로 생긴 병원 네트워크와 협약을 맺어 의료보험을 제공할 수 있게 되었다. 단, 블루 크로스 운영 초기에는 보험 형태라기보다는 베일러 의료원의 저스틴 킴벌(Justin Kimball)이 시작한 의료 서비스 선지급 개념(한 달에 0.5달러를 내면 21일 입원을 보장하는 형태)에 가까웠으므로 이를 병원 네트워크 지불 서비스로 구분한다.

드가 매개하는 의료보험에 사람들이 가입하기 시작했고, 여기에 흥미를 느낀 사영 보험사가 하나둘 사업에 뛰어들면서 1939년 미국 인구의 6%를 차지하던 사영 건강보험 가입자는 1945년 23%, 1970년 86%로 증가하게 된다.[3]

미국의 현 의료 제도를 무조건 나쁘게 보는 시각도 있으나 이러한 역사적 발자취에 비춰보면 그건 편견이다. 미국의 사영 의료보험은 변화에 빠르게 적응해 서비스 가입자가 누리는 혜택이 많다는 장점이 있다. 물론 보험 혜택을 받지 못하는 사람들이 존재하고 의료비 상승을 조절할 수 없다는 한계 또한 있다. 즉, 보험 가입자는 세계 최고의 의료 서비스를 누릴 수 있지만 거기 들어가지 못하는 사람들이 있다는 큰 문제가 병존한다. 또 의료 서비스를 중앙에서 통제할 방법이 없어 코로나19 같은 국가적 보건의료 위기에 대처하는 데에서 분명한 한계를 보였다.(그럼에도 백신 접종은 또 엄청난 속도로 시행한 것을 보면 미국이 별나라긴 하다.)

반면 국가 의료보험National Health Service 체계로 유명한 영국은 국가가 설립한 공공 의료보험 제도를 운영한다. 사실 이것은 보험이라 부르기 어려운 부분이 있는데, 자동차보험 가입자라면 잘 알겠지만 보험은 사고로 보상을 받고 나면 향후 재계약 시 보험 납부금이 증가한다. 그런데 국가 의료보험은 치료를 받았다거나 유전적 질병 소인이 있다고 해서 보험료를 더 지불하지 않는다. 따라서 영국의 국가 의료보험 및 이와 비슷한 의료보험 체계를 운영 중인 국가의 경우를 준조세, 즉 세금에 가까운 성격의 비용으로 여기기도 한다.

영국에 국가 의료보험이 설립된 것은 1948년의 일로, 정치인 어나이린 베번Aneurin Bevan이 설계했다. 노동당 소속이었던 그는 제2차 세계대전 직후, 전쟁의 참화로 많은 사람이 의료 서비스를 이용하지 못하는 상황에서 보건부 장관으로 임명됐다.[4] 이미 영국 정부는 의료보험 제도 마련을 위해 인두세*를 중심으로 한 논의를 진행하고 있었다. 1942년 나온 〈베버리지 보고서〉는 이미 통합 의료 서비스의 제공 방안을 제시한 상태였다.

여기에 베번은 병원의 국유화와 권역화를 중심으로 한 제안을 내놓았으며, 결과적으로 지방정부가 이를 관리하는 방식이 추진됐다. 이를 통해 모든 지역에서 모든 사람에게 표준화된 서비스를 제공한다는 것이 베번의 목표였다. 지방정부가 의료·보건·교육의 복지 서비스를 모두 관리했으며, 따라서 의료 서비스, 공중보건, 보건의료 교육을 연계할 수 있었다. 경제 수준에 상관없이 모두에게 좋은 수준의 의료 서비스를 제공하는 것을 목표로 한 국가 의료보험이 법제화됐다.

〈베버리지 보고서〉와 베번의 계획은 세 가지 원칙을 추구했다. 모두가 누릴 수 있으며(보편성), 모든 서비스를 다 제공하고(포괄성), 치료 시점에서 무료로 제공하는 것(형평성). 영국의사협회British Medical Association는 첫 번째 원칙을 반대하면서 개인 부담 진료private

---

* 진료 건수와 치료 종류에 따라 비용을 지불받는 것이 아니라 일정 인원을 관리하고 그 대가로 비용을 지불받는 것.

practice도 가능하도록 남겨두었지만, 이 세 원칙이야말로 영국의 국가 의료보험을 떠받치는 핵심 기둥이었다. 문제는 이 원칙을 계속해서 고수할 순 없다는 것이다.

의료 서비스 수요를 측정할 때는 세 가지 차원에서 고려가 필요하다. 첫째, 얼마나 많은 사람에게 제공할 것인가? 둘째, 얼마나 많은 서비스를 제공할 것인가? 셋째, 어느 정도의 비용으로 제공할 것인가? 베번의 계획은 세 차원 모두에서 국가의 비용 지불을 극대화했다. 의료 기술이 발달하기 전, 예컨대 1960년대에는 이 모두를 세금으로 해결할 수 있었을 것이다. 그러나 점차 의료 서비스가 고도화, 다각화, 다양화되고 사람들이 바라는 의료 수요 또한 다원화됐다. 인구는 기하급수적으로 증가했으며 노인의 비중도 늘었다. 즉 의료 수요를 사람, 서비스, 비용 세 요인의 곱으로 본다면 셋 다 증가했을 때 의료 수요 전체의 증가분은 엄청나게 크다. 한정된 세금으로 이 모두를 감당할 수는 없다.

한국의 의료 제도

독일의 비스마르크 의료보험 체계•를 따른 한국의 의료 제도는 기

• 프로이센의 비스마르크(Bismarck)가 도입한 사회보험 중 하나로, 개인이 납부하는 보험료를 재원으로 하여 서비스를 제공하는 방식을 택했다. 독일은 각 주에 질병기금(sickness fund)을 설립, 운영하였고 이 제도는 지금까지 이어지고 있다.

업 노동자를 대상으로 시작됐다. 비스마르크 의료보험 체계는 숙련노동자를 보호하려는 목적에서 출발한 것으로, 영국과 달리 행위별 수가제fee-for-service를 채택하고 있다.[5] 1963년 제정된 우리나라 의료보험법은 300인 이상 사업장에 고용된 근로자를 대상으로 했으나 강제적용 조항이 없어 사업장이 적극 참여하지 않았고 결국 실질적 운용으로 이어지지 못했다. 1970년 의료보험법 개정안은 공무원과 군인 집단을 시범사업 대상으로 선정하여 의료보험을 실질적으로 운용하려 시도해봤으나 이 역시 실패로 돌아갔다.

1977년 의료보험법이 2차로 개정되면서 결국 강제적용 조항이 포함됐다. 500인 이상 사업장은 반드시 의료보험에 가입해야 했고 의료 수가 결정을 위해 행위에 점수를 매기도록 했다. 공무원 및 사립학교 교직원 의료보험법이 이때 함께 제정되면서 일단 대규모 사업장과 공무원을 대상으로 법의 운용이 이뤄졌으며, 이후 점차 개정되어 대상 사업장을 확대해나갔다. 한편 의료보험법 2차 개정안과 이후의 대상 확대는 군사정권하에서 이뤄진 일로, 의료보험이 복지를 위한 것이라고 생각할 때 의아한 측면이 있다. 이를 남북 간 정책 경쟁에서 뒤지지 않기 위한 선택이었다고 보는 시각도 있고, 당시 사회개발이 부각되면서 노동력과 생산성 확대를 위해 사회보장이 필요하다는 주장이 힘을 얻었기 때문이라는 분석도 있다.[6]

이렇게 확충된 한국의 의료 제도는 행위별 수가제, 즉 진료 건수가 많을수록 더 많은 수당을 지급하면서 의사와 병원으로 하여금 짧은 시간 동안 많은 환자를 소화하는 방식으로 진료 환경을 만들어나가는 동인이 됐다. 이렇듯 저수가(진료 행위와 재료에 낮은 비용을 지급)와 저급여(건강보험금을 낮춤)라는 특징으로 출발한 한국의 의료 제도는 이를 벌충하기 위해 급여 항목과 비급여 항목을 구분했다. 주로 필수적 진료로 이뤄진 급여 항목에서 발생한 손해를 그 외의 영역인 비급여 항목에서 채우는 것을 허용한 이 제도는 이후 외모에 대한 관심이 높아진 사회 분위기와 함께 성형 및 미용 분야의 급속한 성장을 낳았다.

이제 앞서 이야기한 것, 즉 고어 사의 인공혈관 가격이 왜 문제가 되었는지 짐작할 수 있을 것이다. 한국의 의료 제도는 계속해서 저수가 정책을 유지해왔고 건강보험공단은 의사, 병원, 세약사, 재료사에 지급하는 가격을 최소로 유지하기 위해 노력해왔다. 재료사에 낮은 금액을 지급하기 위해 1977년 의료보험 가입이 강제 실시됐던 초기에는 공무원이 직접 원가 조사를 나갔고, 그러다 1981년 제약사가 자율적으로 원가를 신고하도록 하고 여기에 적정 마진을 붙이는 방식으로 변경했다(고시가 상환제). 하지만 제약사가 원가를 부풀려 신고해 문제가 되자 1999년에는 의약품 시장 거래가의 평균 금액으로 수가를 지급하는 방식으로 다시 바꿨다(실거래가 상환제).[7] 결국 오늘날 의약품 공급가는 건강보험공단과 제약사 사이의 협상으로 결정된다.

제약사로선 당연히 최대한 비싼 금액으로 약품이나 재료를 공급하려 하고, 건강보험공단은 최대한 싼 금액으로 공급받으려 할 것이다. 이 과정이 잘 진행되면 문제가 없지만, 협상이라는 게 항상 잘 끝날 수는 없다. 게다가 어떤 재료가 중요하다고 해서 그 재료를 비싸게 들여오면 다른 재료나 약품을 구입하기 위한 재정이 그만큼 줄게 된다.

여기서 발생하는 문제는 두 가지다. 첫째, 어느 선까지 회사에 공급가를 제시할 것인가? 선을 넘는 약품이나 재료는 국내 공급을 포기해야 하는가? 둘째, 어떤 재료나 약품이 더 중요한가? 모든 약품이나 재료를 다 살 수는 없다. 어느 질병을, 어떤 치료를 우선할 것인가?

약품 공급 중단 사태, 과연 누구의 책임인가

다국적 제약업체 노바티스는 백혈병 치료제 이매티닙Imatinib mesylate을 '글리벡'이라는 상품으로 출시했다. 심한 부작용과 고통을 동반하는 기존 항암제와 달리 글리벡은 부작용이 적고 백혈병 진행을 차단하는 효과가 탁월해 환자가 골수 이식을 받을 때까지 견디는 데 큰 도움을 줬다. 2001년 5월 국내에서도 글리벡 판매 승인이 났으나, 2001년 7월 한국의 건강보험심사평가원이 결정한 공급가를 한국노바티스가 수용하지 않으면서 공급 중단 위기가 발생했다. 건강보험심사평가원이 1정당 1만 7,055원을 제시했으나 한국노바티스가 2만 4,050원을 고수한 것이다.

노바티스는 공급가가 결정될 때까지 글리벡을 환자에게 무상 공급*했기에 실제로 공급 중단 사태가 벌어지진 않았다. 그러나 2003년까지 이 상황을 끌고 간 노바티스는 결국 공급가로 2만 3,045원을 받아내는 데 성공했다. 한 알이라면 크게 부담되지 않는 가격일지 모르지만 백혈병 환자는 약을 매일 먹어야 하므로 1개월 투약 비용이 무려 400만 원, 500만 원 수준이다. 결국 환자들은 2008년 6월 보건복지부에 글리벡 공급가 조정을 요청했고 건강보험공단은 2009년 9월, 14% 인하된 1만 9,818원을 고시했다. 그러나 한국노바티스가 다시 약가 인하 처분 취소 소송을 제기했다. 2013년 9월, 대법원은 복지부의 상고를 기각, 한국노바티스 승소 판결을 내렸다. 애초 고시된 금액이 불합리하지 않았으며 약제 상한 금액을 인하하는 것은 재량권을 벗어나는 일이라는 것이 판결의 골자였다.

2004년 로슈는 시판 허가를 얻은 의약품 '푸제온'의 공급을 포기했다. 푸제온은 에이즈 치료제로, 기존의 항레트로바이러스제제에 내성을 보이는 HIV를 지닌 환자에게 효과를 보인다.** 로슈는

• 노바티스는 2001년 4월 20일 한국희귀의약품센터에 신청한 25명을 심사하여 글리벡을 무상 공급하기 시작했다. 이후 글리벡 공급가 결정이 늦어지면서, 노바티스는 글리벡 무상 지원의 폭을 상당히 넓혔다.

•• 항레트로바이러스제제 몇 가지를 한 번에 복용하는 칵테일 요법이 확립되면서, 한 알에 성분이 합쳐졌으므로 여러 약품을 따로 챙겨 먹을 필요가 없게 됐다. 이 약을 복용하면 HIV 감염 환자는 타인에게 바이러스를 전파할 위험이 없고, 일상생활에서 별다른 문제도 없다. 이렇게 에이즈가 관리 가능한 질병이 된 지 오래이나(물론 여러 이유로 약을 계속 복용하기가 어려운 사람도 있다) 질병 낙인과 혐오 등의 이유로 이 사실이 잘 알려져 있진 않다. 푸제온은 기존 약의 효과가 떨어지는 경우에 사용하는 약이다.

연간 약가로 2,200만 원을 주장했지만 공단은 받아들이지 않았다. 2008년 한국 HIV/AIDS 감염인연대 KANOS와 정보공유연대는 푸제온 강제실시*를 청구했다. 국가인권위원회도 환자 생명의 보호를 위해 강제실시가 필요하다고 봤다. 그러나 2009년 6월, 강제실시를 심사한 특허청은 청구를 기각했다. 강제실시를 인정할 정도로 공공의 이익을 위해 특히 필요한 경우라고는 보지 않은 것이다.

2018년 3월, 게르베코리아가 리피오돌 공급 중단을 선언했다. 간암을 치료하기 위해 종양에 영양을 공급하는 동맥을 찾아 항암제를 투여한 다음 혈관을 차단하는 시술을 간동맥화학색전술 transarterial chemoembolization이라 한다. 시술하는 과정에서 간동맥 조영술**이 필수적이며 이를 위해 조영제로 사용하는 약제가 '리피오돌'인데, 앰플당 5만 2,560원으로 책정된 리피오돌의 공급가가 너무 낮아 손실이 누적되고 있다는 것이 게르베코리아 측의 주장이었다.

2018년 7월, 건강보험공단과 게르베코리아는 약가 협상을 마쳤고 5배 가까이 인상된 26만 2,800원을 제시한 게르베코리아의 금액을, 협상 끝에 공단은 19만 원으로 줄였다. 5배가 아닌 3.6배 인

- * 강제실시(強制實施)란 정치·사회적 목적으로 특허권자의 동의 없이 강제로 특허를 사용하도록 하는 결정을 말하며, 헌법이 보장하는 저작자의 권리를 제한하는 것이므로 요건이 상당히 까다롭다.
- ** 조영제를 넣고 X선 영상을 촬영하는 기법으로, 일반 촬영으로 관찰되지 않는 혈관 등을 관찰하기 위한 방법이다.

상된 금액으로 타결한 것이므로 공단의 노력이 결실을 맺었다고 볼 수도 있는 상황이지만, 환자들 입장에선 갑작스러운 가격 인상을 받아들이기 어려웠다. 또한 약제의 공급 중단은 환자를 볼모로 협박을 한 것이라는 문제가 남았으며, 실제로 리피오돌 공급 차질로 간암 환자 수술이 지연된 사례도 있어 물의를 빚었다.

2019년 1월, 녹내장 수술 보조제로 쓰이는 '미토마이신C'를 공급하던 한국쿄와기린이 수입 중단을 보고했다. 해당 약품이 없으면 수술이 실패하기 때문에 국가필수의약품으로 지정돼 있고, 국가필수의약품은 공급 중단 60일 전에 통보를 해야 했다. 한국쿄와기린은 약품 제조원이 일본에서 독일로 변경되면서 원가가 상승해 물량 확보가 어렵다고 발표했다. 다행히 해당 성분 의약품 허가를 가진 한국유나이티드제약이 동일 성분 의약품을 국내에 공급하기로 결정하면서 공급 중단 사태는 벌어지지 않았다.

한편 앞서 서두에서 언급한 고어 사의 인공혈관 공급 중단 사태는 어떻게 마무리됐을까. 2019년 5월, 식품의약품안전처는 인공혈관 11개 모델, 봉합사 8개 모델, 인조포 4개 모델을 안정적으로 공급하는 사안에 관해 고어 사와 합의했다. 하지만 고어 사가 다시 한국에 들어온 것은 아니며, 대체 제품이 없는 경우에 한해서만 최소한으로 제품을 공급하는 데 합의한 것이라 문제가 개선됐다고 보기는 어렵다.

한편 일부 의과대학 학생들이 인공혈관 공급 중단 사태를 놓고 제약사를 규탄하는 성명을 발표했지만 의료계 내부의 비판 여론으로 철회됐다.[8] 사태의 일차적 책임이 정부에 있는데 제약사를 문제 삼으면 논점을 흐리게 된다는 것이 내부 비판 여론의 핵심이었다. 의과대학 학생들이 비판의 방향을 잘못 설정한 것은 맞지만 이런 문제에 관해 어떻게 생각해야 할지 알려주지 않은 선배들에게도 잘못이 있지 않을까.

무엇을 따져야 하는가?

국내에서 약품 공급 중단 사태가 벌어질 때마다 공급을 하지 않는 제약회사를 비난하는 목소리가 컸다. 하지만 대법원 판결이나 특허청의 결정에서 확인할 수 있듯 가격이 맞지 않아 판매를 하지 않겠다는 회사의 결정을 돈에만 혈안이 됐다고 무턱대고 비난할 순 없다. 폭리를 취하는 회사는 비판받아 마땅하지만, 폭리의 정도가 지역이나 경제 상황에 따라 다르기 때문에 무 자르듯 잘라 말하긴 어려운 부분이 있다. 그런 의미에서 기업의 정상적 이윤 추구 활동까지 막으면 기술 발전이 저해된다는 주장을 그저 자유시장론자의 궤변이라고 치부할 수도 없다.

그렇다고 의료보험공단이 수가를 낮추고자 협상을 시도하는 것을 세상 물정 모른다며 비난한다거나 시장 논리에 반하는 행위라고 말하는 것도 잘못이다. 제약사가 달라는 대로 다 주다 보면 한국의 건강보험은 규모를 유지하기가 어려울 것이기 때문이다. 의약품 가격을 시장에 내맡기는 것이나 마찬가지인 미국조차 노인과 장애인을 위한 메디케어Medicare와 저소득층을 위한 메디케이드Medicaid는 포괄수가제˙를 도입하고 비용효과 분석을 수행해 제공할 서비스나 의약품을 결정한다.

의약품 가격이 문제가 되는 대표적 예로 면역항암제가 있다. 그동안 치료하기 어렵고 생존율도 낮았던 몇 개 암종癌腫에 희소식을 가져온 면역항암제는 그 효과만큼 가격도 엄청나다. 비소세포폐암에 쓰이는 키트루다와 타그리소, 신장·두경부·식도암에 쓰이는 옵디보는 한 번 맞을 때마다 수백만 원을 지불해야 한다. 이를 건강보험이 모두 보장할 경우 두 가지 문제가 발생하는데, 우선 전체 재정에 타격을 입힌다. 어떤 환자는 허용해주고 어떤 환자는 허용해주지 않을 수 없기에 모두가 면역항암제를 쓰게 될 테고 그 경우 너무도 비싼 약제라 건강보험 재정에 엄청난 부담이 될 것이란 얘기다. 또한 다른 질환 환자와의 형평성 문제가 제기될 수 있다. 치료제가 없어서 쓸 수 없는 환자도 있는데 치료제가 나와 있는 질환의 환자에게만 좋은 치료제를 쓰는 것은 결과적으로는 이 환자를 특별 대우하는 일이 되니까 말이다.

즉, 단순히 가격의 문제처럼 보이는 이 상황은 사실 한정된 재화를 어떻게 분배할까 하는 문제로 귀결된다. 보험 재정은 정해져 있다.(물론 보험료는 계속 올라가지만 보험료 상승 폭보다 의료비 상승 폭이 더

• 환자에게 제공되는 의료 서비스와는 별개로 환자가 입원한 원인 질병에 따라 미리 책정된 진료비를 지급하는 방식.

크다.) 정해진 재정을 여러 환자가 나눠 써야 한다. 치료 방법도, 치료제도, 기술과 재료도 다른 상황에서 한 환자를 치료하는 데 드는 비용은 천차만별이다. 가능하다면 모두를 최고의 방법으로 치료하고 싶다. 하지만 불가능하다. 자, 누구를 어떻게 치료할 것인가?

누구를 살릴까

다소 복잡하게 느껴지기도 하는 이 문제를 조금 쉽게 정리해보면 이렇다. 몇만 명이 사는 섬이 있는데 섬 중앙에 병원이 하나 있다. 섬사람들이 육지까지 가려면 항공편으로도 한 시간 정도 걸리고, 배로는 대여섯 시간이 넘게 걸리는 곳이다. 기상이 좋지 않던 어느 날, 배가 뒤집혀 두 사람이 병원 응급실로 이송됐다. 한 명은 30대 남성으로 최근 소방관이 됐다. 주변의 축복 속에 첫아이가 태어난 지 얼마 되지 않았다. 다른 한 명은 50대 여성으로 그간 섬사람들의 권익을 높이기 위해 노력해온 시민운동가다. 그의 노력으로 섬사람들이 많은 혜택을 입었기에 존경받기 충분한 인물이다. 기상 탓에 두 사람을 구출하는 데 시간이 지연돼 두 환자 모두 호흡 곤란으로 산소호흡기가 필요하다. 하필이면 병원에서 안정적으로 사용할 수 있는 산소호흡기는 하나만 남은 상황이다. 이전에 입원한 환자들이 이미 산소호흡기를 사용하고 있었기 때문이다. 자, 둘 중 누구에게 산소호흡기를 달아줘야 할까?

이런 문제를 분석하고 사유하는 분야가 '정의론'이다. 한때 마이

클 샌델Michael Sandel의 《정의란 무엇인가》가 유행하면서 우리 사회에도 여러 질문을 던졌지만, 보건의료 영역의 정의론은 국내에서 아직 깊이 다뤄진 적이 없다. 이는 의료 자원 분배가 사회적 쟁점이 되어온 미국이나 영국과 달리 한국은 보험 재정을 통해 전 국민에게 의료 서비스를 제공한 지 그리 오래되지 않았으며 그동안 자원 분배에 문제가 있다 해도 어쩔 수 없는 일로 치부해온 문화에서 그 원인을 찾을 수 있다.

마침내 우리도 그 질문을 해야 할 시점에 서 있다. 의약품이나 재료 또는 약을 누구에게 얼마만큼 줄 것인가. 보건의료에서 정의가 다루는 문제는 크게 두 가지로 차별과 분배정의다. 차별은 보편적 사회정의 문제와 맞닿아 있으며 여러 차원에서 논의된 바 있다. 그리고 분배정의 문제는 보건의료에서 특히 두드러지며 오랜 논의의 역사를 지니고 있다. 그 분배정의 이론을 자세히 살펴보자.

의료 분야에서
정의란 무엇인가?

일반적으로 정의 문제에 접근하는 이론은 크게 세 가지다. 첫째는 영국에서 출발한 공리주의Utilitarianism이고, 둘째는 미국의 정치철학자 존 롤스가 주창한 자유주의적 평등주의liberal egalitarianism이며 셋째는《정의란 무엇인가》의 저자 마이클 샌델이 옹호해 국내에서 유명해진 공동체주의communitarianism다. 하지만 의료 분배정의의 문제에서 공동체주의는 그다지 논의가 이뤄지지 못했고, 그동안 주로 논의된 것은 공리주의와 자유주의적 평등주의, 롤스의 주장을 비판적으로 계승하려는 운 평등주의luck egalitarianism• 정도다.

• 후술하겠지만, 운 평등주의는 아직 하나의 정리된 노선으로 보기 어렵다. 이 노선에는 롤스의 생각을 확장하고자 하는 견해도 있는 반면 롤스가 틀렸다고 주장하는 이도 있어서다.

운 평등주의는 다음 절에서 소개하기로 하고, 여기선 공리주의, 자유주의적 평등주의, 공동체주의를 살피려 하는데, 각 이론이 왜 부딪치는지에 우선 주목할 필요가 있다. 정의를 추구하고자 생겨난 이론이기만 하다면, 우리 사회가 정의롭지 않은 것이 문제이지 어떤 이론을 취하느냐는 썩 중요하지 않다고 생각할 수도 있다. 공리주의든 자유주의적 평등주의든 적용만 잘하면 되지 않느냐는 것이다. 하지만 어떤 이론을 선택하느냐는 단순히 약간의 차이를 낳는 데 그치지 않고 아예 다른 정의를 추구하는 일이 된다.

마이클 베이Michael Bay 감독의 2001년 영화 〈진주만〉은 제2차 세계대전에 미국이 참전하는 계기가 된 일본의 진주만 공습을 다룬다. 전쟁을 시작한 일본은 석유가 필요했고 동남아시아로 세를 넓히려 계획했으나 미국이 방해가 된다. 일본은 상황을 타개해보고자 하와이 오아후섬 진주만을 공습, 미국 태평양 함대를 궤멸하려 한다. 1941년 12월 7일을 공격일로 잡은 일본은 항공모함 기동부대를 조직해 비밀리에 집결시킨다. 미국은 일본 함선들이 사라진 것을 알고 놀라지만, 어디로 갔는지는 알아내지 못한다. 일요일이었던 7일 아침, 진주만에 나타난 일본의 함재기艦載機가 항공어뢰로 미국 함정들에 대한 공격을 시작한다.

영화 속 여자 주인공 에블린은 미 해군 간호사다. 해군 병원에 갑자기 몰려드는 환자들을 보면서 에블린은 오는 순서대로 환자를 볼 순 없겠다는 생각을 한다. 환자의 위중도를 구분할 방법을 찾던 그는 립스틱을 꺼내 이마에 환자마다 상태를 다르게 표시한다. 갑작스러운 폭격에 수많은 사상자가 발생하는 가운데 에블린은 환자를 구분하려 애를 쓴다. 한 환자의 이마에 "F" 표시를 한 에블린은 옆에 있는 사람에게 말한다. 이미 늦었으니 편히 보내주라고.

이런 부상자 분류triage는 응급 상황에서 치료 우선순위를 결정하는 방식으로 활용된다. 응급실이나 재난 상황에서 적절한 환자 분류는 필수적이다. 전시나 재난 상황에선 보통 즉각, 지연, 최소, 기대의 네 단계로 환자를 분류한다. '즉각'은 곧바로 응급치료를 해야 하는 환자, '지연'은 당장은 아니지만 필요 시 빨리 치료해야 하는 환자, '최소'는 당장은 치료가 필요하지 않은 환자다. '기대'는 이름과 달리, 곧 사망할 환자로서 그 이상의 치료가 의미 없는 환자다.

그런데 질문이 남는다. 환자 분류 이후에는 어떻게 해야 할까? '즉각'으로 분류된 환자부터 치료하면 될까? 〈진주만〉의 상황처럼 공습 와중인 상황이라면 가벼운 처치가 필요한 '최소' 환자를 먼저 치료해 다시 전장으로 보내야 하지 않을까? 우선순위 결정에서 환자가 어떻게 해서 다쳤는지 그 이유는 묻지 않는 걸까? 적의 공격이 아닌 자기 실수로 크게 다친 환자라도 똑같은 우선순위로 놓고 치료해야 할까? 아니, 꼭 환자 분류를 해야 하는가? 먼저 온 환자에게 우선권을 부여해야 하는 것은 아닐까?

이런 결정은 단지 절차의 문제를 넘어, 우리가 어떤 정의를 추구하는가와 연관된다. 최근 한국에서 중요한 사회적 의제가 된 공정과 능력주의는 각각 정의의 한 형태이며, 그것을 구현하는 방법이 여러가지다. 이제 이론에 따라 정의의 모습이 어떻게 달라지며 그것이 현실에서 어떻게 구현되는지 살펴보자.

아리스토텔레스: 사회 공헌도에 따르는 것이 정의다

누구를 먼저 치료할지 결정하는 것은 그 집단 또는 사회가 무엇을 우선하는지 보여준다. 영화 〈진주만〉의 상황에서 누군가 먼저 온 환자를 먼저 치료해야 한다고 주장한다면 그는 기회의 평등이 다른 무엇보다 중요하다고 생각하는 사람이다. 환자의 위중함을 따져 더 아픈 사람을 먼저 치료해야 한다고 주장한다면, 그는 약자를 돕는 일을 중요하게 생각하는 것이나. 예상뇌는 치료 결과를 따져 좋은 치료 결과를 얻을 수 있는 사람부터 치료해야 한다고 주장한다면, 그는 행위가 가져올 이익의 총량을 우선하는 사람일 것이다. 계급이 높은 사람부터 치료해야 한다고 생각할 수도 있는데(단, 계급이 다른 요소는 배제하고 그의 공적에 따라 배분된 것이라고 가정하자), 그는 사회에 대한 공헌도를 중시하는 사람인 것이다.

평상시에도 그렇지만 위급 상황에서 의료 자원이란 공공이 함께 사용하는 것이어야 한다. 그렇다면 먼저 치료를 받는다는 것은 의료 자원을 먼저 사용할 수 있도록 허가받는다는 의미일 게다. 이러한 공적 자원 분배 문제는 고래로 정의의 문제였다. 고대 그리스를 떠올려보라. 도시국가는 생존을 위해 다른 국가와 전쟁을 치러야 한다. 승리한 경우 국가는 많은 자원을 얻는다. 자, 이 자원을 어떻게 나눠야 할까?

 아리스토텔레스는 《니코마코스 윤리학》에서 수학적 비례에 따라 분배하면 된다고 말한다. 공적의 크기에 따라 자원을 나눠 주라는 것이다. 공적의 크기에 따라 자원을 나누는 것은 전쟁과 같은 상황에선 타당해 보이며, 무훈을 세운 이를 치하하는 것은 이후 다시 있을지 모를 전쟁을 준비하는 데도 중요하다. 아리스토텔레스의 생각을 현대에 되살린 이들은 그의 주장이 공동체를 지키기 위한 것이라 봤고, 구성원들이 공동체의 생존과 번영을 위한 원칙들을 선택하고 이를 공동체가 다시 의무로 지운다는 의미에서 자신들을 공동체주의자라고 불렀다.

 이런 공동체주의는 개인을 공동체의 이익을 위해 복무해야 하는 존재로 규정한다. 따라서 공동체주의적 정의란 공동체에 기여한 정도에 따라 보상하거나 분배하는 것 또는 공동체의 필요에 따라 보상이나 분배를 제공하는 것일 수 있다. 이에 따르면 의료 자원 제공에 있어서도 개인의 사회적 기여나 헌신 또는 사회적 필요성에 따라 우선순위를 제시하게 된다. 예컨대 전자라면 소방관이나 군인 등 사회적 기여를 한 자를 먼저 치료할 것이고, 후자라면 필수 국가기관 근무자, 의료진 등을 먼저 치료할 것이다.

벤담: 최대 다수의 최대 행복이 정의다

세월이 흘러 종교가 선악의 기준을 가르던 중세를 지나 18세기 영국의 정치가 제러미 벤담은 흥미로운 견해를 제시한다. 윤리란 쾌락을 추구하기 위한 것이며 쾌락이란 여러 사람이 더 많이 누릴수록 좋으니 더 많은 사람이 더 많은 쾌락을 누리는 것을 목적으로 해야 한다는 생각이다. 이런 생각을 '공리주의'라고 칭했으며, 최대 다수의 최대 행복을 그 원칙으로 삼았다. '행복이란 무엇인가?'라는 질문이 생각보다 답하기 어려운 문제라는 점을 빼면 공리주의는 그 명쾌함에 힘입어 많은 사람의 지지를 얻었다.

분배 문제에서도 공리주의는 같은 답을 내놓는다. 즉 의료 자원을 나눠 줄 때도 최대 다수가 최대 행복을 얻도록 해야 한다. 의료 문제에서 행복이란 보통 치료 결과 얻어낸 생명연수life-years로 계산하곤 한다. 사람들은 보통 오래 살기를 원하지 않는가!

이를테면 지금 심각한 패혈증에 걸려 목숨이 위험한 40세 남자 환자가 있어 이 환자에게 항생제를 투여하려 한다. 항생제를 투여하면 (다른 사건이 없다면) 이 환자는 평균수명까지 살 것으로 기대된다. 평균수명이 75세라면 이 남성이 항생제 투여로 얻는 생명연수는 35년이다.(투여한 경우의 예상 수명인 75년에서 투여하지 않은 경우의 예상 수명 40년을 뺀 값이다.) 자원 분배로 얻는 생명연수를 최대화하는 것이 공리주의적 정의의 목표다. 즉 공리주의자는 치료를 통해 더 오래 살 사람부터 먼저 치료해야 한다고 생각한다.

롤스: 가장 약한 사람에게 가장 많이 주는 것이 정의다

비슷한 시기 독일에선 이마누엘 칸트가 의무에 기초한 도덕 이론을 내놓았다. 칸트의 주장도 간단한데(실은 엄청 복잡하지만 요약하자면 그렇다는 이야기다), 윤리란 자신이 원칙을 세워 지키는 것이다. 단, 이 원칙은 모든 사람의 원칙이 될 수 있어야 한다. "도둑질을 하지 말라"라는 원칙을 누군가가 정하고 지키고 있다고 해보자. 이 원칙은 다른 사람들에게 제시되더라도 문제를 일으키지 않는다. 따라서 이 사람은 윤리적 원칙을 지키고 있다. 반면 "다른 사람에게 폭력적으로 대하라"라는 원칙은 어떨까? 개인이 이런 식으로 살 수는 있을지 모르나 이것이 모두의 원칙이 된다면 사회는 유지될 수 없다. 따라서 이 원칙은 윤리적 원칙이 될 수 없다. 칸트의 이 생각에 후대 사람들은 의무론이라는 이름을 붙였다.

의무론은 분배 문제를 어떻게 다루는가? 여기에 기초해 확고한 원칙을 제시한 사람이 존 롤스다. 그는 사회정책을 결정하는 데서 원초적 입장original position이라는 사고실험을 제시했다. 사람들이 모여 정책을 결정하려 한다. 그런데 여기 모인 사람들은 자신이 원래 있던 자리를 잊어버렸다. 재산도, 지위도, 피부색도 기억하지 못하는 상황에서 이들은 정책을 결정해야 한다. 이런 상황에서 사람들은 어떤 정책을 결정하게 될까? 롤스는 생각했다. 자신이 다시 원래 자리로 돌아갔을 때 가장 약한 위치에, 가장 가난한 위치에 처할 수도 있으니, 이 사람들은 여러 정책 중 그 혜택을 가장 적게 받는 사람에게 그나마 가장 많은 것이 돌아가는 정책을 선택할 것이라고. 이것을 최소수혜자의 최대이익 원칙이라고 부른다.

　A, B, C 정책을 비교한다고 해보자. 이때 A 정책을 택하면 고소득층에 10, 중산층에 5, 저소득층에 2의 혜택이 돌아간다. B 정책은 모두 똑같이 3씩 혜택을 받는다. C 정책은 고소득층에 6, 중산층에 5, 저소득층에 4의 혜택을 준다. 이런 상황에서 롤스는 C 정책을 선택하는 것이 정의롭다고 본다. 세 정책 중 저소득층에게 가장 많은 혜택을 가져다주기 때문이다. 좀 더 단순하게 정리하면, 롤스의 주장은 약자를 우선하는 방식이라 말할 수 있다. 치료 우선순위에서도 마찬가지다. 약자, 즉 지금 가장 아픈 사람이나 고령자를 우선 치료하는 것이 정의로운 선택이 된다.

아리스토텔레스, 벤담, 롤스가 진주만으로 간다면?

　진주만의 상황을 복기해보자. 지금 폭격으로 환자가 밀려들고 있다. 이때 아리스토텔레스, 벤담, 롤스가 각각 간호사로서 치료 우선순위를 분류한다면 어떤 결과가 나올까? 아리스토텔레스는 계급이나 전투에서 세운 공적에 따라 환자 치료 순서를 결정할 것이다. 벤담은 치료했을 때 가장 오래 살 수 있는 사람을 선택할 것이다. 또는 전시 상황이니 치료해서 다시 전투를 수행할 수 있는 사람을 우선 치료하자고 할 수도 있다. 롤스는 가장 심하게 다친 사람부터 치료해야 한다고 외칠 것이다.

　이런 선택 중 어느 것이 더 나은 선택이라고는 확정적으로 말하기 어렵다. 각 견해의 장점과 단점이 있기 때문이다. 아리스토텔레스의 생각은 이미 많이 가진 자에게 더 많은 것을 줄 가능성이 높다. 물론 전쟁터에서 일반 사병도 놀라운 공훈을 세울 수 있지만 결국 개선식을 하는 것은 승리한 장군이니까. 많은 사람의 더 많은 행복이라는 벤담의 생각은, 현실에선 '많은 사람'보다 '더 많은 행복'을 우선하는 방향으로 이뤄지곤 한다. 벤담의 의도는 그렇지 않았더라도, 소수의 이익을 최대화하는 데 기여할 가능성이 있는 것이다. 약자를 보호하려는 롤스의 생각은 존중받아 마땅하나 최근 몇몇 학자는 롤스의 생각에 의문을 던진다. 스스로 의도해 나쁜 상황에 처한 사람이라도 약자라면 무조건 도와줘야 하는가?

약자를 우선할 때: 장기이식, 응급실

아리스토텔레스, 벤담, 롤스의 견해는 우리가 사는 오늘날 어떻게 적용되고 있을까. 현실에선 사안에 따라 그때그때 다르게 적용된다.

의료 환경에서 어쩔 수 없이 자원을 분배해야 하는 상황에는 어떤 것이 있을까? 대표적으로 장기이식을 들 수 있다. 심장이나 간에 문제가 생겨 장기이식을 기다리는 사람은 점점 늘어나고 있지만, 국내 장기 기증자 수는 점차 감소하고 있다. 2019년 자료에 따르면, 국내에서 한 해 2,000명이 넘는 환자가 장기이식을 기다리다가 사망한다.[9] 장기이식 대기자는 2019년 6월 기준 3만 8,977명이지만, 뇌사 장기 기증자 수는 2016년 573명을 최고점으로 하여 다

시 감소하고 있다.[10]

　모두에게 장기이식을 할 수 있으면 좋겠지만, 없는 장기를 만들 수도 없고 반으로 나눠 쓸 수도 없다. 그렇다면 장기이식은 어떤 순서로 결정되는가? 간경변 등으로 간이식을 할 경우, 환자의 간기능을 MELD model for end-stage liver disease 점수*로 평가한다. 점수가 높을수록 환자의 간 상태가 나빠 위중도가 높다. 점수만 보는 것은 아니고 급성 간부전 등으로 장기이식이 시급한 경우나 간세포암에서 밀란 척도 Milan criteria**를 만족할 때, 즉 전이가 없음 등을 살펴 이식 우선순위를 부여한다.[11]

　그렇다면 현재의 간이식 우선순위는 위에서 살펴본 생각 중 어느 것과 가까운가? MELD 점수가 높은 환자, 즉 위중도가 높은 환자를 먼저 치료하는 것은 롤스의 생각과 유사하다. 위중도가 높다는 것은 건강 또는 생명이라는 측면에서 현재 가장 취약한 상태에 있다는 것이다. 즉 롤스가 말한 최소수혜자를 우선하는 정책과 간이식 정책은 비슷하다.

　물론 간이식 정책을 만들 때 롤스의 이론에 입각했던 것은 아니다. 의학은 아픈 환자를 우선 치료하는 오랜 전통이 있다. 비슷한

---

* 최근의 혈액투석 여부, 혈중 크레아티닌, 빌리루빈, INR(혈액응고시간을 표준화한 비율), 나트륨 수치를 통해 점수를 구한다.
** 간암 환자의 간이식 기준으로, 다음 세 가지를 만족하는지 확인한다. ① 종양 하나가 5cm보다 작을 때, ② 종양이 3개 이하로 가장 큰 종양이 3cm보다 작을 때, ③ 혈관 침윤이 없을 때.

예가 응급실이다. 응급실이 나오는 의학 드라마에서 주인공이 어떤 환자를 보고 있는데 갑자기 긴박감을 더해주는 음악이 흐르면서 큰 외상을 입은 환자가 응급실로 실려 오자 주인공은 살펴보던 환자를 두고 더 아픈 그 환자 쪽으로 뛰어가는 장면을 본 적이 있을 것이다. 응급실 또한 위중한 환자, 즉 현 상황에서 가장 약한 사람을 우선 치료하는 원칙에 따른다.

이득의 총량을 우선할 때: 보험제도

모든 의학적 상황에 롤스의 원칙이 적용될 순 없을 것이다. 롤스의 원칙이 현실에서 드러내는 가장 큰 문제는 환자의 예후, 즉 치료 결과를 무시한다는 점이다. 지금 위중한 그 환자는 치료를 완료해도 남은 수명이 길지 않을 가능성이 높다. 물론 기적같이 회복될 수도 있지만 중병에 걸린 경우에는 아무리 뛰어난 실력의 의사가 치료한다 해도 상당한 후유증을 남기거나 남은 수명이 짧아지는 것이 일반적이다. 그렇다면 경우에 따라선 치료했을 때 더 오래 생존할 환자를 우선할 필요도 있지 않을까? 이를테면 너무도 위중한 환자라 최우선순위로 그를 치료했으나 곧 사망했다고 해보자. 이 경우 할 일을 다 했다는 정서적 충족을 얻을 수 있을진 모른다. 하지만 그로 인해 순위가 밀려 더 악화된 환자가 있다면 어떨까? 그를 먼저 치료해 회복시키는 게 낫지 않았을까?

의료경제학에선 정책 결정을 위해, 의료 정책의 효과를 평가하는 방법을 개발해왔다. 쉬운 예를 들어보자. 폐암에 쓰는 항암제 두 가지가 동시에 출시됐다. A 항암제는 한 번 맞는 데 10만 원이 든다. B 항암제는 한 번 맞는 데 5만 원이면 된다. 두 번째 약이 싸니 무조건 두 번째 약을 선택하면 될까? 그렇지 않다. 다른 요인을 고려해야 하는데, 무엇보다 중요한 것은 항암제 효과다.

항암제의 효과는 어떻게 평가하는가? 여러 기준이 있겠으나 항암제를 썼을 때 환자가 얼마나 더 오래 살았는가를 가장 중요한 척도로 삼는다. 즉 폐암 환자에게 이 항암제를 쓰지 않은 경우와 쓴 경우를 비교해(이 과정엔 생존 분석이라는 조금 복잡한 통계 모형이 들어간다) 항암제를 썼을 때 확보되는 수명의 길이, 즉 생명연수를 항암제의 효과로 삼는 것이다. 생명연수를 비용으로 나누면 비용 대비 치료 효과를 구할 수 있게 된다.

A 항암제를 쓸 경우 10년의 생명연수를, B 항암제를 쓸 경우 3년의 생명연수를 확보한다면 비용 대비 치료 효과는 A 항암제가 1년/1만 원, B 항암제는 0.6년/1만 원이다. 그렇다면 싸다고 무조건 B 항암제를 쓰는 것보다 A 항암제를 쓰는 게 낫다. 이는 개인의 선택 차원을 넘어 집단 차원에서 더 중요한 문제다.

국가는 정해진 예산으로 여러 정책을 입안하고 수행해야 한다. 영국의 의료 제도를 살피면서 언급했지만, 국민건강보험에 내는 보험금은 소득 수준에 따른 차이만 있지 그동안 얼마만큼 보험 적용을 받았는지, 건강 상태는 어떤지와는 무관하므로 사실 세금에 가깝다. 또한 국민건강보험공단은 예컨대 어떤 항암제를 보험 급여로 지원해줄지 결정해야 한다. 의사나 환자가 쓰고 싶다고 해서 무슨 약이든 다 쓰게 해줄 순 없는 것이다. 이 결정 과정에서, 여러 지침이 있긴 하나 중심이 되는 것은 역시 앞서 살핀 비용 대비 효과다. 이를 비용효과 분석이라 부르는 것이며 보험 급여 정책의 항목은 주로 비용효과 분석을 통해 결정한다. 간단히 말해, 폐암 치료에서 두 항암제 중 어느 쪽에 보험 지원을 해줄지 결정해야 한다면 A 항암제를 지원한다는 것이다.

이런 결정은 앞서 살핀 벤담의 주장과 같은 방향으로 나아간다. 정해진 비용으로 효과를 최대화하자는 것은 결국 최대 행복의 추구이기 때문이다. 많은 사람이 더 많은 행복을 누리게 한다는 목표는 일견 타당해 보이며, 국가가 정책을 추구할 때 기준으로 삼을 만하다. 하지만 앞서 보았듯 이 견해에는 한계가 있다. 많은 '사람'과 많은 '행복'이 충돌할 때, 많은 행복을 선택하는 경우가 흔하다는 것이다. 물론 행복을 극대화하는 것은 중요하지만 그것이 다수의 필요를 희생하는 결과로 이어진다면, 그것은 그것대로 문제가 있다.•

약자 사이에도 차이가 있다?

의료 제도에서 아리스토텔레스의 생각을 따르는 결정으로는 무료로 치료해주는 보훈병원을 예로 들 수 있지만, 여기서 더 자세히 살피진 않으려 한다. 공헌 우선, 공리 우선, 약자 우선 각각의 방법은 각자의 쓸모가 있다는 것 정도로 정리해도 족할 듯싶다. 단, 우리가 만나는 많은 결정이 정의롭기 위해선 이런 논의가 반드시 필요하다는 점을 재차 언급해두고자 한다. 실제로 많은 일이 이런 부분을 고려하지 않고 진행되며, 결국 정의가 무엇인지 생각해보지 않은 채 넘어가기 일쑤니까 말이다.

아울러 하나 더 짚어볼 점이 있다. 앞서 나는 롤스의 생각에 문제를 제기한 사람들이 있었다고 했다. 이들은 롤스가 약자를 우선해야 한다고 주장한 건 타당하지만, '약자'를 좀 더 심층적으로 들여다봐야 함을 지적했다. 어떤 사람은 자신이 어찌 할 수 없는 일의 결과로 인해 약자가 된 사람이 있는가 하면, 어떤 사람은 자신의 결정으로 인해 약자가 된다. 예컨대 교통사고가 나서 심한 외상을 입은 두 사람이 있다. 두 사람 다 교통사고 피해자다. 한 사람은 방어 운전을 했지만 졸음운전을 한 화물차에 받혔다. 다른 사람도 사고를 당한 것은 마찬가지지만 그는 오토바이를 몰면서 헬멧을 쓰

- 반면 의료정의론은 최대한 많은 사람을 살리는 것이 타당하며 몇 가지 조건이 붙더라도 이것을 기본적인 분배 원칙으로 삼아야 한다는 주장이 종종 눈에 띈다. 다수의 행복을 말하는 공리주의자도, 모든 사람을 똑같이 대해야 한다는 의무론자도 최대한 많은 사람의 생명을 보호하는 것을 추구하기 때문이라는 것이다. 그러나 환자의 예후를 구분할 수 없는 대규모 재난 상황이 아니라면, 최대한 많은 사람을 살려야 한다는 주장은 의학적 관점에선 그다지 충분해 보이지 않는다. 예컨대 치료해도 1년 더 살 수 있는 2명과 치료하면 5년 더 살 수 있는 1명이 있다고 가정해보자. 최대한 많은 사람을 살려야 한다고 해서 2명을 치료하는 것은 자원 활용 측면에서도, 개인(이 맥락에선, 삶의 기회)을 동등하게 대하는 측면에서도 그리 합당한 선택으로 여겨지지 않는다. 즉, 숫자와 행복 사이 저울 달기는 딜레마로, 어느 쪽이 맞는다고 말하기 어렵다.

지 않았다. 둘 다 긴급한 상황이지만 인공호흡기가 하나밖에 없다고 하자(너무 거친 예를 들어 유감스럽지만…). 두 사람 모두 인공호흡기를 필요로 하며 빨리 처치하지 않으면 사망한다고 할 때, 누구에게 인공호흡기를 배정할 것인가? 앞서 말한 롤스 비판자들은 앞 사람에게 인공호흡기를 배정해줘야 한다고 주장한다. 뒷사람은 스스로 위험을 자초했기에 앞 사람과 같은 요구를 할 수 없다고 본 것이다. 어떤가? 이들 비판자들의 문제 제기는 옳은가? 즉 약자 사이에도 차이가 있을까?

당신의 건강을 위해
세금을 납부하세요

2015년 1월 1일 담뱃세 인상으로 담배 가격이 갑당 2,500원에서 4,500원으로 거의 두 배가량 올랐다. 인상된 2,000원에서 원가 이윤으로 가는 것은 12.8%인 232원이고, 나머지는 세금이다.[12] 인상분에서 큰 폭을 차지하는 것은 담배소비세와 건강증진부담금으로 각각 기존 641원과 354원에서 1,007원과 841원으로 상승했다. 이런 담뱃값 인상은 2005년에 인상한 500원에 이어 10년 만에 큰 폭으로 이뤄진 것으로, 주 이유는 담배 소비 억제였다.[13]

2018년 6월 한국건강학회는 창립총회를 열고 국민 1,200명을 대상으로 실시한 건강 관련 설문조사 결과를 공개했다.[14] 술과 설탕 등 건강에 악영향을 미치는 상품을 생산하는 기업에 건강관리 세금을 부여하는 것을 건강세라고 하는데, 설문 결과 약 71.6%가 이

세제에 찬성했다. 술은 그 자체로 간 기능을 저해하고 위염 등의 원인이 된다. 음주 후 소위 '필름이 끊긴다'라는 알코올성 블랙아웃 alcoholic blackout으로 과음 후 전날 일이 기억나지 않는 일이 발생했다면 뇌에 손상이 생긴 것이다. 설탕은 충치와 비만의 주요 원인이다. 식당에서 먹는 음식이나 슈퍼에서 파는 과자 등의 설탕 함량이 점차 늘어나고 있다. 이때 건강세는 제품의 알코올 함유량 또는 설탕 함유량당 일정 금액으로 기업에 세금을 부담시켜 알코올이나 설탕 함유량을 줄이도록 유도하고, 걷힌 세수를 건강 증진 목적으로 활용하게 된다.

물론 국민의 건강 개선은 사회적으로 중요한 목표다. 하지만 이런 정책을 시행하는 것이 과연 그 자체로 타당할까? 그보다는 담배와 술, 탄산음료 판매를 아예 금지해야 하는 것 아닐까? 더 나아가 이런 논지라면 건강에 나쁜 영향을 미치는 여러 습관을 법적으로 금지하는 것도 타당한 것이 된다. 일주일에 일정 시간 운동하지 않는 사람을 처벌하고, 스케이트보드나 번지점프와 같이 생명의 위험을 무릅써야 하는 익스트림스포츠도 금지하거나 고액의 보험에 가입해야만 참가할 수 있도록 해야 하는 것 아닐까?

마약류 관리에 관한 법률이 이런 목적으로 운영되곤 있으나 그렇다고 마약이나 향정신성의약품 사용을 전면 금지하지는 않는다. 대표적 마약 모르핀morphine은 강력한 진통제로 말기암 환자의 통증 완화 등 그 사용이 꼭 필요한 경우가 있다. 마약 중독의 가능성이 있다 할지라도 사용을 완전히 금지할 수 없듯 다른 항목 또한 위험하다고 절대적 금지를 할 수는 없다.

그렇다면 건강 개선을 이유로 세금을 부담한다는 것 역시 부분적 근거는 될 수 있지만 단 하나의 이유가 될 순 없다. 건강 개선이 단일 근거로 작용하는 경우 위에서 제시한 위험 행위의 완전 금지 또한 이뤄져야 하기 때문이다. 담뱃세나 건강세 같은 세금의 명확한 근거는 건강 불평등 완화에서 찾아야 한다.

건강 불평등이란?

건강 불평등은 표현의 단순함과 달리 상당히 복잡한 개념이지만, 일단 보건의료 서비스 이용의 불평등과 건강 기회의 불평등 두 가지로 구분해서 이야기해볼 수 있다.

서비스 이용의 불평등이란, 병원에 갈 기회가 물리적 이유로 제한을 받거나(예컨대 병원이 경사로를 제공하지 않아 휠체어 사용자가 들어갈 수 없는 경우) 경제적 이유로 보건의료 서비스에 접근할 수 없는 것(예컨대 치료비가 비싸 치료를 받을 수 없는 경우)을 말한다. 한편 건강 기회의 불평등이란 사회경제적 차이로 발생하는 건강상 차이를 말한다. 도시와 시골의 주민은 갈 수 있는 병원에도 차이가 있지만(서비스 이용의 불평등), 제공되는 보건 정책이나 사회문화적 차이로 인해 건강 수준 자체에서도 차이가 발생한다(건강 기회의 불평등).

담뱃세의 경우 국민 전체의 흡연율을 감소시키는 데도 목적이 있지만, 더 중요한 것은 저소득층과 청소년의 흡연율을 감소시키는 데 있다. 고소득층은 세금이 올라간다 하여 담배 구입에 큰 불편이 생기지 않는다. 하지만 저소득층과 청소년은 당장 담배 구입에 어려움을 겪게 돼 이들의 흡연율은 감소시킬 수 있다. 건강세도 전체 음주율이나 설탕 소비율을 줄이고자 하려는 목적도 물론 있겠으나 그보다는 저소득층의 술과 설탕 사용을 줄이는 데 방점이 찍힌다. 건강세를 부여하면 제조사가 함유량을 줄이기도 하겠지만, 결국 제품 가격도 상승할 수밖에 없다. 제품 가격 상승은 저소득층의 해당 제품 사용 감소로 이어진다. 즉 건강세 부여는 저소득층이 술이나 설탕 함유 제품을 적게 소비해 이로 인한 건강 효용을 누릴 수 있도록 하려는 것이다.

   그런데 이런 세금은 그 성격 자체가 지닌 문제가 있다. 담뱃세와 건강세는 해당 제품을 이용하는 시민에게 징벌을 내리는 성격이 강하다(징벌적 조세). 담배를 피우거나 술을 마시는 일로 벌을 받아야 하는가? 그리고 이 세금이 국민의 건강 증진에 사용된다는데 모두의 건강 증진을 위해 사용되는 게 과연 맞을까? 담뱃세의 건강증진부담금은 건강보험 및 연구 지원에 주로 활용되고 실상 금연 사업 지원에는 얼마 사용되지 않는다.[15] 그러나 건강증진부담금을 낸 사람은 흡연자이므로 금연 사업 지원에, 폐암 치료를 보조하는 데 주로 사용해야 하는 것 아닐까. 애초 건강증진부담금의 용도로 제일 먼저 나열된 것이 흡연자 건강관리 사업인 데다, 흡연자가 낸 특수 목적 세금이 흡연자 복지를 위해 우선 사용되도록 요구하는 것은 정당하기 때문이다.

건강세 관련 논의는 앞으로 좀 더 활발해질 것이다. 건강 문제를 다루는 것이기에 논의 과정에서 의료윤리를 거론하지 않을 수 없을 것이며, 경제학·보건학적 접근에 더하여 윤리적 차원도 고려해야 할 것이다. 만일 건강세 논의에 정의론을 적용한다면 어떤 견해가 도출될 수 있을까.

건강세: 벤담과 롤스라면?

앞서 우리가 다뤘던 주장을 바탕으로 건강세의 정당성부터 살펴보자. 벤담의 견해에서 볼 때 건강세는 정당한가? 롤스의 견해에선 어떤가?

현재 시행 중인 담뱃세를 기준으로 생각해보자. 담뱃세를 거둬 금연 효과가 있다면 비흡연자와 흡연자의 건강이 모두 증진될 것이다. 하지만 금연을 통한 건강 증진 효과에 비해 흡연자가 겪는 불쾌감이 훨씬 클 수 있다. 물론 흡연이 폐암의 발생 확률을 높인다는 것은 증명된 바다. 그러나 담배를 피운다고 모두가 폐암에 걸리는 것은 아니다. 극소수의 폐암 환자를 이유로 다수에게 금연을 강요하는 일은 오히려 흡연자들의 즐거움, 흡연에 따른 긴장 감소 효과 등을 빼앗고, 금단 현상으로 인한 고통과 반복적 금연 시도에서 오는 불편감을 증가시키는 일이 아닐까. 더구나 담뱃세는 특정 집단의 흡연을 줄이는 역할을 할 뿐 직접적으로 폐암을 감소시키는 역할을 하지는 않는다. 그렇다면 벤담의 견해에서 볼 때 담뱃세 부과는 정당한 일이라 보기 어렵다(오히려 담배 판매의 효용을 따져봤을 때 사회적 효용은 낮은 반면 질병 부담은 증가시키므로 판매를 금지해야 한다고 주장할 것이다).

한편 담뱃세를 부과하는 일은 저소득층과 청소년, 즉 사회에서 약자에 속하는 이들의 흡연율을 낮추는 데 이바지한다. 흡연율이 낮아진다면 이로써 그들의 건강도 증진할 것이다. 따라서 담뱃세는 약자의 건강을 증진하는 데 도움을 주는 정책이라 볼 수 있다. 하지만 문제가 있다. 담뱃세를 내는 것은 흡연자인데, 흡연자는 흡연으로 인해 피해를 보는 자, 즉 약자다. 롤스의 견해에 따르면, 약자에게 가장 유리한 정책을 택해야 한다. 그런데 과연 흡연자가 담뱃세를 부여하는 정책을 택할까? 이 관점에서 보자면 담뱃세는 국민의 건강 증진에는 도움이 될지언정 선택받는 제도가 되기는 어렵다. 원초적 입장에 놓인 사람들은 자신이 흡연자(정책에서 약자의 위치에 있는 사람)일 때 징벌적 피해를 볼 가능성이 있는 정책을 선택하지 않을 것이기 때문이다.

정의론의 대표적 이론가 두 사람, 벤담과 롤스에 따르면 건강세는 정당하지 않거나 선택받기 어려운 정책이 되는 것이다. 건강세가 환자에게 혜택을 주는 정책임에도 이론적 기반을 마련하기 어려운 것은 이들 이론이 개인의 '책임' 문제는 고려하지 않기 때문이다.

개인의 책임이란 무엇인가? 한 사람의 건강이 (또는 다른 특성이) 그 사람의 행동이나 습관에 기인한다는 것이다. 예컨대 성인은 자신의 구강 건강에 책임이 있다고 말할 수 있는데 충치나 잇몸 질환은 개인의 양치 습관과 식습관, 흡연, 음주 여부 등에 크게 좌우되기 때문이다. 공리주의나 롤스의 견해는 정책을 결정함에 있어 이런 개인의 책임을 별로 고려하지 않고 사회가 개인에게 어떤 방식으로 개입하는지 그것만을 따진다. 물론 공리주의는 개인의 책임이 전체의 행복에 크게 영향을 미친다면 이를 고려에 넣게 될 테니 개인의 책임을 별로 고려하지 않는다는 건 정확한 표현이 아닐 수 있다. 그러나 이들 이론이 근대에서 현대로 이어지는 시기에 사회정책을 다루기 위한 것이고 그때만 해도 개인의 책임이라는 생각은 그리 고려되지 않았던 게 사실이다. '개인의 책임' 문제가 전면에 등장한 것은 20세기 말이다.

건강 문제에서 개인의 책임과 사회의 책임

전통적 윤리 이론, 더 좁게는 의료윤리적 접근은 개인의 자율성을 최우선 가치로 바라봤다. 합리적 개인은 자신에게 최선의 일을 스스로 결정할 수 있는 자로서, 여기에 타인이나 사회가 개입하는 것은 가부장적 접근이라며 부정되곤 했다. 앞서 1장에서 안락사에 관해 이야기할 때 살펴본 것처럼, 말기 환자가 스스로 자기 죽음을 결정했을 때 의료인이 더 나은 치료의 가능성 등을 이유로 개입하는 것은 환자의 자율성을 침해하는 것으로 여겨진다.

한편 1970년대에 이뤄진 영국의 화이트홀 연구[*]는 사회계층이 발병률과 사망률에 영향을 미친다는 점을 알아냈다. 그러므로 이제 보건의료는 건강의 사회적 결정 요인을 꼭 고려해야 했다. 건강의 사회적 결정 요인이란, 건강이 단지 개인의 연령, 성별, 유전자만으로 결정되는 것이 아니라, 좁게는 개인의 생활 습관부터 사회적·경제적·문화적 환경에 이르는 폭넓은 환경의 영향에 따라 결정된다는 의미다. 즉 개인의 건강 개선에 도움을 주고자 운동을 강조하고 건강보조식품을 처방하는 것만으로는 불충분하며, 사회 조건을 변화시켜야 한다는 것이다.

문제는 환자 자율성 보호와 사회적 개입이라는 두 정책적 관점이 충돌한다는 데 있다. 개인이 합리적 행위자로서 자기 건강 문제에서 최종 결정을 내리는 것을 중요시한다면, 건강 문제 또한 개인의 결정을 옹호하는 쪽으로 접근해야 한다. 즉 개인은 술을 끊거나 주기적으로 운동하기를 선택함으로써 자신의 건강을 지킬 수 있다. 반면 건강의 사회적 결정 요인에서 출발한다면 개인의 건강은 사회적 환경에 달렸다. 즉 회사 직원의 건강을 향상시키기 위해선 회식 때 강압적 음주 문화를 철폐하고 사내 금연을 시행하며, 직원들에게 건강식을 급식으로 제공해야 하는 것이다. 어느 쪽이 옳은가?

- 화이트홀 연구(Whitehall Study)는 두 차례에 걸쳐 3만 명이 넘는 영국 공무원을 대상으로 이루어졌다. 직위와 심혈관 질환 사망률의 관계를 밝히려 시작된 연구는 절대적 빈곤만이 건강에 영향을 미친다던 그때까지의 통념을 뒤엎고, 직위, 업무 통제력과 같은 사회경제적, 심리적 요인이 건강에 영향을 미침을 증명해 냈다.

나는 '양쪽 다 맞는다' 또는 '개인과 사회 모두 책임이 있다'가 직관적 답이라고 생각한다. 하지만 지금까지 오래도록 둘 중 한쪽만을 강조할 뿐 양쪽 모두를 아우르는 방식은 논의되지 않았다. 보건의료 정책은 사회 또는 인구를 중심으로 하기에 사회적 요인에 개입하는 것을 당연하게 여긴 반면, 의료인은 환자를 직접 대하기에 개인 차원의 개별적 요인을 문제 삼는 것이 기본이라고 생각해왔던 것이다. 중간 지대는 없었다.

1990년대가 되어서야 두 관점을 종합해보려는 시도가 보건학과 의료윤리 양쪽 모두에서 나타났다. 보건학에선 인구 건강 과학 population health science을 연구하는 일군의 학자들이 질병의 생물학적 기작機作*과 행동·사회적 요인을 함께 고려해야 한다고 생각하게 됐다.[16] 의료윤리에선 운 평등주의에 영향을 받은 몇몇 학자가 건강 문제에서 개인의 책임과 사회의 책임을 함께 따져봐야 한다는 생각 아래 기존 이론을 재검토하고 있다.[17]

개인의 책임과 사회의 책임을 동시에 고려한다는 것은 어떤 의미인가. 이를테면 금연을 단지 개인의 의지 문제나 흡연할 수밖에 없도록 만드는 사회적 환경의 문제 중 한쪽으로만 치우쳐서 보는 것이 아니라 여러 요소가 복합되어 나타나는 문제로 보는 관점을 말한다. 당연한 것 아닌가? 그러나 예컨대 정치는 이 가운데 한쪽

---

* mechanism의 번역어, 특히 생물학에서 생리 작용의 원리를 나타내는 데 종종 사용되는 표현이다.

을 강조하곤 한다. 진보 진영에선 사회적 영향을 강조하며 금연 구역 확장, 금연 프로그램 확충, 금연 보조금 지원 등의 정책을 선택한다. 반면 보수 진영은 개인의 의지를 강조하며 흡연자 고용 금지 등의 방식을 선호한다.

건강세는 그 중간에 놓인 정책이다. 개인의 책임에도 어느 정도 기대면서 사회적 책임도 살피는 것이다. 다시 담뱃세를 예로 들어 이야기해보면 세금으로 인해 담배 가격이 올라가면 구입을 꺼리게 된다. 이것은 흡연을 어렵게 하는 물질적·심리적 장벽으로 작용한다. 한편 가격 인상분으로 조성한 부담금으로 금연 프로그램 보조, 폐암 환자 치료 지원 등을 제공하는 것은 흡연에 사회적 책임이 있음을 인정하는 일이 된다.

운 평등주의

롤스가 주장한 최소수혜자의 최대이익은 정치철학과 정치학에 큰 영향을 미쳤다. 그 덕에 전 미국 대통령 빌 클린턴은 롤스를 20세기 가장 위대한 정치철학자로 꼽기도 했다. 하지만 그만큼 그를 넘어서려는 사상가도 많았는데, 한쪽이 앞서 언급한 공동체주의자, 다른 한쪽이 지금부터 설명할 운 평등주의자다. 운 평등주의 노선을 시작했다고 말할 수 있는 캐나다의 정치철학자 윌 킴리카Will Kymlicka는 1990년 저술한 《현대 정치철학의 이해》에서 롤스의 주장에 다음과 같은 의문을 제기한다.[18]

그의 책에 등장하는 테니스 코트 예시다. 두 사람에게 같은 크기의 뒷마당이 있다. 한 사람은 이 땅을 테니스 코트로 만들어 여름 내내 즐겼다. 다른 사람은 이 땅을 경작해 여름에 채소를 심었고 가을에 경작하여 소박하게나마 수확을 얻었다. 가을이 되어 테니스 코트를 만든 사람은 굶주리게 된 반면 채소를 경작한 사람은 먹을 게 있다. 자, 롤스의 주장에 따르면 현재의 약자는 테니스 코트를 만든 사람이다. 그를 보조하는 정책이 롤스의 견해에 따르면 정의롭다. 정말 그런가? 이런 정책을 정의롭다고 말하는 것은 직관적이지 않다.

무엇이 간과되었는가? 개인에겐 자유가 있으며, 자유로운 행동으로 인한 결과를 개인이 책임져야 한다는 생각을 롤스의 주장에선 찾아볼 수 없다. 물론 살면서 벌어지는 여러 사건에서 책임이 없는 일로 인해 개인의 상황이 악화된 경우 그를 돕기 위한 정책을 선택하는 것은 정당하다고 말할 수 있다. 그렇지만 이미 위험이 있음을 알고 있음에도 어떤 행동을 선택한 사람이 결국 예상된 그 위험에 처한 경우 그를 도와야 하는가?

만약 여유가 있다면 그를 돕는 데 아무런 문제도 제약도 없을 것이다. 하지만 우리가 여기서 살펴보고 있는 것은 한 사람을 도울지 말지의 여부가 아니라, 이 사람을 도울지 저 사람을 도울지의 선택이다. 어떤 사람이 요트로 세계 일주를 하다가 풍랑을 만나 난파됐다. 그를 돕기 위해 군이 출동해 그의 생명을 구했다. 여기에 상당한 재원을 소비했지만 한 사람의 목숨을 구한 것은 그만큼의 가치가 있다고 말할 수 있다. 그런데 또 다른 한 사람이 있다. 그는 해안 경비대의 일원으로 요트 타던 사람에게 풍랑을 예고하다가 같이 파도에 휩싸였다. 이 경우, 두 사람을 다 구하는 게 당연히 좋다. 하지만 한 사람밖에 구할 수 없다면 누구를 구할 것인가? 누군가 후자, 즉 해안 경비대의 일원을 구해야 한다고 말해도 그를 비난하긴 어려워 보인다. 모두에게 자원이 돌아갈 수 있는 상황이라면 각자의 몫을 그 상황에서 다시 따져볼 필요는 없다. 그러나 안타깝게도 자원이 부족한 상황이기에 우리는 정의를, 공정한 분배를 고민하게 된다.

운 평등주의자는 이런 상황에서 두 가지 운을 구분해야 한다고 말한다. 맹목적 운과 선택적 운이 그것이다. 맹목적 운이란 개인 스스로 결과를 어떻게 할 수 없는 것을 말한다. 나의 유전자를 나는 선택할 수 없다(최소한, 아직까지는). 2020년 전 세계에 코로나19가 대유행한 것에 대해 개인은 선택권이 없다. 또 교통신호를 위반한 차량에 의해 교통사고를 당하는 것을 나는 선택할 수 없다. 이런 것은 맹목적 운으로, 개인의 선택과 무관하다.

반면 선택적 운이란 것도 있으니, 개인이 결과에 영향을 미칠 수 있는 것을 말한다. 나는 항상 마스크를 쓰고 다니고 손을 씻음으로써 코로나19 감염 확률을 상당히 낮출 수 있다. 내일 시험에 대비해 열심히 공부함으로써 나는 성적에 큰 영향을 미칠 수 있다. 교통사고가 날 가능성을 상정해놓고 항상 안전벨트를 착용하고 차량 안전 점검을 주기적으로 받음으로써 교통사고가 발생했을 때 나에게 가해질 충격을 어느 정도 줄일 수 있다.

이 두 가지 운은 모두 나에게 나쁜 결과로 돌아올 수 있다. 부모로부터 받은 유전자로 인해 폐암에 걸렸다고 하자. 여기에 영향을 미치는 여러 요인이 있긴 하다. 하지만 다른 모든 노력에도 불구하고, 유전자가 강력한 영향을 미쳐 폐암에 걸렸다면(이전에는 이것을 가족력, 즉 가족에게 이어지는 병의 이력이라 표현하곤 했다) 이는 맹목적 운의 결과다. 한편 하루에 담배 두 갑을 꼬박꼬박 피운 누군가가 폐암에 걸렸다고 하자. 물론 그에게도 유전적 영향이 있었을 순 있다. 하지만 이런 경우 우리는 그가 나쁜 생활 습관으로 인해 폐암을 얻었다고 말한다.

약자에게 최대의 이익을 가져오는 정책을 택해야 한다는 롤스의 주장은 정당하다. 하지만 그 결과가 개인의 선택 또는 선택적 운에 의한 것일 때도 도와야 하는가? 운 평등주의가 완전히 합의된 단 하나의 해결책을 제시하진 않는다. 그러나 대다수의 운 평등주의자는 이 지점에서 롤스의 이론에 대해 이견을 보인다. 선택적 운에 의한 결과를 맹목적 운에 의한 결과와 똑같이 취급하는 것은 정당하지 않다는 것이다.

운 평등주의와 건강세

운 평등주의에서는 개인의 선택에 따른 결과를 정책에 반영해야 한다고 주장한다. 예를 들면 우리는 소득 수준만 반영해 건강보험료를 책정한다. 건강보험은 약자, 즉 환자를 돕기 위해 사용된다. 운 평등주의는 여기에 개인의 건강 관련 활동도 반영해야 한다고 말한다. 예를 하나 들자면, 전체적으로 건강보험료를 높인 다음 건강 검진을 주기적으로 잘 받는 사람에게는 건강보험료를 할인해주는 것이다(일부는 건강 검진을 받지 않는 사람에게 건강보험료를 더 징수해 불이익을 줘야 한다고 주장하는 사람도 있으나 이런 주장은 문제점* 또한 있어 모두가 받아들이진 않는다).

건강세는 기존 이론으론 설명하기가 어려웠으나 운 평등주의 관점에서 보면 쉽게 정당화된다. 앞서 봤듯 건강세는 두 방향으로 부과된다. 담배처럼 상품 가격에 직접 부과해 가격을 높이거나, 설탕처럼 성분 함유량에 따라 제조 회사에 부과해 함량을 줄이고 간접적으로 가격을 높인다. 이 경우 개인은 여전히 해당 물건을 구입할 수 있으나 물건의 구입과 사용에 부담이 주어진다. 이것은 일차적으로 개인의 책임에 대한 개입이다. 그리고 이렇게 거둔 세금을 해당 상품이나 성분으로 건강을 해친 사람을 돕는 데 사용한다. 담배라면 폐암이나 만성 폐쇄성 폐질환 등 담배로 인한 질병을 앓는 사람을 돕는 데 쓴다. 설탕이라면 청소년 비만이나 충치 등 설탕 과소비로 인해 발생한 질병을 줄이는 데 쓴다. 이것은 이차적인 것으로

---

* 이것을 당근과 채찍 문제라고 부르며, 보건의료 정책 설정 시 적용해본 결과 인센티브(당근)는 행동 개선에 효과를 보이지만 패널티(채찍)는 효과가 별로 없거나 아예 영향을 미치지 않는 것으로 나타난 경우가 많았다. 하지만 사안별로 결과가 다르므로 실험을 좀 더 해볼 필요는 있다.

사회의 책임에 대한 개입이다. 단, 그 재원은 해당 상품을 소비한 자들로부터 나온다.

건강세는 개인의 선택을 교정하도록 이끈다. 개인의 선택에 개입하는 것이 정당화되는 이유는 우리가 어떤 선택을 내릴 때 완전한 자유를 누리는 것은 사실상 불가능하기 때문이다. 우리는 사회문화적·경제적으로 여러 영향에 노출돼 있다. 국내 청년 남성의 흡연율 유지에는 청소년기와 군대가 담배를 접하기 쉬운 환경이라는 점도 영향을 미친다.[19] 따라서 가격을 높여 선택에 부담을 느끼도록 하는 것은 우선 개인이 해당 행위를 선택하기 어렵게 만들고, 그럼에도 해당 상품을 사용하는 사람에게 책임을 지우는 기능도 한다. 책임은 세금의 형태로 부과되며 이를 지불하는 것은 자신의 선택이 자신과 타인에게 미친 나쁜 영향에 대해 비용을 부담하는 일이다.

넛지, 건강세, 제도

이런 접근은 행동경제학의 넛지nudge•와 일맥상통한다. 심리적 편향을 활용해 사람들이 더 나은 선택을 하도록 돕는 넛지를 보건의료 정책에서 활용하는 것을 건강 넛지health nudge라고 하며, 영미권

• 노벨 경제학상을 수상한 행동경제학자 리처드 탈러(Richard Thaler)와 법학자 캐스 선스타인(Cass R. Sunstein)이 《넛지: 똑똑한 선택을 이끄는 힘》에서 설득력 있게 설명한 넛지는 사람들이 선택을 내리고자 할 때 그 맥락이나 구조에 개입해 사람들이 더 나은 선택을 할 수 있도록 유도하는 것을 의미한다.

에선 이런 방식의 정책 적용과 활용이 연구되고 있다. 이런 건강 넛지 정책으로는 건강세를 비롯해 저소득층 음식 바우처, 스마트 디바이스를 통한 건강 행동 유도, 주기적 건강 검진, 약물 중독 정책 등이 논의 중이다. 앞에서 간단히 소개했지만, 어떤 국가에선 건강보험 혜택을 모두 누리려면 주기적으로 건강 검진을 받아야 한다. 최근 모바일 헬스케어라는 이름으로 불리는 스마트 디바이스를 통한 건강 행동 유도는 의료계만이 아니라 IT 업계에서도 관심을 모으고 있다. 코로나19 사태로 인해 어떤 식으로 건강 행동을 유도할지, 감염병 상황에서 위험한 행동을 어떻게 줄일 수 있을지에 관한 논의에도 불이 붙었다.

즉 보건의료에서 새로운 바람을 일으키고 있는 이 분야는 효용과 윤리를 동시에 따질 필요가 있다는 점에서 기존 보건의료 정책과 결이 다르다. 건강 넛지는 효과를 증명해야 하며, 동시에 그 방식이 윤리적으로 어떤 위치에 있는지도 살펴야 한다. 효용만 고집하다 가부장적이라는 이유로 폐기되거나 개인에게 전적으로 맡겨두다가 실패한 보건의료 정책이 여럿 있었기 때문이다. 두 마리 토끼를 다 잡고자 하는 건강 넛지가 과연 모두에게 이득을 가져올지 지켜볼 필요가 있다.

7장. 의료 정보는 어디까지 지켜야 할까

정보 공개와 사생활 보호의 충돌

어디까지 환자 정보를
알려도 될까?

2018년 5월, 대법원은 고故 신해철 씨의 집도의에게 징역 1년을 선고한 원심판결을 확정했다. 신 씨는 강 모 원장에게 장 협착증 수술을 받고 나서 통증을 호소하며 쓰러졌고, 응급수술을 받았지만 결국 사망했다. 이 판결은 금고 10월에 집행유예 2년을 선고한 1심에 비해 상당히 무거운 처벌을 내린 상고심을 확정한 것이다. 1심에서 2심으로 넘어갈 때 변한 것은 집도의가 수술에서 문제를 일으킨 것에 관한 판단이 아니었다. 그는 신 씨의 진료기록을 인터넷에 공개했다. 1심은 이미 사망한 환자의 의무기록을 유출한 것은 처벌 대상이 아니라고 주장했으나, 2심과 대법원은 수술 사진과 병력 등이 담긴 개인정보를 인터넷에 임의로 올린 것은 명백한 위법이라고 결론지었다.

2018년 10월, 이대목동병원 남궁인 응급의학과 임상조교수는 자신이 서울 강서구 피시방 살인 사건 피해자의 담당의였음을 밝히며, 피해자가 입은 외상이 너무도 끔찍함을 알리는 글을 페이스북에 게시했다. 피시방 손님이었던 김 모씨가 아르바이트 직원 신 모씨를 잔혹하게 찔러 살해한 강서구 피시방 살인 사건에서, 남궁 교수의 글은 새로운 논쟁을 불러일으켰다. 남궁 교수가 인터넷에 살인 사건 피해자의 손상을 자세하게 묘사한 것은 의료윤리 위반이라는 주장이 제기됐다. 그가 환자 비밀 유지 의무를 위반했다는 것이었다.

환자 의무기록 유출, 환자 비밀 유지 의무라는 단어는 익숙하면서도 아리송하다. 위에 제시한 두 사례만 비교해보면, 심지어 이상하게 느껴지기도 한다. 한 명은 개인정보를 인터넷에 임의로 올려 수감된다. 다른 한 명은 개인정보를 인터넷에 올렸다는 비판을 받긴 하지만 이후 별다른 문제가 발생하진 않는다. 그렇다면 이것은 운 없이 걸린 사람만 괴로운, 괴물 같은 의무인 걸까? 그 전에, 이런 문제는 언제부터 발생했으며 우리 곁에서 어떻게 영향을 미치고 있을까?

비밀보장의 시작

히포크라테스 선서 원문에는 다음과 같은 내용이 있다.

내가 환자를 진료하는 동안 또는 진료 과정 외에 그들의 삶에 관해 보고 들은 것이 무엇이든지 그것이 외부로 알려져서는 안 되는 것이라면 그것들을 비밀로 지키고 누설하지 않겠습니다.[1]

환자를 진료하는 과정에서 의료인은 많은 것을 알게 된다. 환자의 이력은 물론이요, 그의 생활 습관이나 취향까지 파악해야 할 때가 있으며, 그의 신체적 특징을 누구보다 분명하게 확인하게 되는 것은 물론이다. 지금처럼 병원 제도가 확립되지 않은 옛날, 의료인은 환자의 집에 방문하는 것이 당연했으며 그 과정에서 많은 걸 알게 됐다. 이 개인적 비밀은 얼마든지 활용 가능했으나 히포크라테스는 이것을 비밀로 지켜야 한다고 했다. 히포크라테스의 이 선언은 환자를 보호하기 위함인 동시에, 환자에게 신뢰를 줌으로써 더 많은 환자를 끌어들이려는 노력으로도 이해할 만하다. 고대 그리스 사회에서 조그마한 비밀이 개인의 정치적 지위를 뒤바꾸는 일은 얼마든지 가능했을 것이고, 비밀을 지켜준다는 선언이야말로 유력자의 구미에 맞았을 테니 말이다.

이런 히포크라테스의 원칙이 2,500년간 의료계에서 한결같이 지켜졌던 것은 아니다. 로마 멸망 이후 그리스와 로마의 많은 문헌이 사라졌고, 히포크라테스 선서 또한 소수만이 보존돼왔다.[2] 히포크라테스 선서는 19세기에야 부활했으며, 1948년 제22차 세계의사협회에서 나온 제네바 선언 Declaration of Geneva이 히포크라테스 선서에 기초하면서 전 세계 의료계에 그 영향력을 확증하게 된다. 제네바 선언은 유대인을 몰살하고 장애인을 대상으로 강제 불임 시술과 안락사를 시행하며 끔찍한 인체 대상 연구까지 수행한 나치 제국의 의료인을 대상으로 한 뉘른베르크 재판과 그 정신을 표현한 〈뉘른베르크 강령〉에 큰 영향을 받은 선언이다. 첨언하면, 히포크라테스 선서를 한다며 의과대학에서 읽히는 것은 사실 이 제네바 선언이다. 제네바 선언은 몇 차례 개정됐고, 현재 사용하는 선언문에서 위 문구는 다음과 같이 비밀보장의 의무로 변경됐다.

> 나는 환자 사후까지도 나에게 맡겨진 비밀을 존중하겠노라.

하지만 이 의무와 지금 우리가 다루고자 하는 개인정보 공개의 문제는 조금 다르다. 실제로 개인정보 공개가 모두의 문제가 되기 시작한 것은 전자 의무기록 Electronic Medical Records이 도입되면서다.

타라소프 사례

아마도 1970년대 사람들은 개인정보가 타인에게 유출되는 것이 문제가 된다고는 생각하지 않았을 것이다. 그것은 일부 극소수의 문제였을 뿐이다. 예를 들면 대기업 회장의 건강 상태는 기업의 앞날에 영향을 미칠 테니 그 시절에도 기밀이었을 수 있다. 하지만 일반인의 건강 상태는 남이 알아도 큰 상관이 없다고 여겼다.

의료 정보와 비밀보장 문제에서 가장 큰 논쟁을 불러왔던 것은

1969년에 일어난 미국의 타라소프 사례Tarasoff case였다. 대학생이었던 타티아나 타라소프Tatiana Tarasoff를 같은 학교의 프로센지 포다르Prosenjit Poddar가 만나달라며 쫓아다녔고 스토킹 수준으로 괴롭혔다. 우울증을 겪던 포다르는 대학교 부속 병원에서 심리 상담을 받았다. 주치의 로런스 무어Lawrence Moore는 포다르가 타라소프를 죽이고 싶다고 말하는 것을 듣고 그가 급성 조현 증상을 나타내고 있으니 잠시 구류가 필요하다고 경찰에 요청한다. 포다르는 잠시 구류되었지만 금세 풀려나고, 정말로 범죄를 저지른다.

타라소프의 가족은 병원이 포다르의 살해 의도를 알고 있었음에도 타라소프에게 알려주지 않은 것은 잘못이라며 대학교를 상대로 소송을 제기했다. 병원 측이 자신들을 방어하기 위해 호소한 것이 제네바 선언에 규정된 비밀보장의 의무였다. 살해 의도는 포다르의 비밀이므로 이를 공개하는 것은 의료인의 의무를 저버리는 것인 데다 환자들이 자신의 비밀을 보장받지 못한다는 사실을 알게 되면 정신과 치료를 꺼리게 돼 결국 더 큰 피해가 발생한다는 주장을 펼쳤다. 그러나 법원은 가족의 손을 들어줬고, 이후 비밀보장의 의무는 타인에게 심대한, 즉 생명을 위협하는 위해를 끼치지 않는 경우에 한해서만 지켜져야 한다는 것으로 일단락됐다.

이런 사례는 심각성은 크지만 대다수 사람과는 별 연관성이 없는 이야기다. 과연 의료 정보의 공개 여부가 안전에 영향을 미치는 경우가 얼마나 될까? 이는 극소수 사람에게만 해당하는 문제였기에 사람들은 비밀보장의 의무에 관해 크게 고민하지 않았다. 더구나 종이로 구성된 의료 정보의 경우 이를 누군가가 고의로 유출하려면 큰 노력이 필요했다. 일단 정보실에 침투해야 하고 파일을 찾아야 하며, 그 내용까지 확인해야 한다. 각각은 결코 쉬운 일이 아니다. 따라서 비밀보장 문제에 관심을 갖는 사람은 영향력 있는 소수, 자신의 신체적 비밀이 노출되었을 때 큰 곤란을 겪는 일부뿐이었다.

전자 의무기록의 도입과 개인정보 유출 위험

1990년대 의료계에 정보화라는 새 바람이 불었다. 그동안 손으로 작성했던 의무기록을 전산화하는 방법이 속속 개발됐으니 의료계는 내부 변화에는 빠르게 대응하지만 외부 압력에는 굼뜬 곳이라 정보화에도 저항이 심했다. 그러나 늘어가는 환자 정보가 처치 곤란일 정도인 데다 자료를 찾는 시간도 너무 오래 걸렸기 때문에 병·의원이 정보화를 수용하는 것은 시간문제였다. 처방과 수납이 먼저 전산화됐고, X선 영상과 수기手記 의무기록을 스캔하기 시작했으며, 결국 모든 의료 정보가 컴퓨터 안으로 들어가게 됐다. 이제 병원의 정보는 컴퓨터를 통해 생성되고 전달되며 읽힌다. X선 영상은 애초부터 디지털 센서로 촬영되고, 의료인은 의무기록을 키보드로 작성하는 데 점차 익숙해졌다.

이 과정은 의무기록 관리를 효율적으로 만들었다. 그러나 새로운 문제 또한 싹트고 있었다. 이전처럼 환자 의무기록을 찾느라 창고를 뒤질 필요가 없이 이젠 환자 이름만 컴퓨터에서 검색하면 훤히 알 수 있게 된 것이다. 즉 원로 교수부터 의과대학 학생까지 병원 데이터베이스에 접속 가능한 사람이라면 누구나 환자 정보를 마음대로 찾아볼 수 있게 됐다. 더구나 이렇게 환자 정보가 데이터베이스에 담기기 시작하자 해커가 그것을 공격 목표로 삼는 일도 생겼다. 훔친 의료 정보는 가치가 엄청났기에 의료기관은 어떻게 하면 의료 정보를 잘 보호할 수 있을지 신경을 써야 했다. 또한 인터넷이 더불어 발달하면서 보통 사람들 역시 자신이 가진 정보를 다른 이에게 손쉽게 공개할 수 있게 됐다. 환자 정보에 대한 쉬운 접근성과 대중 공개가 가능한 통로가 원활하게 되자 환자의 개인정보 보호는 막중하고도 심각한 문제로 부상했다.

국내의 개인정보 유출과 사생활 침해 사례

2005년 2월, 배우 이은주 씨가 자살로 생을 마감했다. 그는 우울증으로 병원을 방문한 적이 있었다. 이 기록과 사망진단서 등 의무기록을 병원 직원이 5,000회 이상 무단 열람한 사실이 밝혀져 파문을 일으킨 바 있다.[3]

2010년 8월, 패션디자이너 앙드레 김이 사망했는데 그의 사망 원인이 대장암으로 인한 합병증이라는 사실이 가십거리로 외부에 공개된 적도 있었다.[4]

2011년 4월, 병중이었던 노태우 전 대통령의 기관지에서 부러진 바늘 조각이 발견됐다. 처음에는 이것이 불법 한방 시술이라는 것이 쟁점이 됐다. 그러나 노 씨 측에서 시술 여부를 밝히지 않아 사건은 내사 종결 처리됐다. 사건이 문제가 된 것은, X선 영상이 병원 외부로 무단 유출돼 언론에 공개되는 사고가 발생하면서였다. 누군가가 X선 영상을 조회해 외부로 유출했고, 이는 환자 개인정보와 관련한 설왕설래가 나오는 계기가 됐다.[5]

2015년 11월, 박근혜 정부가 쌀 수매가 인상 공약을 내걸었으나 이행하지 않자 노동자 단체에서 대규모 시위를 계획했다. 14일 열린 1차 민중총궐기투쟁대회에 참석한 백남기 씨는 경찰 버스에 접근하다가 경찰의 물대포에 맞아 쓰러졌다. 백 씨는 병원 중환자실로 옮겨져 수술을 받았으나 깨어나지 못했고, 2016년 9월 25일 사망했다. 사망 당시 백 씨의 사망진단서상 사인은 급성 신부전이었으나, 2017년 6월 15일 병원은 사망 종류를 병사에서 외인사로 수정했다.[6]

2017년 감사원은 해당 병원에 2015년 11월부터 2016년까지의 의료 정보 시스템, 의료 영상 저장 전송 시스템 접속 기록을 요구했고, 그 결과 734명이 백 씨의 의무기록을 열람한 것으로 확인됐다. 이 중 161명이 업무와 관련 없이 725차례 무단으로 의무기록을 확인한 것으로 밝혀져 충격을 안겼다. 이 중 18명은 벌금형으로 약식 기소됐고, 135명은 기소유예 처분을 받았다.[7]

2017년 11월 13일, 판문점 공동경비구역 초소에서 조선인민군 병사가 귀순을 시도하다 다른 조선인민군의 총격으로 인해 부상을 입고 병원으로 긴급 후송됐다. 이국종 교수가 응급수술을 맡았고, 몇 차례의 수술 끝에 병사는 살아났다. 2017년 11월 15일, 언론 브리핑 과정에서 이 교수는 해당 병사의 배에서 엄청난 양의 기생충이 나와 치료에 애를 먹었다고 발표했다. 이에 김종대 의원은 페이스북을 통해 이것은 개인정보 유출이며 북한 군인의 사생활을 존중하지 못한 처사라고 비난했다. 하지만 이 논란은 김 의원이 이 교수에게 사과하면서 마무리됐다.[8]

서두에서 살핀 2018년의 사례까지 포함해, 이들 사례를 놓고 생각해보자면 현재 우리는 의료 개인정보 유출 문제를 어떻게 판단하고 어떻게 대처해야 할지 갈팡질팡하고 있는 것으로 보인다. 일단 위 사례 가운데 백 씨의 사례가 확인해주는 것은 환자의 개인정보를 유출하는 게 매우 심각한 문제라는 인식이 의료인 사이에서도 아직 자리 잡지 않았다는 점이다. 이는 중요하게 따져봐야 할 부분인데, 이런 역사적 흐름, 현실의 인식과 달리 공공에서의 많은 논의가(심지어, 의료계에서 이루어지는 것을 포함하여) '환자 개인정보 유출은 오랫동안 의학에서 문제시됐다'라는 점을 당연한 것으로 받아들이고 있기 때문이다. 이 점은 오랜 전통이나 관행을 따르기보다는 최근의 논의를 재확인해 다져나가야 하는 부분이다.

이국종 교수와 남궁인 교수의 사례에서 우리는 어떤 정보가 공개됐을 때 개인정보가 유출된 것이라고 봐야 할지에 관해 이견이 존재함을 볼 수 있다. 북한 병사의 신체 상태는 환자의 개인정보인가? 사망자의 시신에 가해진 외상은 환자의 개인정보인가? 이것은

귀순 병사 사례 논란

귀순 병사의 치료 내용은 개인정보가 아니었는데도 정치적 해프닝이 벌어졌다. 이 사례는 복잡하게 얽힌 문제가 있으므로 몇 가지 정리하고 넘어가자.

먼저, 병사의 수술 등 진료 내용을 공개하는 것은 잘못인가? 이것이 병사의 동의를 받고 이루어진 일은 아닐 것이므로, 공개 결정 과정에서 자율성 침해가 있었다고 지적하는 건 가능하다. 또한 이 사건 이후 이루어진 결정이지만 법원은 시술 사진까지도 진료기록으로 인정한다.[9] 이것이 법원의 새로운 판정이라기보다는 기존의 법적 감정을 반영한 결정이라 보는 것이 타당하므로, 병사의 진료 내용과 사진을 공개한 것 자체는 윤리적·법적 문제가 된다. 엄밀히 말해, 헌법에 적시된 사생활의 비밀 보장 조항을 어긴 것이라고 해석될 수 있다.

하지만 이것이 '의료법을 위반한 개인정보 침해'로 처벌해야 하는 부분은 아닐 수 있는데, 이 교수는 인터뷰에서 수술에 관한 정보 공개는 의료진 보호와 관심 촉구를 위한 것이며, 이것이 국민의 알 권리를 위한 것이라고 밝힌 바 있다.[10] 국가적 지원이 매우 부족한 외상외과 영역의 특성상 의료진 지원이 절실하고 언론을 통한 발표는 이를 얻는 적절한 수단이며 이를 통해 공적 이익(치료받을 권리)이 증진될 수 있음을 주장한 것이다. 또한 병사의 치료 정보를 밝히는 것 자체가 국익에 이득이 되는 상황을 생각할 수 있다. 북한과 대치 상황에 있는 한국의 특수성을 고려할 때 귀순 병사의 열악한 건강 상태를 알리는 것은 대북 관계나 정책에 관한 인식을 바꾸는 정보로 취급할 수 있기 때문이다. 한편 귀순 병사의 '개인정보', 즉 그의 이름이나 얼굴 등 개인을 특정할 수 있는 정보가 밝혀진 것은 아니다.

그렇다면 문제는 사익(사생활 비밀 보호) 대 공익(치료받을 권리, 대북 정책)이 충돌할 때 무엇을 우선할 것이냐가 된다. 이는 윤리적 딜레마 상황이라 할 수 있으며, 개인이 가진 가치나 원칙에 따라 결정은 달리 내릴 수 있다. 우리는 이런 충돌이 발생할 때 상대방을 향한 비난보다는 사회적 합의를 이룰 방법을 찾아야 한다.

당연히 "개인정보다"라고 이야기할 수 없다. 예컨대 개인정보보호법이 규정한 개인정보는 살아 있는 개인에 관한 정보로 성명, 영상 등 개인을 알아볼 수 있는 정보를 말한다. 여기에 따르면, 사망자의 외상에 관한 설명은 개인정보가 아니다. 즉 사망자의 사인死因이나 그 내용을 공개하는 것은 현행법에선 문제가 되지 않는다.

또 생명윤리 및 안전에 관한 법률이 규정한 개인정보는 개인식별정보, 유전정보, 건강에 관한 정보 등을 통칭한 것이며, 여기서 개인식별정보란 연구 대상자, 인체유래물(신체에서 나온 조직, 체액 등), 기증자의 성명이나 주민등록번호 등을 가리킨다. 이런 규정에 따르면 그 정보로 개인을 식별할 수 없다면 그건 개인정보가 아니다. 북한 병사의 경우 이름이 공개되지 않았고 주민등록번호는 애초에 없다. 더군다나 이후 그가 우리나라에서 사회생활을 할 때 이런 내용은 당연히 변경된다. 그렇다면 그의 개인정보가 노출됐다고 말하기 어려운 부분이 있다. 하지만 이 사례에서 개인정보 노출을 문제 삼는 이들이 있다. 우리 사회의 구성원들이 개인정보에 관해 각기 다른 해석을 내놓고 있음을 잘 보여준다 하겠다.

한편 우리 사회에선 개인정보를 공개한 개인이나 단체에 대한 처벌 여부와 수위도 불명확하다. 이는 위 사례들의 공통된 사항으로, 우리 사회가 아직 개인정보에 관한 논의를 구체적으론 해본 적이 없음을 단적으로 보여준다.

개인정보의 범위를 따지는 것, 그 너머로

2020년 전 세계를 강타한 코로나19에 대응하면서 한국 정부는 감염 환자의 이동 동선을 인터넷에 공개하고 이들이 방문한 장소를 실명으로 밝혔다. 이는 2015년 공중보건 위기를 몰고 온 중동호흡기증후군(이하 '메르스')에 대처하면서 감염병예방법을 개정한 데 따른 조치다. 감염병예방법 제34조의2는 감염 환자의 이동 경로, 이동 수단, 진료 의료기관, 접촉자 현황을 공개하도록 규정하였으며, 이는 메르스 사태 초기에 감염 환자의 이동 경로나 진료 의료기관이 철저히 비공개로 돌려지자 시민들의 반발이 컸던 것에 기인한다.

그렇지만 이 정보 공개는 큰 문제를 드러냈다. 당시 공개된 내용으로 충분히 신원 파악이 가능했기 때문이다. 신원이 확인된 감염 환자에겐 낙인과 비난이라는 2차 피해가 발생했다. 방문한 곳이 상업 시설인 경우, 영업을 당분간 중단해야 했고 환자 방문지로 알려지면서 이용자가 줄어드는 피해를 감수해야 했다. 언론과 몇몇 인권 단체를 중심으로 사생활 침해 문제가 제기되자 중앙방역대책본부가 내놓은 코로나19 대응 지침과 질병관리본부가 세운 확진자 정보 등 동선 공개 안내 지침이 개정됐다. 그리하여 현재는 접촉자가 모두 파악된 경우엔 감염 환자가 방문한 곳의 정보가 비공개로 바뀌면서 신원 확인과 영업장 피해 위험은 어느 정도 줄어든 상태다.

그러나 이미 그 전에 피해 사례가 다수 발생했다. 한 확진 환자의 경우 동선 공개로 사생활에 관한 세간의 억측에 시달렸다.[11] 다른 확진 환자는 노래방 도우미가 아니냐는 의혹을 받았는데, 그가 방문한 경로에 노래방이 포함됐다는 이유였다. 지자체장이나 공무원이 확진 환자와 의심자 개인정보를 유출해 논란이 된 사례도 있었다.

우리는 위에서 의료 개인정보 공개가 문제 된 사례를 살펴보고, 의료 개인정보에 관한 구체적 논의가 국내에서 잘 진척되지 않고 있음을 확인했다. 이런 문제가 코로나19 대응에 중요한 부분을 차지하고 있음에도, 기존에 논의가 진행되지 않은 상황이었기에 결국 코로나19 팬데믹 국면에서 여러 사람에게 피해를 가져왔다. 과연 코로나19 감염 환자의 이동 경로는 공개 대상이어야 할까? 이동 경로는 의료 개인정보일까, 아닐까? 이것이 환자에게 피해를 일으킬 가능성이 있는 경우 환자 보호를 위해 공개를 막아야 할까, 아니면 공중보건을 위해 공개해야 할까?

이런 논의의 출발점은 다양하다. 앞서 본 것처럼 개인정보의 범위를 어디까지로 설정하느냐 하는 문제를 살펴볼 수도 있고, 개인정보가 유출된 상황에서 발생한 피해를 논의의 초점에 둘 수도 있다. 우리는 이어지는 절에서 피해를 중심으로 생각해보려 한다. 왜냐면 개인정보의 정의나 범위를 설정함에 있어 '피해'를 빼놓고는 이야기를 전개할 수가 없기 때문이다. 예컨대 내 키와 체중은 엄밀한 의미에서 개인정보지만, 이것이 노출된다고 해서 (최소한 현재는) 피해가 발생하리라 생각지 않기에 우리는 인터넷에 개인의 키나 체중을 입력하는 데 별다른 문제의식을 느끼지 않는다. X선 영상의 경우 그중 일부분만 나오는 사진이라면 개인을 특정하기 어려우므로 개인정보라고 말하기 어렵지만 만일 넓은 영역이 나오는 경우(예컨대 치과 파노라마 사진이나 CT 등)라면 그것으로 개인을 식별할 수 있으므로 개인정보라고 말할 수 있다. 이런 상황에서도 마찬가지로 이 정보가 개인에게 어떤 피해를 줄 수 있는지가 중요하다.

어떤 이는 개인의 정보가 외부에 노출되는 것 자체가 끔찍한 일이라고 생각할 수 있다. 하지만 현대사회를 사는 개인이 자기 정보를 꽁꽁 싸매 숨겨놓기는 불가능하다. 우리는 이제 어딜 가나 신용카드와 스마트폰 사용 기록, CCTV 영상 등 디지털 흔적을 남길 수밖에 없으며 이런 정보들에서 완전히 빠져나오기란 불가능하다.

그렇다면 현실적인 논의의 출발점은 '어떻게 하면 정보 노출을 완전히 막을 수 있을까'가 아니라 '어떤 정보가 노출되었을 때 당사자에게 어떤 피해가 주어지는가'를 살피는 것이다. 이는 보건의료에서도 마찬가지다. 내 키나 몸무게는 노출돼도 큰 피해가 없다(노출되는 게 싫긴 하지만). 하지만 유전정보나 질병 기록의 노출은 취직이나 보험 가입 시 불이익을 받을 수 있다. 감염병 기록은 한 사람을 낙인찍히게 할 수 있다. 우리가 개인정보 문제를 논의할 때 주목해야 하는 부분은 바로 이런 실질적 '피해들'이다.

위에서 살펴본 것처럼, 의료 개인정보 유출로 인해 논란이 된 사례들 중에는 명백히 개인정보 유출이라 판단할 만한 것도 있지만, 문제가 되는 의료 개인정보의 범위가 어디까지인지 명확히 선을 그리기 어려운 경우도 없지 않았다. 더구나 이런 정보를 사익을 위해 유출하거나 훔치는 경우가 아니라 타인의 안전을 위해 공개할 필요가 있는 경우라면 조금 더 사려 깊게 상황을 따져봐야 한다. 그래서 다음 절에서는 사익과 공익, 개인의 위해와 집단의 위해 사이에서 어떻게 균형을 잡으면 좋을지를 생각해보려 한다. 결국 개인정보의 문제는 '어디에 선을 그을 것인가' 하는 문제로 귀결될 수밖에 없다.

개인과 집단의 이익이 충돌할 때

전 세계 각국이 어떤 가치를 견지하는지를 1981년부터 주기적으로 조사해온 연구인 '세계 가치 조사World Value Survey'에 따르면 우리나라는 유교 문화권에 속하며 전통적 가치보다는 세속적·합리적 가치를, 자기표현보다는 집단의 생존을 중시한다.[12] 집단 생존 우선, 이를 심리학에선 집단주의적 관점이라 부른다. 집단주의적 관점이란 '개인'보다는 '집단'의 이익을 우선하면서 집단에 부과된 의무를 따르는 행동 양식으로 정의된다.

예컨대 이번 코로나19 팬데믹 상황에서 시민들은 마스크 착용을 당연시하며 공적 기관의 방역 활동에 자발적으로 협조했다. 이것을 집단의 압력에 끌려간 수동성으로 해석할 수도 있으나 개인이 능동적으로 집단의 이익을 우선 생각하는 행동을 선택했다고 볼 수도 있다. 집단을 보호함으로써 개인의 삶 또한 지켜내고자 한 것이다. 한국 현대사는 이 행동 양식이 어떤 성취를 가져올 수 있으며 또 어떤 그늘을 드리울 수 있는가를 이미 잘 보여줬다. 전 세계에서 유례를 찾아보기 어려운 이른바 '한강의 기적' 뒤엔 배에서 내리지 "말라"라는 '지시'에 꼼짝도 하지 않고 그대로 남아 꽃 같은 목숨을 빼앗긴 세월호 학생들이 있지 않은가.

이런 문화적 특성이 작용하다 보니, 우리는 개인의 이익과 사회의 이익을 구분하는 것을 어색하게 느낀다. 박원순 전 서울시장이 사망한 뒤 생전에 그를 고발한 피해자를 두고 벌어진 정쟁이 이런 점을 잘 보여준다. 피해자를 향한 보호와 지원이 당연한 상황인데도 불구하고, 많은 사람이 도리어 피해자를 향해 돌을 던졌다. 이는 박 전 시장이 그간 우리 사회에 미친 긍정적 영향력이 크기에 한 개인이 입은 피해는 그보다 뒷전이라는 생각의 표출이 아닌가 싶다. 만약 우리 사회가 서구처럼 좀 더 철저히 개인화된 사회였다면 어땠을까. 그런 반응이 오히려 몹시 이상한 일이었을 것이다. 거기선 개인의 피해가 훨씬 중요하게 다뤄졌을 테니 말이다.

이런 이야길 꺼내는 건 어떤 사회가 옳고 어떤 사회가 그른지 따져보려 함이 아니다. 바로 이런 고유함 덕분에 지금껏 우리는 성공적으로 코로나19 상황에 대처해왔다. 하지만 나는 이 지점에서 문제를 좀 더 정교하게 성찰해볼 필요를 느낀다. 개인에게 주어지는 피해로 인해 집단에 큰 이익이 주어질 때 이를 정량적으로 비교한 뒤 그중 좀 더 큰 쪽의 이익을 선택하는 게 맞는 것인가? 이 문제를 보다 깊이 사유해보기 위해 소설 한 편을 소개한다. 어슐러 르 귄Ursula K. Le Guin의 단편 〈오멜라스를 떠나는 사람들〉이다.

모두의 이익을 위해 버려진 누군가: 〈오멜라스를 떠나는 사람들〉

르 귄의 소설집 《바람의 열두 방향》에 실린 이 단편은 1974년 휴고상 초단편 부문에서 최우수상을 받은 작품이다.[13]

바닷가에 면한 도시 오멜라스는 눈부시게 아름다운 곳이며, 거주자들은 즐겁고 행복하다. 왕도 노예제도 주식시장도 비밀경찰도 없지만 오멜라스에 사는 사람들은 행복하며, 이는 기적과 같은 일임을 작가도 독자도 모두 알고 있다. 그런데 모두가 기쁨을 누리는 오멜라스의 어느 건물 지하실에는 열 살 남짓의 아이 하나가 살고 있다. 아이는 지적장애(선천적인지, 나쁜 환경으로 인해 나중에 생긴 것인지 알 수 없다)가 있으며 제대로 양육받지 못해 깡마른 끔찍한 모습이다. 사람들은 가끔 음식을 채워주러 올 뿐 아이의 고통엔 관심을 두지 않는다. 아이는 외친다. "잘할게요! 절 내보내주세요. 잘할게요!" 하지만 사람들은 아이를 외면한다. 그는 계속 거기에 머물러야 하며, 그 아이의 삶은 고통스럽다.

오멜라스에 사는 사람이라면 누구나 아이의 존재를 안다. 그런데도 아이를 그대로 두도록 용인하는 것은 도시의 아름다움과 행복, 풍성함과 기쁨이 그 아이의 고통에 달려 있기 때문이다. 오멜라스의 아이들은 이 열 살 아이의 고통에 관해 학습하고, 심지어 구경

하러 가기도 하지만 아무것도 해줄 수 없다. 이 열 살 아이가 풀려나면 오멜라스 사람들이 누리고 있던 모든 즐거움은 사라질 것이기 때문이다. 그리하여 슬픔과 분노를 견딜 수 없던 어떤 이들은 오멜라스를 조용히 떠난다. 영원히.

이 작품은 흔히 공리주의의 딜레마를 공격하는 이야기로 해석되곤 한다.[14] 앞서 살핀 것처럼 공리주의란 '최대 다수의 최대 행복'이라는 표어로 요약되곤 하는 가치 기준 또는 관점을 의미한다. 공리주의는 많은 사람에게 더 큰 쾌락이나 기쁨을 가져오는 행위를 선하다고 말한다. 이를테면 사과를 먹는 일보다 사과를 심는 일이 더 선하다고 말할 수 있는데, 당장 사과를 먹으면 한 사람만 기쁘지만 사과를 심어서 과실을 맺으면 수십 명이 나눠 먹을 수 있기 때문이다.

문제는 어떤 일이 누군가에겐 행복을, 누군가에겐 위해를 끼치는 경우다. 자동차는 현대 문명의 상징 중 하나라 할 정도로 우리의 일상에 들어와 있으며 그것 없는 생활을 이젠 상상하기조차 어렵다. 하지만 자동차는 현대인의 사망 사고의 주된 원인이기도 하다. 환경적 부분을 고려해야겠으나 일단 제쳐둔다고 할 때, 자전거는 훨씬 느리지만 자전거 사고론 여간해선 사망하는 일이 없다. 그렇다면 자동차를 타는 것과 자전거를 타는 것 중 어느 것이 선한가? 공리주의는 자동차를 타는 것이 선하다고 답할 텐데 그것이 가져오는 사회경제적 이득이 사망 사고의 위해를 상회하며 그 합이 자전거가 가져오는 사회경제적 이득을 훨씬 넘어서기 때문이다. 하지만 누군가는 자동차가 일으키는 사망 사고를 문제 삼을 수 있다. 그럼에도 아마 많은 사람은 사고를 최소화할 수 있다면 자동차를 타는 것은 괜찮다고, 사고가 어느 수준 이상으로 발생하지 않으면 된다고 말할 것이다. 오멜라스의 이야기도 그런 식으로 해석되곤 한다. 어린아이 한 명을 희생해 사회 전체가 이득을 누린다면 그 희생을 감수해도 되는 것 아니냐는 것이다.

그러나 정책적 논의는 항상 두 가지 이상의 경제 체계 또는 정책을 비교한다는 점을 기억할 필요가 있다. 어떤 제도가 다른 제도보다 전체 생산물이 더 많으면 공리주의는 생산물이 더 많은 쪽을 선택하며, 이때 내부 집단의 이득 분포는 후순위로 밀린다(공리주의는 최대 다수와 최대 행복 모두를 추구하지만, 현실에선 최대 행복을 앞에 놓고 그다음에야 최대 다수를 살피곤 하기 때문에 이런 일이 발생하는 것이다).

예컨대 10명으로 구성된 두 사회가 있다고 해보자. 이 중 A 사회에선 7명이 100을, 3명이 5를 벌고 B 사회에선 5명이 60을, 4명이 30을 번다면 A 사회의 생산 총량은 715, B 사회의 생산 총량은 420이 되며, 이때 공리주의는 A 사회의 체계가 좋다고 말한다. 이 논리를 극단적으로 밀어붙인 것을 오멜라스의 세계라고 말할 수야 있겠지만, 다른 비교 대상이 없는 한 공리주의 또한 오멜라스를 결코 '선한 곳'이라고는 말하지 않을 것이다.

'오멜라스'의 세계는 옳은가

〈오멜라스를 떠나는 사람들〉을 통해 우리는 사회의 이득과 개인의 이득 중 어느 것을 우선해야 하는가에 대해 다시 질문해볼 수 있다. 오멜라스 사회 전체의 이익과 한 어린아이의 불행 중 어느 것이 우선되는가? 그 무엇을 얻더라도 개인의 불행에 눈감을 수 없는 이는 개인에 더 큰 가치를 부여하는 것이며 사회 전체의 이익이 중요하다고 생각하는 이는 사회에 더 큰 가치를 부여하는 것이다.

또 사회를 개인의 집합이라고 할 때, 사회를 거대한 개인이라고 생각하는 사람이 있을 수 있는 반면 아무리 사회라 해도 그건 그저 개인들이 단순히 연결되어 있을 뿐인 어떤 것이라고 생각하는 사람도 있을 수 있다. 전자는 공리주의적 관점일 테고, 후자는 비공리주의적 관점(또는 칸트적 의무론이나 권리 기반 윤리)이라 하겠다. 어느 쪽으로 생각할 것이냐는 결국 개인의 성향에 따른 선택으로 볼 수밖에 없다(즉 이것은 논리적 설득으로 해결할 수 있는 문제가 아니다). 하지만 개인과 사회가 충돌하는 상황에선 개인이든 사회든 어느 한쪽에 우선권을 부여하지 않을 수 없다.

그런 점에서 '오멜라스의 세계'는 공리주의적 이상향이 아닌, 그저 사회를 우선하는 이들이 자신들을 위해 만들어낸 천국이라고 불러야 할 것 같다. 그리고 사회문화적으로 볼 때 우리의 집단주의적 경향은 이런 사회를 더 좋은 것이라고 여기는 경향이 있다(지금 우리가 겪는 여러 문제, 예컨대 현장 노동자의 계속된 사망이나 2021년 이슈화된 아동 학대 및 사망 사건, 더 넓게는 코로나19 팬데믹 대처에서 사회 안전을 위해 개인의 권리를 경시한 사례 등은 집단의 이익을 우선하는 우리의 경향성에서 나온 결과물이라 할 만하다).

정리해보자. 지금까지 나는 흔히 오멜라스 이야기를 공리주의 비판(희생양 반론으로 부르기도 한다)으로 읽는 것과 달리 사회 해석에 대한 관점으로 다시 살펴봤다. 사회를 개인의 유기적 결합이라고 여기는 세상에서, 개인의 권리는 어떤 것으로 받아들여져야 하는가. 무엇보다, 개인이 피해를 보는 경우, 특히 심대한 피해를 보는 경우에는 어떻게 해야 하는가.

사실 사회의 이익을 위해 개인이 피해를 본다면 대개는 국가가 나서서 그 피해를 보상하는 방식으로 해결책을 찾게 된다. 예컨대 발전 도상의 국가가 빠른 성장을 위해 특정 기업에 특혜를 주면서 다른 기업이나 개인에게 피해를 준 경우 국가는 성장 이후 타 기업과 개인에게 보상이 될 만한 정책을 편다(이를 성장기의 집중 이후 분배 정책이라 부를 수 있겠다).

그런데 개인정보 노출로 인해 피해를 입었을 때도 이런 보상이 가능할까? 정보는 한번 노출되면 그 가치가 급격히 감소하는 재화다. 가치가 떨어진 정보에 다시 가치를 부여할 방법은 없다. 더군다나 이미 노출된 정보는 개인에게 재산상의 피해만 끼치는 것이 아니다. 구체적으로 어떤 피해를 입힐 수 있는지 따져보기 위해 비동의 영상 성폭력non-consensual image-based sexual abuse[15] 문제와 범죄자 검거용 유전정보 데이터베이스에 관해 이야기해보자.

비동의 영상 성폭력이란 당사자의 동의 없이 성적 이미지나 비디오를 제삼자와 공유하는 것을 말한다. 원래 헤어진 전 애인이나 배우자를 찍어 인터넷에 올리는 것을 가리켰는데, 점차 그 의미가 확장되어 알지 못하는 사람이 버려진 컴퓨터나 스마트폰에 저장되어 있던 영상 등을 복구하여 올리는 것까지 포함한다. 특히 영상의 내용이 개인의 성적 비밀을 담고 있고 이것이 대상자의 의사에 반하므로 이를 명확히 성폭력으로 인식할 필요가 있다.

얼굴 등 개인을 특정할 수 있는 내용과 함께 사회적으로 내보이지 않는 신체의 내밀한 부분이 노출되는 것이므로, 비동의 영상 성폭력은 개인정보 노출의 한 형태라고 볼 수 있다. 그러나 이것은 단순히 신체 부위 노출 이상의 의미를 갖는다. 다른 사람은 상상할 수 없을 정도의 사회적·정신적 피해를 당하는 것이다. 피해자임에도 비동의 영상 성폭력의 대상이 된 이는 손가락질을 받는다. 게다가 성적인 문제에서 다소 보수적인 한국 사회가 피해자에게 성적 방종의 혐의까지 뒤집어 씌우는 탓에 이들이 겪는 고통은 그 누구도 감히 짐작하기 어렵다.

과연 이들 피해자에게 사회는 어떤 해결책을 제시할 수 있는가. 우선 그 유포자를 처벌할 수 있을 것이다. 실제로 문재인 정부는 동의 없이 정보통신망에 신체 촬영 영상을 유포한 자에게 벌금형 없

- 복수를 위해 이전에 촬영한 영상을 공개한다는 의미로 '리벤지 포르노(revenge porn)'라는 표현을 한동안 사용해왔으나, 이 또한 성폭력의 한 형태일 뿐 복수도, 포르노그래피도 아니라는 지적이 타당하므로 여기선 다소 생소할 수 있는 표현인 비동의 영상 성폭력을 사용한다. 촬영 대상자의 동의 없이 영상을 공개해 성폭력과 동일한 결과를 얻는다는 의미다.

이 7년 이하 징역형으로만 처벌하도록 했다.[16] 하지만 처벌 수위가 높아졌다고 해서 노출된 영상으로 인한 피해를 보상받을 수 있는 것은 아니다. 피해자의 사회적 평판은 이미 망가져 복구가 쉽지 않고, 정신적 피해 또한 오랜 치료 과정이 수반돼야 하는 경우가 많다.

신체 및 건강에 관련된 다른 개인정보도 비슷하다. 예컨대 '아우팅outing'이라 칭하는 성소수자의 성적 지향 공개, 정신질환 병력 노출 등도 비동의 영상 성폭력과 비슷하게 사회적·정신적 피해를 발생시킨다. 에이즈와 같은 특정 감염병의 감염 사실도 마찬가지다. 이런 정보가 노출되면 개인은 직장을 잃거나 사회적 관계 단절, 심한 정신적 피해 등을 겪을 수 있다. 따라서 이런 개인정보는 노출이 되지 않도록 미연에 방지할 방안을 제도적으로 마련해둘 필요가 있다.

한편 꼭 사회적·정신적 피해를 주지 않더라도 개인정보 구축 자체가 문제를 일으키는 경우도 생각해볼 수 있다. 중국 정부는 범죄 해결을 위해 7,000만 명에 달하는 남성의 유전정보를 수집해 데이터베이스화하고 있다.[17] 범죄 현장에서 DNA를 확보해 범죄자를 추적하는 것이 중요해지자 중국 정부가 중국 남성의 10%에 해당하는 국민들의 유전정보를 확보해 저장해놓고 이를 범죄자 확인에 사용하고자 하는 것이다. 이 정도 규모라면 확보한 DNA로 중국 남성 전체와의 유전적 관련성을 확인할 수 있다고 한다. 다시 말해, 7,000만 명의 유전정보를 가지고 있다면 범죄 현장에서 확보한 유전자가 누구의 것인지 최소한 그 가족이나 친척 정도는 확인할 수 있다는 것이다.

범죄자만 특정한다면 그나마 문제가 적을지도 모른다.(이 역시 문제의 소지가 매우 크지만, 사회 안전을 다른 모든 것에 우선하는 경우엔 생각이 다를 수도 있으니 일단 추가 논의는 보류하자.) 하지만 앞서 언급한 것처럼 범죄 현장에서 내 친척의 유전자가 검출된 경우를 생각해보자. 나는 어떤 범죄도 저지르지 않았다. 그런데도 나는 범죄 용의자로서 수사선상에 올라야 할 테니 내 생활은 아마 엉망이 될 것이다. 평소 친하게 지낸 친척이라면 '그래도 가족이니까' 하는 마음으로 이해할지도 모르겠다. 하지만 그동안 왕래도 없었고, 심지어 친척인지도 몰랐던 사람이라면 어떨까. 애먼 일에 연루돼 나의 사회적 평판이 손상을 입고 사생활마저 침해받는 상황으로 인해 꽤 큰 고통을 받게 될 것이다. 어쩌면 사실과 달리 누군가가 나를 사건의 범인이라면서 인터넷에서 지목하는 바람에 악성 댓글에 시달릴지도 모른다. 나는 아무런 일도 하지 않았다. 단지 내 유전자가 범인의 유전자와 연관성을 갖고 있는 것으로 알려졌을 뿐이다.

이렇듯 구체적으로 개인에게 주어지는 피해는 명확하지만 이미 발생한 피해를 다루는 방법은 모호하다는 것이 현실적인 문제다. 친척이 끔찍한 범죄를 저지른 자로 특정됐으며, 나도 조사받았다. 이 사실이 인터넷에 잘못 전해지면서 악성 댓글에 시달린 나는 크나큰 정신적 피해를 당했다. 국가는 범죄 차단을 위한 노력이라고 말한다. 악성 댓글을 단 자들은 잘못된 정보에 놀아났을 뿐 악의를 가진 것은 아니었을 가능성이 크다. 자, 내가 입은 피해를 누가 어떻게 보상할 것인가?

우리는 단지 다음 두 가지 사실만을 확인할 수 있다. 첫째, 개인정보가 주변에 노출될 경우에 보상 방법은 모호하다. 하락한 사회적 평판이 과연 무엇으로 보상되겠는가. 둘째, 개인정보 노출의 보상 주체가 모호하다. 잘못한 사람을 특정할 수 없거나 딱히 잘못한 사람이 없는 것이다.

그래서 일부 학자들은 개인정보를 재화로 다뤄야 한다는 주장을 편다. 개인정보를 돈으로 사고파는 대상으로 삼자는 것이다. 이렇게 하면, 위에서 살핀 문제는 쉽게 해결될 것이라고 그들은 주장한다. 개인정보의 가치 설정을 통해 개인정보가 노출됐을 경우 보상의 기준을 마련할 수 있으며, 여기에 맞춰 처벌 또한 가능하게 되는 것이다. 또한 누가 보상을 해줘야 하는가 하는 문제도 비교적 명확한 답을 얻게 되는데, 중국 유전자 데이터베이스를 예로 들자면 데이터베이스를 구축할 때 미리 비용을 지불해 이후 노출과 관련된 문제가 생기더라도 이미 정보 사용에 합의가 이루어졌다고 주장할 수 있게 되는 것이다.

하지만 보상과 회복은 다른 문제임을 고려해야 한다. 사회적 평판이 하락했을 경우 이를테면 금전적 보상을 받는다 하더라도 사회적 평판이 복구되진 않는다. 현대 자본주의 사회에서 피해 보상을 금전으로 대체하는 것은 당연한 접근 방법일지도 모른다. 그러나 그것은 애초에 문제 해결을 위한 방법이 아닌 데다가 개인의 회복을 위한 사회의 노력을 포기하는 접근법이기도 하다. 거꾸로, 이런 문제가 발생할 수 있음을 일단 인정하고 문제가 된 경우에는 개인정보가 노출된 피해자의 인격적·사회적 지위를 회복시키고 지지할 방법을 고민하는 것이 옳지 않을까.

개인정보를 사고판다는 생각

오랫동안 법은 개인이 독점하는 정보를 타인에게 공개하더라도 그 가치를 유지할 수 있도록 지식재산권을 인정해왔다. 물론 이것은 지금까지 우리가 살핀 개인정보와는 다른 개념으로, 개인이 지닌 지식이나 기술 등을 가리킨다. 개인정보를 사고판다는 생각은 바로 그런 방식으로 개인정보에도 지식재산권을 인정하자는 의미로 볼 수 있다.

재화 가치가 있는 개인정보의 예로서 '특이한 유전자'를 이야기해보자. 가령 어떤 환자가 특정 질환에 저항성을 갖는 유전자를 지니고 있다. 많은 사람이 이미 가지고 있어 실례가 되긴 어렵겠지만, 최근 화제가 되었던 CCR5-Δ32를 살펴볼 수 있겠다. CCR5는 백혈구 표면에 있는 단백질을 가리키는 기호다. 세포는 세포막과 내부 물질로 구성되어 있는데, 세포막에 CCR5와 같은 단백질이 끼워져 있어 세포 바깥과 안을 연결하며 특정한 물질을 받아들이거나 내보내는 역할을 한다. 그중 CCR5는 세포에 신호를 전달하는 분자를 받아들일 수 있게 해준다.

에이즈, 즉 후천성 면역 결핍증은 우리 몸을 지키는 면역 세포가 급격히 줄어들어 다른 세균의 공격에 매우 취약해지는 질환이다. 이런 증상을 일으키는 것이 HIV, 사람면역결핍바이러스다. HIV는 면역 세포 안으로 침투해 그 안에서 증식하고 면역 세포를 파괴하면서 밖으로 나와 다른 면역 세포를 또 감염시킨다. 이 과정에서 면역 세포 안으로 들어가는 통로로 HIV가 활용하는 것이 CCR5 단백질이다.

CCR5-Δ32 유전자를 가지고 있는 사람은 다른 사람들과 CCR5 단백질의 형태가 조금 다르다. 바이러스는 어떤 면에선 무척 단순해 CCR5 단백질의 형태가 조금만 달라지면 이를 CCR5 단백질이라고 인식하지 못한다. 즉 CCR5-Δ32 유전자를 가지고 있는 사람은 HIV의 공격을 받지 않으며, 따라서 에이즈에 걸리지 않는다.

현재 CCR5-Δ32 유전자가 어떻게 짜여 있는지는 다 공개돼 있다. 즉, 유전자의 순서가 이미 밝혀져 있다. 하지만 이 유전자를 아무도 몰랐던 상황이라고 가정해보자. 이때, 어떤 사람이 우연히 발견했다면 어떨까. 이 경우, CCR5-Δ32 유전자가 들어 있는 자신의 세포를 판매하는 것도 가능하지 않을까? 에이즈라는, 아직 완치 불가능한 질병의 해결책을 여기서 찾아낼 수도 있으니 말이다. 바이러스 연구자나 유전자조작 연구자에게 팔면 좋은 값을 받을 수 있을지도 모른다.

가상의 사례이지만, 바로 이런 식으로 접근함으로써 개인정보 보호가 가능해질 수도 있다는 주장이다. 저작권 침해와 마찬가지

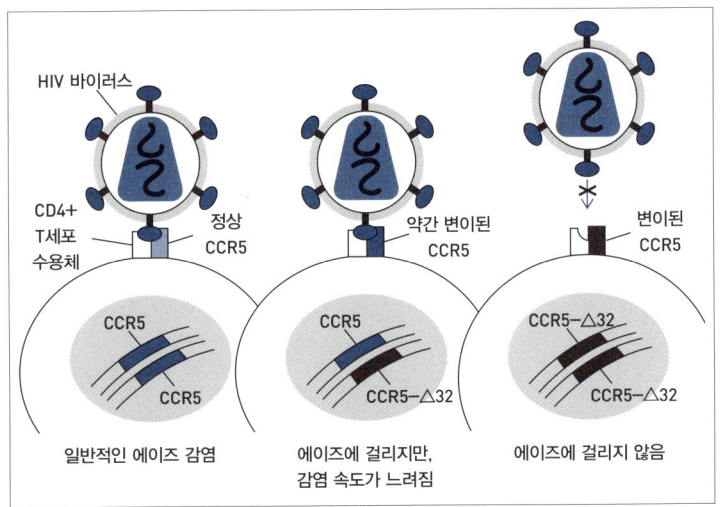

CCR5-△32 변이 유전자가 HIV에 저항을 나타내는 방식

CCR5를 입구로 삼는 HIV는 CCR5에 변이가 있는 경우 T세포 안으로 들어가지 못한다.

로 구입하지 않은 개인정보를 무단으로 활용해 개인정보 권리를 침해한 경우에는 범죄로 처벌하는 방식이다. 그런데 과연 개인정보 침해 문제가 이런 방식으로 해결이 될까?

개인정보, 특히 건강 개인정보는 많은 경우 개인이 생산하지 않는다. 의료인 겸 데이터사이언티스트라면야 자신의 신체에서 정보를 추출해 기록하고 보관할 수도 있겠다. 하지만 일반인은 자신의 개인정보가 재화로서 가치가 있는지 여부를 알기 어렵다. 이때의 개인정보는 젊은 시절 등록해놓은 어머니의 낡은 특허 같은 것이라서 그것이 현재 유용한지 아닌지 본인은 알 수가 없다. 그 가치를 발견하게 되는 것은 병원에 갔을 때, 의료인의 확인에 의해서다. 의료인의 확인을 거쳐야 하며 의무기록에 환자 관련 정보가 등록되는 상황에서도 과연 개인정보 독점이 가능할까? 이를 해결하기 위한 절차적 논의를 덧붙일 순 있겠으나 현재로는 난점이 많다.

결국 중요한 것은 개인정보를 어디까지 보호해야 하느냐다. 개인정보를 온전히 보호하는 방법, 즉 개인정보 공개를 완전히 차단하는 방법을 선택할 수도 있지만, 이러면 최근의 의학적 혁신에서 중요한 위치를 점하고 있는 데이터를 활용할 방법이 원천적으로 차단된다. 완전히 개방하는 방법을 선택할 수도 있지만, 이러면 개인은 정보 노출로 인한 피해에서 보호받을 길이 전혀 없다. 여기에서 개인과 사회의 이익과 피해를 어떻게 조율할지, 보호와 활용을 어떻게 조화시킬지 하는 문제가 제기된다. 〈오멜라스를 떠나는 사람들〉을 통해 생각해본 것처럼, 이것은 그냥 피해를 감수하라고 종용하는 데서 끝나지 않는다. 피해를 보는 사람에게 어떻게 타인이나 사회를 위해 피해를 받아들이라고 요청할 것인가? 그 선은 어디까지인가? 이 문제를 좀 더 파고들어보자.

사회가 개인에게
어떤 것을 요구하는 방식

개인주의를 주축으로 하는 사회라면 개인에게 어떤 것을 요구할 수 없다. 개인 또한 다른 개인, 즉 타인에게 간섭할 수 없다. 타인에 대한 간섭이 가능한 유일한 경우로는 존 스튜어트 밀이 말한 가해 원칙harm principle에 근거할 때다. 타인에게 위해를 끼칠 때에만 개인의 자유는 제한될 수 있다는 것이다.

그런데 잘 살펴보면 이 주장은 행위 주체로서 '개인'만을 인정할 뿐 '사회'는 논의 대상에서 배제한다. 위해의 원칙을 강제하기 위한 집단으로서만 국가는 존재 의의를 갖는 셈이다. 이런 생각은 이후 로버트 노직Robert Nozick이 전개한 최소주의적 국가 이론, 즉 국가는 폭력으로부터 시민을 보호하고 계약을 이행하는 일만 담당해야 한다는 주장으로 이어진다.

하지만 분명 사회 전체의 이익을 추구해야 하는 경우가 있으며, 그것이 개인 각자의 이익으로 이어지는 경우도 다수 확인할 수 있다. 보건의료에서도 여러 예시를 찾아볼 수 있으나, 당장 피부로 와 닿는 예시는 코로나19 사태로 유럽 일부 국가와 미국이 발령했던 봉쇄 정책lockdown과 우리의 사회적 거리두기 지침에 따른 집합금지 명령일 것이다. 물론 이를 가해 원칙에 기초해 설명하는 것도 가능하다. 개인이 코로나19를 전파하는 것은 타인에게 위해를 끼친다. 코로나19 전파는 개인 간 물리적 거리가 2m 이하일 때 발생하므로 개인 간 접근을 차단하는 것은 타인의 위해를 막기 위한 수단이다. 하지만 이것으로 개인을 집에만 머무르게 하는 명령인 외출 제한이나 상점 영업 중단을 설명하긴 어렵다. 물리적 거리만 유지하면 될 일인데 아예 나가지 못하게 하는 것이며, 그렇다면 이것은 과도한 제한이 될 테니 말이다.

결국 봉쇄나 집합금지 명령의 근거는 '사회적 이익'에 있다. 단기간의 외출 제한과 영업 중단으로 감염병 확산을 선제적으로 막아 감염병이 사회 전체에 미치는 영향을 최소화하려는 의도다. 이것이 물론 코로나19 전파를 감소시킨다는 보건학적 근거로 지지되긴 하나[18] 개인의 자유를 상당히 제한하는 규범적 성격을 지니는 것이기에 그에 상응하는 윤리적 근거를 필요로 한다.

이런 제한은 개인에게 이익이 되는 방향을 사회가 결정하는 전체주의적 또는 가부장주의적 접근에선 당연한 것으로 여겨질 수 있다. 하지만 전체주의 사회가 아닌 곳에서 이런 접근을 윤리적으로 정당화할 수 있을까? WHO 사무총장 테워드로스 거브러여수스Tedros Ghebreyesus는 "'공동의 적'과 싸우기 위하여 함께 해야 한다"라고 말했다.[19] 프랑스 대통령 에마뉘엘 마크롱Emmanuel Macron은 기자회견에서 다음과 같이 말한 바 있다. "우리는 '보이지 않는 적'과 전쟁 중이다. 우리는 유례 없는 방법을 사용하고 있지만, 상황이 이를 요청하고 있다."[20] 바이러스 앞에서 우리 모두가 함께 전쟁을 벌이는 상황이라면 개인에게 어느 정도의 제한을 요청하는 것은 가능하다. 더 나아가서 이것은 함께하는 타인을 향한 책임에서 나온다.*

우리가 상대방의 생명까지 책임질 수는 없으나 시민으로서 같은 공동체에서 생활하는 타인에게 책임이 있다는 생각, 이를 타인과의 관계 속에서 생활하는 개인이 지는 의무라고 본다면, 그 의무의 출처는 어디인가. 상호성이라는 측면에서 한번 살펴보자.

상호성과 장기 기증 정책

상호성이란 친절에 친절로 보답하려는 인간 본연의 태도를 말한다. 이것이 사회적 관계의 성립 및 교환의 기초라는 생각은 상호성

• 바이러스와 전쟁 중인 것이 아니라도 이런 정당화가 가능할까? 이는 사안에 따라 다를 것이므로, "개인에게 어느 정도 제한을 가하는 것은 일반적으로 가능하다"라는 주장은 성립하지 않는다. 마찬가지로, 함께하는 타인을 향한 책임이 '언제나' 주어지는 것이라고 보기도 어렵다. 그런 주장은 과잉의 의무를 개인에게 요구하게 된다. 후술하겠지만, 여기선 특수한 상황 또는 사안에 있어 개인에게 책임이 부과될 수 있고 그 정도는 상황의 경중에 따라 다르다는 것만 짚어둔다.

을 규범의 지위로 확립했다. 사회학자 앨빈 굴드너Alvin Gouldner는 규범으로서 상호성을 "나에게 이득을 준 자에게 이득을 돌려주어야 하고 해를 끼치면 안 된다"라는 규칙으로 정의했다.[21] 이것이 보편적 도덕 체계에 녹아들어 있다는 것이 굴드너의 생각이었고, 비록 절대 법칙은 아니라 해도 가능한 한 지켜달라고 요구할 수 있다고 봤다.

여러 나라는 운전면허증에 기증 희망 의사표시 제도를 시행하고 있으며, 우리나라도 2007년 9월부터 장기 등 이식에 관한 법률 제6조에 의거해 해당 표시를 하는 제도를 시행 중이다. 현재 장기이식을 기다리는 환자 수에 비해 장기이식자가 턱없이 부족한 상황에서 이 제도의 시행은 생명을 살릴 수 있는 귀중한 시도다. 오랫동안 병을 앓다가 사망한 환자의 경우와 달리 교통사고로 사망한 환자는 외상을 입은 부위 말고는 상태가 안정적일 때가 많아 장기 기증에 유리하고, 장기이식과 관련한 의사결정은 정서적 이유로 사후 가족이 내리기가 어려우므로 본인이 생전에 미리 해두는 것이 좋다. 운전자가 장기이식 의사를 미리 밝힌다면 장기이식 활성화를 가져올 수 있을 것이다.

그렇다고 해서 과연 운전자에게 장기이식 희망을 반드시 밝히라고 요구할 수 있을까? 장기이식 희망을 강제한 국가는 없으나 이를 다른 방식으로 제도화한 국가는 있다. 호주는 장기 기증 희망 옵트아웃opt-out 방식을 택했다. 쉽게 말해 개인은 기본적으로 장기 기증 희망자로 간주된다. 하지만 무조건 따라야 하는 것은 아니고 거부 또는 탈퇴 의사를 밝힐 수 있다. 이때 의도적으로 장기 기증 거부 의사를 밝히는 사람은 생각보다 많지 않아, 호주는 장기 기증 희망자가 90%에 달한다. 자발적 참여를 유도하는 한편 시민 캠페인을 벌인 지 오래인 미국의 경우 장기 기증 희망자 비율이 15% 정도에 그치는 것과 비교하면 놀라운 수치다. 이렇게까지 차이가 날 수 있나 싶지만, 최근 발전하고 있는 행동경제학에 따르면 옵트아웃 방식은 개인의 선택권을 침해하지 않으면서도 원래의 선택지를 바꾸지 않으려는 인간의 심리를 활용해 결과적으론 다수의 참여를 끌어내는 유용한 방법이다.[22]

바로 이런 제도를 제시하고 선택하는 데 근거가 되는 것이 상호성이다. 사회에 참여한 각자는 장기이식을 희망함으로써 자신이 이득을 얻을 가능성을 높인다. 모두가 장기 기증 희망을 하는 사회에서 개인은 누구나 유사시에 장기 기증을 받을 수 있게 된다. 이득을 얻는 개인은 자신 또한 이득을 주어야 한다. 장기 기증 희망을 밝힘으로써 그렇게 할 수 있다. 또는 장기 기증 거부 의사를 밝히지 않음으로써 그렇게 할 수 있다.

옵트아웃 정책을 모든 국가가 시행하는 것은 아니지만 많은 국가가 도입하는 추세다. 아르헨티나, 칠레, 컬럼비아, 캐나다의 노바스코샤주, 스페인, 오스트리아, 벨기에 등지에서 시행 중이며, 영국은 2020년부터 이 정책을 도입했다. 앞서도 언급했지만 이런 정책은 과학적 효과만 가지고 도입할 순 없으며 전체주의와 상호성이라는 측면을 살핀 뒤 결정해야 한다.

전체주의에선 사회 또는 정부가 사회와 개인에게 이득이 되는 방향을 결정하며, 이것이 당장에는 개인에게 불편함을 가져온다 해도 결국엔 이득이 된다고 상정한다. 비유하자면 선한 아버지의 뜻을 따라야 하는 자녀들이랄까. 당장은 아버지의 뜻을 이해할 수 없을지라도 이 선택이 가족과 나를 위한 것이라고 믿는 식이다. 이런 사회라면 옵트아웃은 물론이고 강제 장기 기증 제도까지 채택할 수 있겠지만, 현재 그런 형태의 전체주의를 유지하는 국가는 거의 없다고 말할 수 있다.

상호성은 여러 이유로 참여를 꺼리지만 다수가 참여하기만 한다면 많은 사람에게 이득이 돌아가는 정책을 제시하고 선택하는 데 중요한 근거가 된다. 감염병 확산 상황에서 사회적 거리두기와 봉쇄 또한 상호성에 근거해 요청할 수 있는 것이다. 당장은 개인이 사회경제적 피해를 볼 수 있지만, 사회적 거리두기를 행함으로써 모두의 감염 가능성을 낮추고 이것이 다시 나의 감염 확률을 낮추는 확실한 방법이 된다고 믿기 때문이다.

'상호성' 규범에 기초한 제도적 강제는 가능한가

상호성 규범을 통해 개인에게 사회제도를 강제할 수도 있을까? 굴드너의 정의에 따르면 상호성이 규범이 된 사회에서 개인은 자신에게 이득을 주는 자를 도와야 한다. 이런 관점에서 개인정보 문제를 좀 더 생각해보자.

의료 기술의 발달로 개인정보 활용은 어느 정도 요청될 수밖에 없다. 최근 주목을 받고 있는 디지털 치료제digital therapeutics만 해도 그렇다. 디지털 치료제는 여러 가지 처방을 통합한 명칭으로, 만성 질환이나 복약 환자 협조 관리, 치료형 게임 등이 이런 치료제에 해당한다. 환자 정보를 지속적으로 획득하고, 이를 통해 환자의 건강 관리를 개선하는 것이 디지털 치료제의 핵심 개념이다. 중요한 것은 환자 정보의 지속적 획득인데, 디지털 치료제가 작동하려면 이 정보가 의료진이나 병원을 넘어 다른 곳까지 전달돼야 한다. 이전처럼 검사 결과를 의사가 해석하는 데 그치지 않고 환자와 관련된 자료가 프로그램 개발 회사로 넘어가 시스템을 개인 맞춤형으로 제공하고 개선하는 데 사용돼야 하기 때문이다. 심지어 또 다른 사업자와 연결돼 부가적 맞춤 서비스를 제공해야 할 수도 있다.

만약 상호성을 통해 개인에게 사회제도를 강제할 수 있다면 개인정보가 어느 정도 노출되더라도 그것이 사회에 이익이 되는 경우엔 노출을 허용해야 한다는 결론을 도출할 수 있다. 반대로 적어도 윤리적으로 문제의 소지가 있을 경우엔 디지털 치료제 허용을 금해야 할 수도 있다.

장기 기증이나 사회적 거리두기 문제를 다룰 때 살펴본 것처럼, 우리가 상호성에 의존해 개인에게 특정 방식의 행위를 요청하는 것은 해당 행위가 사회적 이익을 가져오긴 하지만 개인에게 당장은 이익이 되지 않는 경우다. 대표적 예가 건강세 논의에서 살핀 생활방식과 관련된 질환일 것이다.

우리는 교통사고 피해를 줄이기 위해 안전벨트 착용을 강제한다. 그런데 누군가 안전벨트를 착용하지 않은 채로 운전하다 사고를 냈고 다수의 장기 손상으로 긴급 수술을 요하는 상황에 처했다. 이 환자를 치료하는 데 드는 자원으로 다른 환자를 관리한다면 사회적 효용은 더 클 것이다. 그렇다면 환자가 안전벨트를 매지 않아 사회에 피해를 입힌 셈이니 이 환자의 치료를 뒤로 미루거나 의료 서비스를 조금 덜 제공해도 될까?

안전벨트 착용은 물론 개인의 선택이며 그로 인한 사고 피해 또한 오롯이 개인에게 돌아갔다고 할 수 있지만, 우리는 공동체 성원으로서 의료 자원을 공유하고 있기 때문에 단순히 개인의 피해만으로 끝나는 것은 아니다. 비슷한 예로 음주는 또 어떤가? 과도한 음주로 간경화에 걸린 환자에게 간이식을 해주는 게 합당한 처사일까? 이식을 위한 장기가 충분하다면야 이런 결정이 문제 되지 않겠지만 이 환자에게 간이식을 한다는 것은 차례를 기다리는 다른 환자, 더욱이 범법 행위를 하지 않은 환자의 기회를 빼앗는 일이 되기도 하는 셈이다.

그렇다면 개인이 안전벨트를 매는 일, 술을 줄이거나 아예 금주를 하는 일은 사회적 이익을 증가시키는 일이라 할 수 있다. 이것이 당장 개인에게는 이익을 가져오지 않거나 어떤 경우엔 불이익이 될 수도 있다. 우리 사회에서 술을 마시지 않는 것은 여전히 활동상의 감점 요인이 될 수 있으니 말이다.

이런 가정에 따르자면, 상호성의 규범을 통해 안전벨트를 하지 않은 이, 과도한 음주를 한 이에게 벌칙을 부여해도 되지 않을까 하는 질문을 해볼 수 있다. 그리고 상호성 규범은 자신에게 이득을 준 자에게 이득을 돌려주어야 한다는 원칙이니 안전벨트를 매지 않아 사고 피해를 입은 환자에게 외상 치료라는 안전망을 제공함으로써 이득을 준 사회는 해당 개인에게 이후 안전벨트 착용 준수를 통해 이득을 사회에 돌려줄(자신의 불편함을 감수하고 사회적 비용을 낮추는 것) 의무가 있다고 주장할 수 있다. 또한 과도한 음주로 간경화에 걸렸으나 간이식이라는 기회를 제공받게 된 개인은 이후 금주를 통해 이득을 돌려줄(쾌락 감소, 심지어 불이익을 감수하더라도 발병 가능성을 낮추는 것) 의무가 있다고도 말할 수 있을 것이다. 과연 이런 주장은 타당한가?

'안전벨트' 예시를 놓고 말하자면, 충돌하는 이익이 추상적인 것 대 실제적인 것(사회 전체의 이익 대 눈앞의 환자)이라 환자를 치료하지 않는 경우는 거의 없다. 그러나 자원이 제한된 응급실 상황을 떠올려보자. 만약 가해자와 피해자가 같은 정도의 외상을 입고 이송돼 왔을 때 피해자를 우선 치료하는 의사를 비난하긴 어렵다. '음주' 예시에선 환자가 애주가라면 금주를 했다는 증명을 해야 간이식 순위를 배정해주는 병원이 실제로 있다.

그러나 많은 사람이 이런 선택을 받아들이고 있다고 해서 이런 결정에 모두가 동의하는 것은 아니다. 장기 기증 희망 신청을 모든 이에게 강요할 순 없는 것처럼 말이다. 안전벨트 역시, "안전벨트를 매지 않고 사고를 당하는 경우 치료를 받을 수 없다"라고 명시한다면 심각한 비난에 휩싸일 것이다. 음주의 경우에도 개인이 술을 마시는 이유가 꼭 개인의 쾌락이나 무절제 때문이라고만은 말하기 어렵다. 강압적 사회 분위기와 과도한 스트레스, 건강 지식 부족 등으로 이미 알코올중독에 이른 환자가 간이식을 기다리면서도 단지 개인의 쾌락 때문에 음주를 지속한다고 말한다면 편견일 수 있다. 따라서 금주 증명서를 요구하는 것보다는 금주 지원 프로그램을 제시하는 것이 더 마땅한 정책일 수 있으며 결과가 아닌 프로그램의 이행 정도에 따라 간이식 결정을 할 수 있다는 주장도 타당하다.*

이렇듯 상호성을 무조건적 규범으로 받아들이긴 어렵다. 결국 '상호성'이란 약한 규범이라 말할 수 있다.**[23] 즉, 어느 정도 구속력은 있으나 "살인하지 말라"와 같은 강제성을 띤다곤 볼 수 없다.

---

* 금주 지원 프로그램을 충실히 따랐다고 해서 100% 금주를 할 수 있는 것도 물론 아니다. 이런 보장이 있다면 금주 지원 프로그램 참여와 금주를 동일시하면 될 테니 별로 고민할 필요가 없을 것이다. 하지만 이런 가정은 비현실적이다. 또한 전술한 것처럼, 음주 여부에 대한 책임을 무조건 개인에게 귀속하는 것은 적절치 않다. 이런 전제를 수용한다면, 중요한 것이 환자의 노력이라 볼 때 '금주를 향한 환자의 노력'을 평가하는 일은 금주 지원 프로그램에 얼마나 잘 참여했느냐 여부로 판단하는 것이 공정하다.
** 최근 여러 문헌에선 이런 식의 상호성에 관한 이해를 연대(solidarity)라고 표현한다. 이런 연대는 자신과 유사성을 지닌 타인을 지원하기 위한 비용을 지불하고자 하는 수행적 참여로 정의된 바 있다. 여기에서 연대 대신 상호성이라는 표현을 쓴 것은 연대 개념을 좀 더 정교화할 필요가 있다고 보기 때문이다.

개인정보 유출과 개인정보 공개를 구분하기

개인정보가 유출돼 아무런 이득 없이 피해만 발생시킬 때, 이 경우는 굳이 따져볼 것도 없이 유출을 막는 데 집중해야 한다. 예컨대 앞에서 언급한 고 이은주 씨와 백남기 씨 사례에선 그저 호기심 차원에서 타인의 개인정보를 훔쳐보려는 사람들이 있었다. 이런 일은 제도를 보완해서라도 철저히 막아야 한다.

하지만 개인정보 공개가 사회에 유익이 되는 경우가 있다. 대표적으로 유전정보의 공유가 그렇다. 앞서 한두 차례 언급한 것처럼, 개인의 유전정보 자체만으로도 사회에 유용함을 줄 수 있지만(희귀질환자의 경우) 그 유전정보가 어떤 결과를 낳으려면 일단 많이 쌓여야 하는 것이다. 그렇게 유전정보를 모으는 일은 필연적으로 개인정보 공개를 수반한다.

코로나19 상황에서도 개인정보 공개의 필요성이 대두됐다. 워낙 확산이 빠르고 광범위하게 이뤄지는 코로나19의 특성상 확진 환자에게 방문한 곳, 만난 사람을 직접 물어 추가 방역 조치를 취하는 전통적 역학 추적 기법이 한계를 보인 것도 사실이다(물론 이 방법 없이 감염병을 상대할 순 없다). 따라서 정부는 확진 환자가 방문한 곳들을 공개(동선 공개)해 환자와 같은 시간에 같은 장소를 방문한 사람이 스스로 검사를 받도록 유도했다.

이런 접근은 필연적으로 사생활 침해 논의를 불러오지만, 개인정보 유출 시의 사생활 침해와 개인정보 공개 시의 사생활 침해는 그 양상이 매우 다르다. 개인정보 유출로 인한 사생활 침해는 무조건 막아야 하는 일이다. 하지만 개인정보 공개에서 일어나는 사생활 침해에도 우리가 동일하게 반응해야 할까? 다음 조건이 갖추어지는 경우를 한번 따져보자.

첫째, 개인정보 공개가 개인과 사회 모두에 이득이 된다. 둘째, 공개된 정보를 통해 개인이 부당한 피해를 입지 않도록 최대한 노력한다.(정보는 최소한으로 공개되고 개인을 특정하지 못하도록 비식별화 절차˙를 거친다.) 셋째, 정보 관리 절차에 정보 공개자가 참여해 의견을 개진할 수 있으며 그 과정을 투명하게 공개한다. 넷째, 공개된 정보로 인해 개인이 피해를 입을 가능성을 염두에 두고 그 보상 장치를 사전에 마련한다.(피해 규모를 정확히 예측하는 것은 불가능하며 모든 피해를 다 보상할 수도 없겠지만 보상 절차가 있는 것과 문제가 생긴 다음에야 뒤늦게 보상을 따져보는 것은 완전히 다른 일이다.)

이런 조건에서라면 개인정보를 공개해도 괜찮다는 말인가. 나는 상호성에 근거해 정보 공개가 가능하다고 생각한다. 개인은 사회(와 자신)의 이득을 위해 자신의 정보를 제공하고, 정보를 제공받은 사회는 그에 상응해 정보를 제공하는 개인을 보호하고자 힘쓴다.

- 개인정보를 통해 개인을 확인할 수 없게 하는 비식별화(de-identification) 절차에는 개인을 확인할 수 있는 내용을 삭제하는 익명화(anonymization)와 개인 확인 내용에 코드 등을 부여하여 가리는 가명처리(pseudonymization)가 있다. 철저한 익명화 절차를 거치는 경우 해당 정보는 더는 개인정보가 아니게 되는 반면, 가명처리의 경우 추가 정보를 결합하면 다시 원래 정보를 확인할 수 있으므로 여전히 개인정보에 속한다. 2021년 현재, 개인정보보호법은 가명처리를, 생명윤리법은 익명화를 요구하고 있어 두 법 중 어느 쪽을 따라야 하는지 혼선이 발생하는 상황이다.

또한 개인과 사회는 정보 관리 절차가 투명하고 공정하게 운영될 수 있도록 함께 노력한다. 이때 우리는 정보 공개로 인한 사생활 침해의 우려를 어느 정도 해결하면서도 정보 활용을 통해 사회의 발전으로 나아가는 걸음을 내딛을 수 있으리라 생각한다.

물론 이런 논의에는 세부 사항이 면밀히 보완돼야 한다. 이 같은 절차를 어떻게 마련할 것이며, 개인을 어떻게 보호할지, 또 피해 보상 방안은 무엇인지 등이 구체화되지 않는다면 아무 소용이 없다. 누군가 말했듯 악마는 디테일에 있는 법이다. 하지만 빅데이터 시대 또는 데이터 경제 시대에 이르러 앞으로도 개인정보와 관련한 논의는 계속될 것이기에 이 같은 틀을 선제적으로 마련해놓을 필요가 분명히 있다.

8장. 환자와 의료인이 만나다

지금, 우리의 병원 풍경을 결정하는 것들

의사와 파업

1950년대에 우리나라 국민들이 당면한 여러 어려움 중 하나는 아파도 치료받을 수 없다는 것이었다. 의술도 미흡했으나 더 큰 문제는 치료해줄 사람이 없었다. 의사도 약사도 없었다. 일제강점기, 의료업을 도맡았던 것은 주로 일본에서 건너온 의료업자였고 조선 땅에서 의료인이 성장할 수 있는 토양은 척박했다. 그런데도 절치부심 공부한 조선의 의료인들이 있었다.

해방 후 일본인 의료업자들이 떠나자 남은 한국 의료인들만으로 이 땅의 의료 수요를 감당하기는 불가능했다. 국가는 외형적 발전에 급급했고 큰 틀에서 의료업을 휘어잡고자 했을 뿐 서민의 필요에는 관심이 없었다. 그런 탓에 서민들은 의료상의 필요가 생길 때면 거의 민간의 손을 통해 문제를 해결했고 이것이 한국의 공공의료 발전을 저해하는 배경이 됐다.

　국가가 딱히 손을 대지 않은 영역 중 하나는 약 처방이었다. 병·의원과 약국 모두 약을 처방, 조제할 수 있게 해서 약국도 부족하나마 1차 의료기관 구실을 했다. 예컨대 내 경우 어릴 적 장난치다 손바닥에 연필심이 박혔을 때 먼저 찾은 곳은 약국이었다. 병·의원은 각자 약을 조제해 환자에게 판매했다.

　이런 상황이 상당히 오랫동안 이어지면서 의약분업 논의는 지지부진했다. 의사와 약사의 업무가 구분돼야 할 필요는 있었으나 그렇다고 굳이 나눌 이유도 없었던 탓이다. 그러다가 1993년 한약분쟁의 여파로 반전이 일어났다. 당시 약사가 한약 조제로 업무 범위를 확장하려 하고 있었고, 이를 가로막는 조항인 약사법 시행규칙 제11조 1항 7조가 1993년 1월 30일 삭제 예고됐다. 해당 조항은 약국에 재래식 한약장을 둘 수 없다는 식으로 해석될 수 있는 내용("약국에는 재래식 한약장 이외의 약장을 두어 깨끗이 관리해야 한다")이었기에 이 조항이 사라지면 약사의 한약 조제에 관한 제약이 사라지는 셈이었다.[1] 한의사와 약사 사이에 분쟁이 벌어졌고, 약사회는 한약 조제권 확보를 위해 의약분업을 주장했다.[2] 한약분쟁은 한약학과 설립과 약사법 개정으로 일단락되었고 이를 계기로 의약분업 시행이 명문화됐다.[3] 그러자 의약분업 제도에 미처 대비가 돼 있지 않았던 병·의원이 영향을 받았다.

의약분업 사태와 그 후

의사들은 사실 그 이전부터 의약분업을 주장해왔다. 항생제와 스테로이드 등 전문의약품이 약국에서 자유롭게 판매되면서 부작용이 발생하고 있으며, 항생제 사용량이 OECD 평균보다 높다는 것이 주장의 근거로 제시됐다.[4] 그러나 막상 약사법 개정에 따라 의약분업이 이뤄지게 되니 의사들이 '반대' 의견으로 돌아섰다. 이들이 문제 삼은 사항은 국내의 기형적 의료 전달 체계와 수가 구조였다.[5] 이미 대형병원으로 환자 쏠림 현상이 심화하던 상황에서 건강보험이 적정 수익을 보상해주지 않았기에, 개원한 의사 편에선 그나마 수익을 보장하던 '처방'을 놓칠 수 없었던 것이다.

결국 이러한 제도적 문제는 제도 개혁을 이루지 못한 채 이권 다툼으로 끝이 났고, 의사와 약사 간의 다툼이 헐뜯기를 넘어 서로의 도덕성을 공격하는 방향으로 흘렀다. 이 과정에서 전국 병·의원 단체의 휴진과 의사들의 시위 사태가 벌어졌다. 의료 대란으로 치료받지 못한 환자가 속출했다. 이것이 2000년 의약분업 사태다.

의약분업 자체는 오랫동안 추구해왔고 많은 국가가 이미 확립하고 있던 정책 사안이므로 문제가 될 게 별로 없었다. 단, 2000년 의약분업 사태에서 쟁점이 된 것은 정책 결정 과정에서 의사가 배제됐다는 점이다. 오랫동안 끌어온 정책이 어떤 합의체 구성이나 논의 없이 정부의 의지만으로 채택되었기에 의사들의 이 주장은 검토의 여지가 충분했다. 그러나 당장 피해를 본 환자들이 의사들을 지지해주긴 어려워 밥그릇 싸움이라는 비아냥거림을 들어야 했다.

이 파업으로 의사들은 얻어낸 게 없었다. 의료보험 수가*의 개선을 약속받았지만, 2001년 건강보험 재정에 엄청난 적자가 발생하자 없던 일로 돌아갔다.[6] 재정 확충을 위해 건강보험공단은 부당청구 건을 색출한다며 개원가를 들쑤셨다. 약속받았던 의료제도개혁특별위원회는 한시적으로 운영됐을 뿐이라 이렇다 할 결과를 일구지 못한 채로 역사의 뒤안길로 사라졌다. 남은 것은 자기 이익을 위해 환자의 목숨을 위협했다는 외부의 비난과 정부를 향한 강한 불신의 학습이었다. 의사와 약사 모두 서로의 이미지에 심대한 타격을 입힌 것은 물론이다.

20년이 흘렀고 그간에도 문제는 해결되지 않은 채로 남아 있었다. 의사 집단은 정부와 완전히 각을 세웠다. 의료 서비스가 점차 소비재화된 것은 의약분업의 결과가 아니다. 그보다는 재건 reconstruction이라는 개념이 전후 한국 사회를 휩쓸었고 그 배경에서 성형외과와 피부과가 고속 성장할 수 있는 환경이 만들어져,[7] 한국의 문화적 성장과 중국의 경제적 성장이 결합하면서 그것이 하나의 큰 산업으로 발전한 것이 주효했을 터이다. 공공 영역의 의료 기능이 거의 소실되고 모든 치료가 행위별 수가제**로 이뤄지는 국내

-    의료 수가(medical charge)는 의료 서비스의 가격을 말한다. 우리나라 건강보험은 각 의료 행위마다 업무량, 비용, 위험도를 고려해 점수를 부여하고, 이 점수에 따라 수가를 정하는 방식을 택하고 있다.
-    간단히 말해, 의료 행위 하나당 치료비를 지급하는 방식이다. 당연한 듯 보일지 몰라도 사실 의료 서비스에 대한 지불 방식은 생각보다 다양하다. 예컨대 인두세 방식도 있는데, 특정 의사에게 일정 수의 환자를 할당하고 의사에게 정액 수당을 지급하는 것이다.

상황에서 의료가 다른 재화와의 구별을 잃은 측면도 있다. 어떤 이유에서건 2000년 이후 의료 서비스는 점차 상품으로 전환되었고, 이 지위는 "의료 영리화 저지"라는 모호한 구호와 결합하며 그 상태를 유지했다. 때때로 의료인들이 노동량 대비 낮은 수익에 반발했고 환자는 환자대로 의료인을 짧게 만날 수밖에 없는 환경에서 제대로 진료받고 있지 못하다는 불만에 휩싸였다. 그리고 코로나19가 터졌다.

코로나19와 공공의료, 그리고 2020년의 의사 파업

박정희 정부가 국가 위생 정책을 추진해 기생충 박멸을 외칠 정도로 감염병은 오랫동안 국가적 문제였다. 그러나 1990년대로 들어서면서 감염병은 별로 관심사가 아니었다. 미국에선 HIV/AIDS가 위기를 불러왔으나 국내 감염자 수는 많지 않았다. 여전히 이 땅엔 결핵 발생률과 사망률 모두 OECD 가입국 중 1위이지만,[8] 사람들은 해결된 질병이라 생각하며 그다지 관심사로 삼지 않는다. 의료인에게 할 수 있는 한 많은 환자를 봐서 수익을 내도록 한 제도는 좁은 땅 면적과 결합해 한국의 의료 접근성•을 상당히 높이는 결과를 낳았다. 그러다 보니 감염병에 걸려도 바로 병원에 가면 된다고

• 환자가 원할 때 진료를 볼 수 있으면 의료 접근성이 높은 것이다. 이는 물리적 거리, 의사 수, 의료 시설, 의료 자원 등에 영향을 받는다.

생각하는 사람이 많아져 사회적 노력이나 제도적 접근의 긴요함은 곧잘 간과됐다.

그러다가 2002년 사스SARS, Severe Acute Respiratory Syndrome, 2009년 신종플루, 2015년 메르스 등이 연이어 발생하면서 국내에 감염병 위기를 알렸다. 이전의 감염병이 장티푸스나 이질 같은 수인성 감염병으로 주로 소화기계에서 발생했다면, 21세기 들어 문제가 된 감염병은 주로 호흡기를 괴롭혔다. 이 와중에 2019년 12월 중국 우한에서 정체가 확인되지 않은 폐렴 환자가 여럿 발생했다는 보고가 나왔고, 2020년 1월 1일 우한 화난 수산물 도매 시장을 폐쇄했지만 환자는 급격히 증가했다.[9] 코로나바이러스 변종인 SARS-CoV-2에 의해 시작된 이 사태는 안타깝게도 전 세계로 급속히 확산했다.

이미 우리는 코로나19 사태와 연관해 감염병과 차별 문제를 살펴봤다. 여기선 그 와중에 발생한 사건 하나를 들여다보고자 한다. 2020년 8월, 정부의 의과대학 정원 증원 계획 발표로 인해 벌어진 의사 파업 사태다.

2020년 3월, 특정 종교 집단 안에서 엄청난 확산을 보인 코로나19로 인해 대구·경북 지역의 의료 시스템에 과부하가 걸렸다. 코로나19 환자를 대구·경북 지역의 의료 자원만으로 해결하기 어려웠고, 상황 정리를 위해 전국에서 자발적 봉사의 손길과 의료진 파견이 이뤄졌다. 이 과정에서 정부는 지역 의료 자원의 부족을 절감하고 지방 근무 의료진을 확충할 필요가 있다는 결론에 도달한 것 같다. 정부는 이를 두고 "의사 수 부족"이라고 표현했으나 실상 누구도 대도시의 의사 수가 부족하다곤 생각지 않았다. 2020년 7월에 나온 당·정 협의안이 의과대학 정원 늘리기를 통해 의사가 부족한 지역과 기초 분야에서 일할 의사를 양성하겠다는 것이었으니 말이다.[10]

여기에 공공보건의료대학(이하 '공공의대') 설립 법안이 가세했다. 폐교된 서남대학교 의과대학 정원을 공공의료 전문가 양성에 쓰자는 것이 골자였다.[11] 의과대학 정원 증원도, 공공의대 설립도 모두 현재 의사 수가 모자란 분야에서 일할 의사를 양성하고 일정 기간 이 분야에서 일하도록 강제하는 방향으로 계획됐다. 하지만 이 정책은 큰 반발에 부딪혔다.

대한의사협회(이하 '의협')는 한국의 의사 수는 결코 부족하지 않으며, 이런 정책 운용이 오히려 국내 의료 상황에 부담을 안길 것이라고 주장했다.[12] 지방이나 공공 영역에서 한시적으로 근무한다곤 하지만 이들 의사가 이후 다른 영역으로 진입할 것이고, 결국엔 전체 의사 수만 늘어나게 될 뿐 지방 의료 확충과 같은 목표엔 이바지하지 못한다는 것이다. 이 주장에 전공의와 당시 의과대학 4학년이 크게 호응했다. 이들은 의사 수 증가가 의료 정책의 바른 방향이 아니라는 생각에 더하여, 이런 방식으로 의사가 되는 것은 편법이라고 봤다. 즉, 의사 수 문제가 공정하지 못하다고 본 것이다.

이후 대대적인 전공의 파업, 의과 대학생의 국시 거부 사태가 벌어졌고 이것이 코로나19 상황과 엮이면서 자신의 이권을 위해 국가적 비상사태에 문제를 일으키는 괘씸한 젊은이들이라는 틀로 의사 파업 사태를 바라보게 했다. 당연히 이 혼란스러운 과정 속에서 견실한 정책 논의를 찾아보긴 어려웠다. 의사 측의 오래 묵은 정부 불신은 어떤 이야기도 왜곡된 해석에 휩싸이게 했고, 정부 측이 항상 견지해온 의료 통제의 기조는 의사 집단을 협상의 동등한 위치에 놓는 것을 거부했기 때문이다.

정부와 의협 간 협상이 어찌어찌 타결돼, 코로나19 사태가 마무리되는 대로 의정 협의체를 구성해 문제를 다시 논의하기로 했지만 갈등이 완전히 봉합되진 않았다. 일단 정부가 한발 물러섰고 파업으로 인해 불거졌던 문제는 어느 정도 일단락됐지만 정부와 의사 간 충돌은 계속되고 있기 때문이나. 아직 코로나19 상황이 이렇게 끝날지 모르는 상황이지만, 정부는 다시 의대 증원을 고려하고 있다.[13] 한편 의협은 방역 정책이나 백신 접종 문제에서 정부 방침에 이견을 제시하고 있다.[14]

이것이 두 집단의 갈등이 수렴되지 못한 채로 남은 잔재라면 우리는 이 시점에서 두 가지를 고려해봐야 할 것이다. 첫째, 이런 상황에서 갈등을 해결하는 방법론이다. 두 집단이 내세우는 가치와 주장이 선명히 다를 때, 두 집단을 협상으로 이끄는 전략이 무엇인지 생각해봐야 한다. 둘째, 이 갈등이 정당한지 따져볼 필요가 있다. 어느 한쪽의 움직임에 문제가 있었다면 갈등이 있다고 해서 무조건 협상에 들어가야 하는 건 아닐 테니까 말이다. 먼저 이 부분부터 따져보자. 의사가 파업을 해도 되는가?

노동자가 요구 관철을 위해 업무 수행을 일시적으로 중단하는 집단행동을 뜻하는 '파업'은 노동삼권勞動三權(단결권, 단체교섭권, 단체행동권)을 보장하는 대한민국 헌법 제33조에 의거한다. 의사는 필수 서비스 분야에서 근무하는 전문직 노동자로, 이들의 근로조건을 결정하는 정부 정책 등을 대상으로 집단행동을 수행할 수 있다.[15] 단, 파업하더라도 일부 필수 의료 영역, 즉 응급 의료와 중환자실 운영 등은 보장돼야 한다.

2020년 8월에 있었던 의사 파업은 애석하게도 이 부분이 온전히 지켜지진 않았다. 응급실과 중환자실에서 일하는 전공의도 파업을 선택함으로써 전공의 파업의 당위성이 일부 훼손됐다고 볼 수 있다. 이 부분은 전공의들의 실기失機로 기록될 것이며, 어떤 형태의 파업을 수행할지를 두고 의사들의 논의가 부족했음을 보여주는 부분이기도 하다. 그러나 교수와 간호사 직군이 남아 운영을 유지했기 때문에 필수 영역에서 완전한 의료 공백이 생기지는 않았다. 따라서 이를 구실로 의사들의 파업을 무조건 문제 삼는 것도 온당한 접근은 아니다.

그런데 이때 의과대학생들도 파업을 한 것으로 볼 수 있는가? 그렇다. 이것은 의과대학 교육의 특수성에서 기인하는데, 실습을 시행하는 본과 3, 4학년생의 경우 병원에서 지도의의 감독을 통해 환자를 면담하거나 진료 및 수술 등을 관찰하는 과정을 겪는다. 이것은 직접 경험하며 익혀야 하는 의료업의 특성상 반드시 이수해야 하는 교육 과정으로, 이 과정에 들어간 학생들은 학생 신분이면서도 의료인 역할 또한 수행하게 된다. 그런 견지에서 볼 때 이들이 집단행동에 참여하는 것에는 정당화 가능성의 여지가 있고, 이들이 협상 수단으로 삼은 것이 국시 응시 여부였기 때문에 파업을 허용하면서 국시 미응시는 잘못이라고 말한다면 그것도 앞뒤가 맞지 않는다.

결국 문제의 핵심은 의사 파업의 가능성이나 허용 여부가 아니라 의료인과 사회 사이의 간극이며 거기에 깊은 감정의 골이 있다는 점이다. 사회는 사회의 이익을 우선할 것을 의료인에게 요구한다. 외국과 달리 우리나라 의료인은 국가적 통제 아래 각자도생으로 오늘날에 이르렀기에 국가에 대한 불신이 누적되었다는 점을 부인할 수 없다. 즉, 2020년 8월의 의사 파업이 사회적 물의를 빚고 극도의 충돌을 가져온 것은, 이것이 논리적으로 해결될 수 있는 성격의 문제가 아닌 지극히 감정적인 문제였기에 끝까지 갈 수밖에 없었던 것이 아닌가 판단한다.

20년 간격을 두고 벌어진 의사 파업으로 드러나듯 정부에 대한 의료인의 감정은 결코 좋지만은 않다. 그러나 파업 과정에서 의료인은 필요 이상으로 자신들의 이미지를 나쁜 방향으로 허비해, 세간에선 이제 "의료인" 하면 "훌륭한 일을 하는 사람"이라는 인식을 더는 갖지 않게 됐다고 해도 과언이 아니다. 그럼에도 이 상황을 역설적으로 해석해보자면, 바로 이 지점이 우리 사회 의사들이 새로운 길을 열어갈 기회일지도 모르겠다. 그 방법은 무엇일까. 어떻게 하면 점차 간격이 벌어지고 있는 의료인과 환자 사이에 튼튼한 다리를 놓을 수 있을까?

환자와 의료인은 서로를 어떻게 바라보는가

병원은 환자와 의료인이 만나는 곳이다. 환자는 의료인에게 치료를 기대한다. 의료인은 환자에게 무엇을 기대하는가? 사람마다 차이는 있겠지만, 보통은 치료비를 받을 것을 기대할 것이다. 그렇지만 이게 전부인가? 환자와 의료인은 상업적 관계를 맺고 있는 것뿐인가? 상업적 관계란 구매자와 판매자 사이를 일컫는 말로 구매자는 상품이나 서비스를 제공하고 판매자는 그에 상응하는 금전을 지급한다. 환자와 의료인도 마찬가지로, 치료를 받고 그에 상응하는 치료비를 내는 것이니 이를 상업적 관계라고 부르는 것은 전혀 이상할 것이 없다.

이렇게 말하면 많은 사람이 화를 낼 텐데 신성한 의료 행위를 저잣거리로 내모는 일이라 보는 것이다. 그런데 의료가 대관절 무엇이기에 신성한가? 환자를 치료하는 일이라서? 그것은 선결문제 요구先決問題要求의 오류* 또는 순환 논리다.**

사실 의료가 신성하다는 말은 충분한 설명이 아니다. 이전에는 의료 행위가 종교와 긴밀히 연결되어 있었기에 신성을 부여받곤 했다. 고대엔 의술 자체가 종교였고(이를테면 고대 부족 국가의 샤먼, 그리스 의술의 신 아스클레피오스), 중세엔 의술을 수행하는 기관이 수도원, 즉 종교 기관이었으므로 신과 치료를 연결하는 것이 그리 이상한 일은 아니었다. 하지만 근대로 접어들며 의술의 장소는 병원으로 바뀌고 신과 의학은 분리되기 시작했다. 여전히 신성한 것은 남았으되 그것은 의술이 아니라 전문직과 사회의 계약이었다.

즉, 의료 또는 의술의 신성함이라고 말할 때 그것은 전문직다운 능력과 책임 그리고 이타주의를 요구하고 그에 상응하는 독점권과 자율권을 부여하는 사회의 암묵적 계약이 지닌 신성함을 가리키는 것이다. 전문직은 말 그대로 전문지식을 다루며 그 전문성 때문에 외부 접근이나 평가가 어렵다는 특징을 지닌다. 이에 사회는 전문직에게 해당 지식의 활용에 관한 독점권을 인정하고 그 구성원들이 스스로 규제하도록 자율권 또한 부여한다. 대신 이들은 사회의

---

* "의료란 환자를 치료하는 것이다. 환자를 치료하는 일은 신성하다. 따라서 의료는 신성하다"라는 논리라면, 환자를 치료하는 일이 신성한 이유를 다시 설명해야 하므로 아무것도 해결되지 않았다.

** "의료는 신성하다. 왜냐하면 환자를 치료하는 일과 같이 의료에서 하는 일이 신성하기 때문이다."

다른 구성원을 우선하는 태도, 즉 이타주의를 보여야 하며, 자신의 능력을 발전시켜 해당 시점에서 적절하다고 인정되는 지식에 기반을 둔 서비스를 제공할 책임 또한 있다. 여기에 해당하는 직업으로 대표적인 것이 의료인과 변호인이다.

따라서 의료인은 환자에 대한 특별한 책임이 있으며, 이것이 상업적 관계와 환자-의료인 관계를 구분 짓는다. 이론적 설명은 일단 제쳐두고, 국내에서 의료인과 환자가 어떤 관계를 맺고 있는지부터 살펴보자. 여기에 접근하려면 사회학적 연구가 필요하겠지만, 참조할 만한 연구를 찾지 못했기에 우회로를 이용해보려 한다. 소설과 영상 작품에 나타난 환자와 의료인의 상호작용이 그 우회로다. 소설과 영상 작품은 현실을 있는 그대로 보여주는 것은 아니라도 그 특징만은 잘 드러내준다. 여기선 작가 김훈의 2004년 작 〈화장〉과, 최근 인기리에 방영된 tvN 드라마 〈슬기로운 의사 생활〉을 통해 시간의 흐름에 따라 의료인과 환자 관계가 어떻게 변화했는지, 그럼에도 여전한 환자와 의료인 사이를 그려보고자 한다.

환자도, 의료도, 모두 다 물질로 변해가는 소리: 〈화장〉

〈화장〉[16]은 뇌종양으로 떠난 아내를 바라보는 남자의 내면을 그린 소설로, 2014년 동명의 영화로 제작되기도 했다. 화자는 말단사원에서 시작해 상무까지 승진한 이력을 지닌 인물로, 사회적으로나 경제적으로나 상당한 지위에 올라 있다. 아내는 2년 동안의 투병

과정에서 세 번의 수술을 거치고, 점점 고통이 심해지고 있었다.

화자는(또는 소설은, 소설가는) 물질적인 태도로 모든 것을 바라본다. 아내의 사망 선고는 얼굴을 덮은 시트 위로 삐져나온 머리카락 몇 올로 그려지고, 그 죽음은 편안해 보인다. "투병의 고통과 가족에게 던져진 짜증에 비하면"이라고 화자는 선을 긋고 있으나 그다음 묘사는 결코 그렇게 읽히지 않는다. "숨이 끊어지는 자취가 없이 스스로 잦아들 듯 멈추었고, 얼굴에는 고통의 표정이 없었다. 아내는 죽음을 향해 온순히 투항했다." 목숨이라는 성을 둘러싼 죽음이라는 적군에 백기를 내건 성주의 모습처럼, 열린 성문을 통해 진군해 들어온 병마 앞에 머리를 조아린 임금처럼. 아내가 어떤 생각을 했는지에 화자는 관심을 두지 않는다. '어차피'라는 생각 때문이었을까.

그런 그에게 아내의 시신은 그저 물건[17]일 따름이다. 뼈와 가죽만 남은 그 몸에 화자는 어떤 애정이나 애도도 남겨두지 않는다. 그에게, 아내의 시신과 방전된 휴대전화는 같은 위상으로 자리하며, 아내의 죽음과 휴대전화의 죽음은 모두 사소하다. "휴대폰이 죽는

- 몸에 물건이라는 표현을 쓰는 것이 어색해 보일 수 있다. 물건이란 형태를 갖춘 물질적 대상 모두를 가리키며, 소유의 대상이 된다. 몸이 물질적 대상임에는 누구도 이견을 달지 않을 것이나, 소유의 대상이라는 말에 멈칫하게 된다. 소유의 대상이라면 팔 수도 있어야 하는데, 몸을 팔 수 있는가? 흔히 우리는 신성한(또는 존엄한) 몸을 매매의 대상으로 삼을 수 없기에 몸을 물건에서 제외해야 한다고 생각한다. 장피에르 보의 《도둑맞은 손》은 몸이 다시 물건(단, 매매할 수 없는 물건)으로 정의되어야 한다는 주장을 법제사(法制史)적 검토를 통해 펼치고 있다.

소리는 사소했다. 새벽에, 맥박이 0으로 떨어지면서 아내가 숨을 거둘 때도 심전도 계기판에서 그런 하찮은 소리가 났었다." 생명이 모든 것이라면 죽음 자체의 의미는 생명의 박탈 외에는 아무것도 없다. 다시 말해, '죽음의 고귀함' 같은 말은 헛소리다. 죽음 이후에 남은 몸은 그저 생의 그림자, 누군가의 흔적일 뿐 물질적 차원에서 다른 사물들과 존재론적으로 등가일 뿐이다.

아내의 치료를 담당한 것은 의사인 대학 동기다. 같은 학교를 다녔으나 안면은 없었던 그에게 아내의 병에 관한 설명을 듣던 시점을 화자는 떠올린다. "종양과 생명을 분리시킬 수는 없다. 그래서 치료는 어렵다. 고생할 각오를 하고 환자의 마음을 준비시켜라." 화자는 의사의 말을 알아듣지 못한다. 화자는 의사의 말을 내용이 없다고, 뻔하다고, 하나 마나 한 소리라고, 속수무책이라고 마음속으로 힐난한다.

이 비난은 무엇을 의미하는가? 물론 의사가 환자 대신 환자의 "생명 현상", 즉 생물학적 과정과 변화에만 초점을 맞춰 이야기를 구성해나가기 때문에 어떤 탈락이 발생한 것이다. 무엇이 탈락하는가? 삶이다. 삶은 사라지고 몸뚱이만 남은 것이다. 그런데 화자 또한 환자를 그렇게 바라보고 있지 않은가? 환자가 발작할 때 화자는 아픔에 관해 알지 못한다고 말한다. "나는 다만 아내의 머리카락을 바라보는 나 자신의 고통만을 확인할 수 있었다." 타인의 고통은 저 멀리 있다. 그것은 남편인 화자에게도, 의사에게도 마찬가지다. 그렇다면 끝끝내 화자가 의사를 비난하는 것은 자신의 비루

함을 확인시킨 데 따른 분노일 것이다. "뇌종양이 '생명 현상'의 일부라고 강조하던 주치의에게 아내의 고통과 나의 고통 사이의 상관관계에 대하여 묻는다면, 그는 뻔하고도 명석한 답변을 준비하고 있을 것이었다."

몸의 역사

이 '몸'은 나와 분리할 수 없을 만큼 가까이 있어 평소에는 잊어버리게 되는 어떤 것, 하지만 그 의미가 시대마다 재구성되는 늘 새로운 것이도 하다. X선과 MRI 영상은 몸 안을 보여주지만 몸 안이 어떻게 구획되며 몸을 구성하는 요소가 어떤 방식으로 상호작용하는지에 관한 이해는 시대마다 다르다. 이전에 이 땅에 살던 선조들이 몸을 어떻게 이해하고 있었는지는 알기 어렵다. 조선 시대의 이해는 일제강점기 단절의 시기를 넘어 한의학으로 이어졌다. 그 단절기에 일본의 의료 체계가 우리나라로 건너왔었고, 그들이 나간 다음에는 미국의 방식이 들어왔다. 몸은 그때마다 다른 것으로 변했다. 오행의 흐름은 병리해부학에 기초한 위생의 질서로, 다시 조직학에 기초한 분자의 질서로 바뀌었다. 몸은 다스리는 것에서 규율하는 것으로, 이어서 바로잡는 것이 됐다.

몸의 이상異狀은 바로잡아야 한다. 〈화장〉에서 화자와 의사의 인식은 이 점에서 일치한다. 하지만 의사에겐 여전히 규율하는 자의 역할이 남아 있다. "의사는 불필요하게 친절했다. 그의 친절한 설명은 종양의 나라를 규율하는 헌법처럼 들렸다." 의사는 선고하고 설정한다. 하지만 그는 서비스를 제공하는 자로서 친절의 의무를 진다. 전문가의 권위와 시중드는 자의 성의가 교차하는 지점에 의료인이 있다. 이것이 의료인을 대하는 데 있어 불편함을 만든다. 우리는 전문가의 권위를, 아버지의 그림자를 완전히 부정하지 못한다.

반면 소비 지향적 사회는 그런 모습을 우습게 여긴다. 어느 쪽에 장단을 맞춰야 할지 모를 어색함이 환자와 의료인 사이에 스며들어 있다. 물론 이것이 환자와 의료인 사이에만 있지는 않을 것이다. 우리 사회 어딜 가나 무서울 정도로 빠르게 진행된 서구화와 여전히 버티는 동양적 전통의 다툼은 벌어지고 있으니까 말이다. 이것은 외국에서 의료인의 위치가 변화한 것과는 사뭇 다른 궤적을 그린다. 〈화장〉으로부터 20년의 세월을 건너 다음 작품을 살펴보는 것으로 논의를 더 확장해보자.

설명하는 의사도, 환자도 모두 지루하기만 하다: 〈슬기로운 의사 생활〉

의과대학 99학번 동기 다섯 명이 각자의 삶을 지나 20년 뒤 다시 한 병원에 모여서 겪는 일상을 담은 〈슬기로운 의사 생활〉은 병원의 바쁘고 숨 가쁜 시간과 그 뒤에 놓인 일상의 경험을 잘 담아내 많은 호응을 얻은 작품이다. 병원에서 진료하는 교수와 수련의의 모습을 담아내기 위해 대본 작업 및 촬영 과정에서 현직 의사의 자문을 받기도 했다. 그런 점에서 이 작품이 그리는 의료 현장이 현실 그대로라고 할 순 없더라도 상당히 현실에 가깝다곤 말할 수 있을 것이다.

예컨대 2020년 3월부터 5월까지 방송한 시즌 1에서 극의 서사가 막 전개되기 시작한 2화를 보자. 환자와 의료인 사이의 상호작용을 그린 장면이 여러 가지가 있지만, 극에서 충분한 설명 후 동의를 받는 장면을 살펴보려 한다. 여기에서 충분한 설명 후 동의란 침습적 처치, 즉 환자 체내로 검사 및 시술 장비가 들어가는 처치나 환자에게 중대한 영향을 미치는 결과가 발생할 수 있는 치료에 있어 의료인이 환자에게 부작용, 후유증, 대안 등을 충분히 설명한 후 환자가 이해함을 확인하고 동의를 받는 절차를 말한다. 앞서 확인했던 환자 자율성의 원칙, 즉 환자가 자신의 신체에 관한 결정을 직접 내릴 수 있도록 한다는 원칙을 구체적 실천으로 옮긴 것이다.

〈슬기로운 의사 생활〉에선 레지던트가 다른 두 환자에게 설명문을 읽어주는 장면이 나오고 그다음 간호사와 대화하는 장면이 이어진다. 먼저 간호사와 대화하는 장면. 레지던트는 간호사의 출근 시간에 관해 농담을 던지고 간호사는 자신이 정시 출근했다고 말한다. 레지던트는 지금 저녁 아니냐고 하고, 간호사는 지금 벌써 아침이라고 말한다. 밤을 꼴딱 새웠으면서도 시간 가는 줄을 몰랐던 것이다.

그럼 이 레지던트는 시간 가는 줄도 모르고 뭘 했는가? 환자들에게 설명을 했다. 하지만 그의 모습은 위에서 말한 충분한 설명과는 거리가 있어 보이는 것이었다. 레지던트는 다음에 있을 수술의 부작용과 위해를 적은 문서를 무표정하게 빠른 속도로 읽는다. 같은 설명문을 두 번 읽는데, 처음 환자는 이야기를 듣고 있는 건지 어떤 건지 들으면서도 아무런 반응이 없다. 반응만 보면, 레지던트와 환자는 서로 거울을 보고 있는 것 같다. 두 번째는 어머니가 환자고 보호자인 아들이 와서 설명을 듣는데, 조그마한 사항 하나하나에 엄청나게 걱정을 한다.

  이 짧은 장면은 많은 것을 알려준다. 병원 의료진의 과로와 이로 인해 환자에게 설명하는 것이 중요하게 다뤄지지 않는 현실이 하나다. 충분한 설명을 하려면 일단 충분한 시간이 있어야 하는 것은 당연하다. 하지만 현실의 우리 의료 제도는 그런 것을 따져본 적이 없다. 1970년대에 만들어진 의료 제도는 더 많은 환자에게 더 많은 술식을 더 적은 비용으로 제공하기 위해 상당히 많은 것을 희생했다. 진료 시간이 그중 하나다. 시간에 비용이 책정되지 않은 데다 더 많은 환자를 보도록 유도하는 제도가 낳은 것이 그 유명한 3분 진료다.• 이 짧은 시간 동안 환자에게 오랜 시간 차분하고 꼼꼼하게 '설명'하는 일은 불가능하다. 사정이 이러하다 보니, 기계적으로

• 현재의 의료보험 수가 체계는 필수 진료를 낮은 비용에 보장하여, 국민에 대한 보건의 책무를 국가가 이행하기 쉬운 방향으로 짜여 있다. 이런 상황이 생명의 길이(평균 생존 연령)를 늘리는 데 크게 기여했으며 원할 때 언제나 병원을 찾을 수 있는 환경을 만든 것은 사실이다. 그러나 필수 의료 행위의 가격은 저렴해졌다. 저렴한 행위기에 그에 정성을 들일 필요가 적어진다. 게다가 의료인은 필수 의료 행위를 적정 수로 수행하는 것이 병·의원의 운영을 위협하게 됨을 알고 있기에, 빠른 시간에 어떻게든 많은 환자를 보려 한다. 이것이 '3분 진료'의 원인이다.

설명을 읽어나가는 것이 충분한 설명을 대신한다.

이 과정에서 때로 정보 전달에 문제가 생긴다. 드라마가 제시하는 환자의 두 유형을 우리는 흔히 만난다. 설명이 어렵다고 느끼거나 권위자의 결정이라면 그걸로 됐다고 생각해 듣는 둥 마는 둥 하는 유형과 크게 놀랄 일이 아닌 것에도 감정의 동요를 일으키며 세세히 캐묻는 유형. 어느 쪽도 잘못하고 있는 것은 아니다. 그러면서 불신은 점점 깊어만 간다. 환자는 의료인이 자신을 충분히 챙기지 않는다고 생각한다. 의료인은 환자에게 설명해봐야 소용이 없다고 생각한다. 어느 쪽도, 서로 만나서 이야기할 시간을 주지 않은 제도가 문제의 근원이라는 데는 미처 생각이 못 미친다.

〈화상〉에서 의사는 권위자이자 서비스 제공자로서 분열된 모습을 보이고 〈슬기로운 의사 생활〉에서는 소통에 문제를 지닌 모습으로 비치곤 한다. 20년이라는 세월은 의사=권위자라는 생각을 탈색시키기에 충분했다. 오늘날엔 그 누구도 위생 규율의 힘을 휘두르는 경찰 같은 위치에 의사를 올려놓아주지 않는다. 하지만 일제강점기의 기억과 1960~1970년대 군대식 문화가 완전히 사라졌다고 보기도 어려운 것인지 어딘가에 권위가 부여돼야 한다고 느끼는 사람들에 의해 그것이 이젠 국가로, 제도로 옮겨 간다. 한국의 '의료 기술은 최고'라는 환상이 이런 생각을 유지시킨다. 최고라면 그 안에서 행위를 하는 행위자가 아무런 문제를 남기지 않아야 한다. 하지만 우리의 현실은 어떤가. 제도를 따른 의료인도 환자도 모두 만족하지 못하는 상황이 벌어지고 있지 않은가. 둘의 관계는 종종 서로에 대한 이해 불능으로 이어져 의료인은 권위를 잃고 환자는 자율성을 확보하지 못한다.

환자와 의사가 서로에게 귀 기울이려면

이런 환경에서 환자와 의료인의 관계는 비극이다. 급속한 발전 속에서 각자의 위치를 정립할 기회를 부여받지 못한 두 집단은 무시당한다며 서로를 오해한다. 의료인은 자신의 목소리가 사회에 먹히지 않는다고 생각하고 환자는 병원에서 제대로 대우받지 못한다며 분통을 터뜨리곤 하는 것이다. 여기엔 물론 다양한 요인이 영향을 미쳤겠지만, 가장 큰 문제는 환자-의료인 관계라고 생각한다. 환자도 의료인도 서로의 이야기에 귀 기울이지 않는다면 이런 상황은 더 악화할 수밖에 없다.

이 상황을 해결하는 데 필요한 것은 환자가 누구인지, 의료인이 누구인지 다시 묻는 것이다. 환자가 환자로서, 의료인이 의료인으로서 구성돼온 역사를 살펴보면 어쩌다가 이런 상황에 이르게 됐는지 알 수 있을 것이다. 그렇지만 환자가 환자로서 어떻게 확립되었는가 하는 점은 여전히 명확히 설명하긴 어려운데, '환자'의 범주가 실상 너무 넓기 때문이다. 더욱이 우리는 그동안 비대칭적 관계에서 상부를 차지한 사람에 초점을 맞춰 역사와 사회를 기술해왔다. 한 시대를 설명할 때 흔히 대통령의 이름을 떠올리는 것이 바로 그런 까닭이리라. 이는 의학에 관해 기술할 때도 마찬가지로 환자보다는 주로 의사 중심으로 이뤄져왔다. 물론 꼭 그래야 하는 것은 아니고, 이를 극복하기 위한 시도 또한 여러 번 있었다.* 하지만 환자보다는 의료인의 변화를 살펴보는 것이 아직까진 좀 더 명확한 결과를 제시해준다.

이 땅의 의료인은 자생적으로 나타났다고 보기 어렵다. 의학적 명민함을 지닌 인물이 여럿 있었던 것은 사실이지만, 일부 예를 제외하면(장기려 선생의 청십자의료보험 같은 것) 의료인이 직접 의료 제도를 구축하고 의료인 집단이 먼저 정부에 결정 방향을 제시한 경험 등이 별로 없다. 우리 사회에서 의료 제도와 의료인의 위치는 다른 모든 것이 그렇듯 위에서 주어진 것이었다. 미래에 어떤 문제가 발생할지 알기 어려웠던 정부와 의료인 모두 협상 과정에서 각자의 이득만을 추구했다. 그 과정에서 쌓인 갈등이 이후 세대에 이르러 문제를 일으키곤 한다. 위에서 언급한 환자-의료인 간 불신이 하나의 사례라 하겠다.

외국이라고 사정이 더 나을 건 없겠지만, 최소한 그들은 각자의 주장을 관철하는 과정에서 서로 조율해온 역사가 있다. 우리가 의료 전문가라고 부르는 이들에게 전문성이 부여될 수 있는 것은 단

---

* 대표적으로는 영국의 의학자(medical historian) 로이 포터의 《아래로부터의 의학사(medical history from the below)》가 있다. 의학 역사를 중요한 발견을 한 사람을 중심으로 기술하지 않고 환자의 병지(病誌, pathography)나 병을 둘러싼 사회문화적 변화로부터 의학의 역사적 변화를 확인한 것이다. '병지'란 병에 걸린 사람이 남긴 기록을 말하는데 아마도 병상 일기라는 표현이 좀 더 익숙할 것이다.

순히 그들이 전문지식을 쥐고 있기 때문만은 아니다. 이들의 전문지식은 사회로부터 자율성을 부여받는 토대가 되고 면허의 형태로 구체화한다. 이 면허는 아무래도 운전면허 같은 것과는 지위상 차이가 있다. 의료인에게 부여되는 면허는 일상에선 허용될 수 없는 일, 예컨대 자신의 내밀한 곳을 내보이고 비밀을 이야기하고 몸에 칼을 대는 일을 허락한다. 이 허락은 의료인에게 사회 구성원의 이익을 우선할 것을 그 교환 조건으로 요구한다. 이런 논의를 사회계약론이라 부르며, 사회의 구성원들이 더불어 살기 위해 계약을 맺었다는 것이 그 골자다. 그렇다면 사회계약론 아래서 의료 전문직은 어떤 위치를 점유하는가. 그리고 한국 사회에서 의료 전문직의 현재는 어떤 모습일까.

의료 전문직이란 무엇인가

사회계약론은 '사회는 어떻게 만들어지는가?'라는 질문에 답하고자 18세기 철학자들이 제시한 이론이다. 이전 왕권신수설이 신으로부터 권한을 부여받은 왕을 상정하고, 따라서 국가란 왕의 몸과 같다는(성경에서 신을 머리로, 신도를 몸으로 비유한 것을 따른 것이다.[18]) 주장을 펼친 것을 부정하기 위한 논의에서 출발한다. 사회는 개별 구성원의 계약으로 만들어진 것이라는 주장이 사회계약론의 핵심이며 토머스 홉스Thomas Hobbes, 존 로크John Locke, 장 자크 루소Jean Jacques Rousseau가 각기 다른 방식으로 논의를 전개했다.

홉스는 흔히 만인의 만인에 대한 투쟁이라 불리는 상태를 상정한다. 이 상태에서 모두는 자신을 지키기 위해 싸우고 있다. 소모적 전쟁과 갈등을 피해 살아남으려고 사람들은 누군가에게 권력을 모아주기로 합의하는데, 이 합의로 탄생하는 것이 왕이다. 홉스는 강한 왕권을 추구했지만 그 또한 사회 안정을 위한 계약에 의해 성립한 것이므로 사회를 혼란에 빠트리는 왕은 언제든지 교체될 수 있다. 더는 왕에게 신의 권한을 부여하지 않는 것이다.

반면 로크는 완벽한 자유와 평등을 누리는 개인들을 상상한다. 이런 상태라면 평소에는 괜찮지만 누군가가 타인의 권리를 침해하면 문제가 생긴다. 중재할 방법이 없어서다. 그래서 사람들은 자신의 자유를 일부 위임해 판결을 내릴 수 있는 존재를 만들기로 한다. 이것이 사회 또는 정부다. 이렇게 만들어진 정부는 개인에게 이익을 가져다주기 위해 존재하며, 개인은 각자의 이익을 위해 법률을 따라야 한다.

계약의 결론으로 홉스는 마키아벨리와 비슷한 강한 왕권에, 로크는 개인의 재산권 수호를 위한 민주정에 도달한다. 이들의 논의는 현대 사회계약론contractarianism으로 이어졌으며, 이기적 개인이 자신의 이익을 극대화할 수단으로서 계약을 맺는다는 기본 생각을 공유했다.

한편 루소는 인간은 원래 평화로운 삶을 유지하는 존재라고 가정한다. 인간은 양심을 지니고 있기에 도덕적이기도 하다. 하지만 인구가 증가하면서 사회가 형성되고 사유재산 개념이 생겨나면서 탐욕이 증대해 문제가 된다고 봤다. 사람들 사이에 생겨난 이 같은 불평등이 자산가a man of wealth와 노동자a man of work로 사회 계급을 나누며, 이때 자산가는 계약을 맺음으로써 자신들의 이익을 더욱

추구하고 이것이 다시 불평등을 강화한다. 루소는 당시 사회가 불평등한 이유를 잘못된 계약에서 찾았으나 그렇다고 해서 자연 상태로 돌아가는 것이 문제 해결책이 될 순 없다고 봤다. 왜냐면 이미 현대 사회에 익숙해진 개인이 자연 상태로 돌아가면 훨씬 큰 불편함을 겪게 되는 데다 상태는 분명 다시 악화할 것이기 때문이다. 따라서 자유를 보장하기 위한 계약을 다시 맺는 절차가 마련돼야 한다.

자유로운 개인들의 합의라는 장 자크 루소의 생각은 칸트를 거쳐 계약주의contractualism로 이어지며, 이 생각은 윤리와 도덕의 원천을 계약에서 찾는다. 계약주의는 사회계약론과 방향성은 다르지만, 어떤 결정이 내려질 때 그것이 이미 계약을 맺은 사람들에 의해 이뤄지는 것이라 상정하고 그것을 기준으로 삼는다.

계약이 중요한 것은 사회적 의무와 권리에 근거를 부여해주기 때문이다. 때론 그런 사항이 법에 규정돼 있을 수도 있지만, 법이 규정하지 못하는 부분도 있다. 그때 우리는 계약에 근거해 의무와 권리를 이야기할 수 있다. 이를테면 우리는 공공장소에서 타인을 불쾌하게 만들면 안 된다고 생각한다. 경범죄와 같은 법률로 불쾌한 행위를 금하지만 이 법이 인간의 모든 행위에 대해 말해주진 못한다. 예컨대 음식점에 반려동물을 데리고 들어가면 안 된다는 법률은 없다. 오히려 장애인복지법에 따르자면 안내견 등 보조견과 동행한 장애인의 출입을 이유 없이 거부하면 안 된다. 그런데도 반려동물을 데리고 들어갈 수 없는 음식점이 많다. 이런 부분을 우리는 '상식'으로 여긴다. 하지만 정작 그 상식의 출처를 물으면 마땅한 답을 내놓기가 어렵다. 이때 계약주의는 답한다. 더불어 사는 사회에서 피해를 주고받지 않기 위해 사회를 구성하는 개인이 서로 약속을 맺은 것이라고 말이다.

전문직과 의뢰인, 예컨대 변호사-소송 당사자, 의사-환자는 당장 해결해야 하는 문제를 놓고 계약을 맺는다. 변호사라면 소송을 대리할 것이고, 의사라면 치료 행위를 수행하고 약을 처방할 것이다. 계약 이후 의뢰인은 업무에 상응하는 비용을 지급한다. 그런데 이 계약이 전부가 아니다. 전문직 단체와 의뢰인 집단, 또는 전문가와 사회[*]가 맺은 계약이 전문직과 의뢰인의 직접 계약 뒤에 있다. 전문가 대표자와 사회 대표자가 조인식을 열어 직접 서명을 한 것인지는 중요하지 않다. 계약을 맺었다는 전제에 따라 전문직은 면허 형태로 부여되는 독점적 권리를 발휘하고 사회는 전문직에게 이타적 행위를 요구하는 것이다.

의료인의 독점적 지위는 어디서 오는가

의료인에겐 환자의 신체를 검사하고 개인적 비밀에 해당하는 사항을 질문하기도 하며 바늘이나 칼로 몸을 상하게 할 권리까지 주어진다. 다른 어떤 사람에게도 주어지지 않는 이 권리가 허용되는 것

---

* 의뢰인 집단은 아무래도 불특정 다수이기 때문에 사회라고 불러도 크게 벗어나진 않는다.

은 이를 통해 환자의 병을 치료하기 위함이다. 굳이 물어보지 않아도 당연한 것 아닌가 싶고 역사 이래 계속 이렇게 해왔을 것 같지만, 몇 가지 사례를 떠올려보면 꼭 그렇지만도 않다.

조선 시대를 떠올려보자. 남성인 의사가 여성(이자 귀족)인 환자를 대면해 진료하는 것은 허용되지 않았고, 그래서 그 시절의 의사는 직접 손을 대지 못하고 환자의 손목에 실을 매 진맥했다. 오늘날 우리 사회에선 더는 이런 일이 없으나 이슬람 문화권에선 여전히 결혼한 여성을 검진하려면 남편의 허락을 받아야 하는 경우가 있다.

진료하면서 의료인은 환자가 진실을 말했다고 믿어야 하지만, 사실 환자의 말이 진실인지 확인할 방법은 없다. 오히려 의료인으로 사회화되어가는 이들은 환자의 진술을 의심하는 태도를 무의식중에 익히게 된다. 환자에게 칼이나 주사 등의 침습적 기구를 사용하는 것은 숙련을 요하는 일이다. 하지만 직종마다 허용되는 범위가 다르며 어디까지 허용돼야 하느냐에 관해선 논란이 있다. 이를테면 국내에서 치과의사가 안면 보톡스 주사로 미용 치료를 한 것을 두고 고발이 이루어졌고, 대법원은 치과대학과 수련 기관에서 관련 내용이 교육되고 있다면 허용 가능하다는 결론을 내렸다. 즉 학술적 정의와는 달리 현실에서 의사, 한의사, 치과의사 각각의 고유 영역에 분명하게 선이 그어져 있진 않은 것이다. 결국 의료인의 검사, 면담, 술식은 모두 사회적으로 규정한 것이지 초역사적으로 모든 문화권에서 동일하게 나타나는 것이 아니라는 결론에 이를 수 있다.

그렇다면 애초 이런 권리는 부여받은 것이거나 허용된 것이라고 말할 수 있다. 이를 앞에서 살핀 사회계약론의 견지에서 보자면 개인이 어떤 편익을 위해, 또는 자유를 획득하기 위해 계약을 통해 합의한 것이라고 가정하게 된다. 그 합의는 의료 전문가 집단에 검사, 면담, 술식을 허용하는 것, 즉 이들이 환자를 치료하기 위해 자신의 전문지식을 활용할 수 있도록 보장해주는 것이다. 여기에 필요한 것이 전문가의 독점과 자율이며 이를 구현시키는 것이 면허 제도다.

밀턴 프리드먼Milton Friedman과 같은 자유주의 경제학자는 '전문가'를 따로 구분할 필요 없이 시장에 맡기면 된다고 주장한다.[19] 면허는 진입 장벽을 만들어 변화를 가로막는 장애물일 뿐이라는 것이다. 그러나 의학은 시장 경쟁으로 개선과 진보를 이루기엔 한계가 있다. 흔히 정보 격차라고 말하는 의료인과 비의료인 간의 지식 차이가 일단 문제다. 일반인은 의료에 관해 알기 어려운데, 단순히 의학 지식을 쌓기가 어렵다는 점을 넘어 자신의 몸 상태가 괜찮은지, 치료가 잘된 건지도 알지 못하는 것이다.

면허 제도가 없었던 19세기 미국을 생각해보자. 당시 미국은 자신이 질병을 치료할 수 있다고 주장하는 여러 직종이 난립했다. 역사는 이들에게 약팔이, 사기꾼이라는 이름을 붙였다. 하지만 진짜 의사도 별반 차이는 없었는지 모른다. 아니 지금 기준에서 "진짜" 의사라고 말할 수 있는 사람은 거의 없었다고도 말할 만하다. 이

때 팔린 약품이란 게 주로 마약류를 토대로 여러 성분을 혼합한 것이었으니 말이다.[20] 1849년 판매를 시작한 '윈슬로 부인의 진정 시럽Mrs. Winslow's Soothing Syrup'이라는 약물이 있었다. 간호사였던 샬럿 윈슬로가 만든 이 시럽은, 먹이면 아이가 "5분 안에 잠드는 명약"으로 1910년까지 대대적 성공을 거두다 1911년 판매 금지 대상이 됐다. 주성분이 모르핀이었기 때문이다. 약물을 만들던 당시엔 마약의 위험을 잘 몰랐던 탓에 벌어진 일이다. 모르핀 함량이 높아 위험한 일도 벌어졌겠지만 사람들은 그 진실을 모른 채 아이들에게 이 시럽을 먹였다. 심지어 성분이 밝혀진 다음에도 약물은 팔렸다.

어떤 약이나 치료에 문제가 있음을 확인하려면 그만큼의 지식과 기준이 필요한데 시장에만 맡겨져 있으면 제대로 된 판단을 내리기 어려울 것이다. 판매자끼리 담합해 위해를 감추거나 누군가의 문제 제기를 반대편의 음해로 몰아갈 수 있기 때문이다. 그러면 문제가 쉽사리 개선되지 않다가 더 많은 사람이 피해를 본 다음에야 발견되곤 한다. 우리 사회를 큰 혼란에 빠뜨린 가습기 살균제 사건을 떠올려보라. 문제가 되는지도 모른 채 상당 기간 판매, 사용되었고 정체불명의 폐 질환이 발생했을 때조차 제조사는 문제를 가리기 급급했을 뿐 별다른 해결의 노력을 기울이지 않았다.[21]

여기서 의료인의 기본 소양 문제가 제기된다. 일정 수준의 교육을 받고 행동 방식을 익힌 사람만 의료인으로 인정하는 것은 이들이 이후 문제를 일으키거나 문제가 되는 사항을 인지하지 못하는 상황을 방지하는 기본 장치다. 더불어 의료인은 구성원들 스스로 규제할 필요가 있다. 바깥에선 자세한 내용을 알기 어려우므로 내부 단속을 잘해야 하는 것이다. 이것이 의료인의 독점권과 자율규제권이며, 사회는 의료 전문인에게 이를 권리로 부여해 자기 발전을 꾀하도록 한다. 후자가 권리인 이유는 외부 규제를 가하기보다는 스스로 조정하도록 허용하는 것이어서다.

그리고 이 모두는 의료 전문직을 국가의 통제 아래 두는 방식으로도 활용될 수 있다. 자율적으로 힘을 키워 정치적 결정력을 지닌 단체로 역할을 수행하고 학교를 설립하면서 권리를 획득한 미국의 의료 전문직과 우리나라 의료 전문직의 차이가 여기 있다. 앞서도 언급했듯이 우리나라는 일제강점기부터 국가 주도 아래 의료인을 통제하는 정책이 그대로 이어져왔다.[22]

국가에 의한 의료인 통제와 의료적 이타주의

1944년, 전쟁에서 수세에 몰린 일본군은 의료 인력을 보충하려 식민지 조선의료령을 개정했다. 의료업 종사자는 국가가 내린 업무를 수행할 의무를 갖는다고 규정함으로써 국가 주도의 의료 정책을 강화한 것이다. 전쟁의 와중에 의료 자원이 더 많이 필요해진 일제가 의료인 동원령을 내렸다고 보면 된다. 그런데 이 법이 정리되지 않은 채 광복 이후 미군정 시기가 도래했고 이때부터 의료 서비스는 민간 자율로 운영됐으나 정부는 다른 일에 쫓겨 보건의료를 중시하지 않아 의료 공백 상태가 있었다.

1951년, 정부가 국민의료법을 공포했다. 의료인에게 면허가 부여되었고, 각 직종의 진료 영역을 분리했으며, 전문 과목 표방 또한 정부 규정에 따르게 하면서 의사 수와 자격은 오롯이 국가 통제 영역에 속하게 됐다. 이 시점부터 공중보건은 정부 정책에 맡겨져 이후 구충제 사업이나 가족계획사업과 같이 국가 주도의 사업으로 자리 잡는 토대가 마련됐고, 의료 서비스는 의료인 개인의 고유 업무가 됐다. 단, 그 수와 진료 영역은 국가의 규제 영역으로 남았다.

면허를 규정하는 법이 생기긴 했지만, 1950년대엔 무면허 의료업 종사자가 많았다. 의료인 수는 턱없이 부족했고 무면허 진료 행위에 대한 처벌은 미약했다. 이런 와중에 무면허 업자가 주사를 놓다 환자가 사망하는 일이 여러 번 있었다.

1961년 5월 16일 박정희 육군 소장이 군사 정변을 일으키면서 정권을 잡았다. 국가 발전을 위해 의료 서비스 확대가 절실했으나 재정이 부족한 상황에서 정부는 저변을 확충하는 대신 의료인 통제를 강화하는 방향을 택했다. 의료기관 개설은 도지사의 허가를 받아야 했고 의료인 정기 신고 의무화로 실태를 파악했다. 모든 의료인은 중앙회에 의무적으로 가입해야 했으며 보수교육도 받게 됐다. 이를 보건사회부 장관이 감독함으로써, 정부-의료인 단체-의료인의 하향식 통제 구조가 완성됐다.

이렇듯 우리나라에선 의료 전문인에게 독점권과 자율 규제를 전적으로 부여한 적이 없고, 항상 국가의 통제가 그 위에 있었다. 하지만 사회는 의료인에게 독점권 부여에 따른 의무를 요구했다. 자신의 이익보다 환자의 이익을 우선할 것, 즉 의료적 이타주의를 요구했다.

의료인이 환자를 우선하는 게 당연하지 않은가 싶지만 시장의 거래에선 판매자가 자신의 이익을 우선하는 게 당연하다. 높은 비용을 지급하고 의료 서비스를 받는 경우가 적지 않아 의료인은 그저 자신의 이익을 최우선하는 것처럼 보이지만, 사실 이는 전문가 서비스에 상응하는 비용을 지급하는 것일 뿐 여기서 말하는 이익과는 별개다. 환자의 이익을 우선한다는 것은 의료인이 더 많은 이득을 얻기 위해 환자에게 원래 제시하려던 선택지를 변경하지 않는 것을 의미한다. 즉 자신의 이득을 챙기려고 애초 내린 판단이나 선택 대신 다른 것을 제시하거나 행하는 것을 이해충돌conflict of interest이라 한다.

여기서 말하는 이타주의와 이해충돌이 일반적 의미에서 쓰이는 이타성이나 이득을 둘러싼 갈등을 말하지 않는다는 데 주의할 필요가 있다. 의료인에게 요구되는 이타주의는 종교적 헌신이나 초월적 봉사 같은 것이 아니다. 이해충돌 또한 의료인과 환자 사이 이해가 충돌한다는 말이 아니다. 환자를 치료하는 여러 방법이 있는데, 이 중 환자에게 가장 좋은 방법을 선택해야 한다는 것이 여기서 말하는 이타주의의 의미다. 이해충돌 또한, 의료인의 공적 책무를 기억하고 자기 이익만을 위해 환자를 위한 최선의 선택에서 벗어나지 말라는 의미일 뿐이다. 물론 이 정도만 해도 상당한 것을 요구하는 셈이다. 의료인은 개인적으로 시급한 일이 있어도 위중한 환자를 저버릴 수 없다. 특정한 경우엔 손해도 각오해야 하고 잘못된 정책이나 사회적 결정에 맞서 싸울 필요도 생긴다.

이런 이타주의적 의무는 앞서 제시된 독점권, 자율 규제권과 쌍으로 존재한다. 독점권이 주어지면서 이타주의적 의무가 동시에 부여되고, 이 권리-의무 집합은 분리되지 않는다. 의료 전문인이 전문지식을 활용하는 토대는 환자 또는 사회의 이익을 우선하는 데 있으며, 사회는 의료 전문인에게 독점권을 부여함으로써 그들이 사회적 이득을 추구하리라 믿는다. 최소한 미국이나 유럽에선 이것이, 의료인이 전문직으로서 기능하기 위한 기반을 구성하는 조건이다.

"의사가 말이야…": 현대적 의료윤리의 시작

옛날에는 의사의 모습이 사뭇 달랐다. 17세기 프랑스 극작가 몰리에르의 작품 《상상병 환자》에는 건강 염려증을 심하게 앓는 주인공 아르강이 등장하는데, 그는 주치의 퓌르공의 처방을 철석같이 믿는다.[23] 퓌르공은 아르강의 상상병에 여러 처방을 내리며 돈을 번다. 하지만 아르강이라고 돈 관념이 없는 것은 아니라서, 그는 처방전을 하나하나 살피면서 어떤 약이었고 효과는 어땠는지를 생각하며 약사 플뢰랑에게 비용을 따진다.

이 작품에 나오는 주치의 퓌르공은 자신의 이익을 최우선하는 인물이지만, 그럼에도 아르강의 불만 사항을 다 들어주고 약도 처방해주며 딴에는 엄청나게 노력한다. 단지 그의 치료가 효과적이지 않을 뿐이다. 퓌르공이 환자를 우선하지 않는 사기꾼이라고 비난하긴 쉽다. 하지만 그러려면 의사에게 부여된 이타주의적 의무라는 현대적 관점을 전제해야만 한다. 그러나 퓌르공의 치료를 현대인의 관점에서 볼 때 효과적인 것이 많지 않은 것일 뿐 어쩌면 상상병으로 가족을 괴롭히는 아르강의 이야기를 일일이 들어주는 이가 단 한 사람이라도 있다는 게 다행스러워 보이는 측면도 없지 않다. 또 작가 몰리에르가 보여주는 환자-의사 관계는 많이 꼬여 있는데, 사실 그는 당대의 의사를 희화화하는 작품을 여럿 쓴 사람이기도 하다.

의외로 현대 이전의 의료윤리 문헌은 의료인의 헌신이나 숭고한 직업정신 같은 것을 말하고 있지 않다. "의사가 말이야"라는 흔한 말과 함께 언급되는 히포크라테스 선서는 환자에게 해를 끼치지 말 것을 주문하지 의사의 거룩한 헌신 따위를 규정하고 있진 않다.(히포크라테스 선서가 헌신을 요청하는 대목은 스승의 자녀를 무상 교육할 것, 즉 직종 내 기술 전수의 의무다.) 히포크라테스 선서 이후의 의료윤리 문헌, 예컨대 18세기 영국에서 토머스 퍼시벌Thomas Percival이 저술해 의료윤리 발전에 큰 영향을 미친《의료윤리: 내과 및 외과 의사가 전문직으로 수용해야 할 원칙과 권고에 관한 강령Medical Ethics; or, a Code of Institutes and Precepts, Adapted to the Professional Conduct of Physicians and Surgeons》은 의사가 환자를 대할 때 신사여야 함을 강조하고 있다.[24] 이미 이 시기에 의사는 신사, 즉 상류층의 행동 규범을 따라야 하는 직업으로 규정됐으며, 그것은 의사이기 때문에 환자에게 헌신해야 한다는 것이 아니라 상류층으로서 마땅히 모범을 보여야 함을 말하고 있다.

이런 역사를 생각하면 현대에 들어 의료 전문인에게 환자를 우선하라고 외칠 수 있게 된 것이 그나마 다행이 아닌가 하는 생각도 든다. 그리고 이것은 의료인의 전문직화가 낳은 결과물이다. 전문직에게 독점적 지위를 부여하고 대신 그들에게 자신의 이득을 위해 환자에게 더 좋은 결과를 포기하면 안 된다고 요구할 수 있게 된 것이다.

의시가 전문직이라는 사실은 앞으로도 오랫동안 변하지 않을 것이다. 실제로 의학 분야는 점점 더 복잡성을 더해가고 있어 이젠 의사조차 자신의 진료 분야가 아니면 잘 모른다. 상황이 이런데 환자가 자신에게 필요한 모든 것을 알아서 찾고 해결할 수 있으리라는 주장을 편다면 그건 환자 자율성이라는 신념에 매몰된 나머지 현실을 망각한 게 아닌가 의구심이 든다.

누구나 자신이 잘 모르는 영역에선 도움을 줄 사람을 필요로 한다. 건강과 질병 문제에서 도움을 줄 사람은 의료인이다. 물론 의료인이 권위만을 내세워 '돕는 자'이기보다는 '결정하는 자'로 군림해 문제가 된 시기도 있다. 즉 의료인의 형태는 변할 수 있으며, 지금은 그때와는 상당히 다른 방식으로 의사와 환자가 상호작용을 하는 경우가 많다. 그럼에도 변하지 않는 사실이 있으니 몸의 문제에서 누군가 도움을 줄 사람이 필요하다는 바로 그 점이다.

　이 장의 서두에서 우리는 의사들의 파업에 관해 살펴봤다. 이 땅에서 의료인 간에, 그리고 의료인과 사회 사이에 얼마나 틈이 벌어져 있는지를 살펴보는 데 그보다 확실한 통로는 없다고 여겨서다. 그리고 우리는 〈화장〉과 〈슬기로운 의사생활〉 두 작품을 통해 환자와 의료인이 서로 멀찍이 떨어진 자리에 있는 것도 살펴봤다. 그렇게 벌어진 관계를 어떻게 이을 것인가 하는 과제가 남겨졌음을 확인하는 기회였다. 그런데 이 문제를 해결하려면 단지 개인적 관계가 아니라 사회적 관계를 다룰 수 있는 틀이 필요하다.

　앞서 이야기해본 두 번의 의사 파업에서 시민들 그리고 환자들이 의심했던 것은 의사들 파업의 이유가 결국 돈 때문이 아니냐 하는 점이었다. 간단히 말해, 의사가 돈을 더 벌기 위해 이러는 것 아니냐는 틀에서 의사들의 모든 주장이 해석됐다. 이런 의심 자체는 어느 정도 타당하며 공적 영역에서 일하는 자가 돈을 더 벌기 위해 또는 자신의 이득을 추구하기 위해 본래 감당해야 하는 일을 또는 타인의 이익을 도외시하는 선택을 하는 경우는 언제나 벌어지고 있다.

　사실 그런 행태로 말하자면 정치인도, 공무원도, 전문가도 예외가 될 수 없으며, 따라서 그런 부정적 사태가 발생하지 않도록 경계해야 마땅하다. 이것이 바로 이해충돌의 문제다. 지역개발 사업에 참여하는 정치인이 해당 지역의 토지를 매매하면 안 되는 것이고, 경제 정책 관련 공무원이 미리 얻은 규제 및 허용 정보를 토대로 주식을 매입하면 안 된다. 마찬가지로, 의료인은 자신의 편익을 위해 진료 과정에서 알게 된 환자의 정보를 활용해선 안 되고, 진료 결정 시 환자에게 최선인 것을 선택해야 하며, 이것이 의료인 자신의 이익 때문에 흔들려서도 안 된다. 의료 정책 결정에서도 단지 자신의 이익만을 위해 의료 정책을 결정하거나 정책 결정에 반대해선 안 된다.

그러나 앞서도 언급한 바와 같이 지난 2000년과 2020년의 의사 파업은 여러 가지 주장과 판단이 뒤섞인 혼돈의 상태로 진행됐다. 일부는 자신의 사적 이익을 추구하기도 했지만, 일부는 더 나은 정책으로 나아가기 위한 염려를 담기도 했다. 다만 이들이 결과적으로 같은 주장을 내건 것은 우리가 속해 있는, 우리가 살아가는, 우리가 경험하는 이 사회가 그만큼 복잡하기 때문이다. 의료 정책은 그중 가장 복잡한 것 중 하나로, 이익 당사자가 많아 각자의 가치, 원칙, 주장이 혼재되어 있다. 따라서 이런 환경이나 상황을 무시한 채 특정 대상을 단칼에 베어내거나 도매금으로 넘기면 문제를 수습하기는 더 어려울 수 있다.

그렇다면 어떤 태도가 필요한가. 이해충돌을 경계하는 동시에, 의료인 집단에 사회의 이익을 우선할 것을 촉구해야 한다. 전문가 집단에 부여한 자율성이 어떻게 하면 사회에 이득이 될 수 있을지를 더 깊이 고민해야 한다. 또한 전문가 집단의 여러 주장 가운데 어떤 것이 사회의 이익을 위한 것인지 분별해내고 그 주장에 힘을 실어줄 필요가 있다. 이를 식별하는 가장 좋은 방법은 아마도 그들이 어떤 가치와 원칙을 우선하고 있는지를 확인하는 것이리라. 즉 결과물이나 결론만 보고 판단을 내리거나 의사결정을 해선 안 된다. 무엇보다 가치와 원칙을 기준으로 살펴야 하며 그것이 무엇을 겨냥하고 있는지 확인해야 한다.

이것이야말로 윤리의 작업이다. 윤리는 다름 아니라 가치와 원칙에 관한 탐구이기 때문이다. 그렇다면 우리는 무턱대고 윤리를 외쳐 타인을 재단하기보다 자기 자신의 가치와 원칙이 무엇인지 살핀 뒤 거기서 출발해 다시 타인의 가치와 원칙을 따져봐야 한다. 물론 감정적 호소와 동요도 무시할 순 없다. 그러나 격화된 감정의 골을 건널 다리를 만들려면 우리가 가진 생각하는 힘, 즉 사고력을 발휘해야 한다. 그것이 자기 목소리만 확대해서 듣는 이가 많은 지금 이 시대에 연결과 합의를 가져올 방법이다.

맺음말

미래의 의료윤리와 서사윤리

의료윤리의 여러 쟁점을 살펴봤다. 이제 우리는 각자의 결정을 내려야 한다. 다시 한번 강조하자면 안락사, 임신중절, 치매, 감염병, 유전자조작, 건강세, 개인정보 보호, 환자-의료인 관계 등 이 모든 상황에 다 들어맞는 황금 열쇠는 없다. 그럼 우리는 어떤 결론을 내려야 할 것인가?

내가 생각하는 답을 제시하기보다는 결론에 도달하는 방법을 제시해보자는 것이 애초 이 책의 목적이다. 앞서 살핀 의료 분야 쟁점들을 둘러싼 역사와 맥락을 충분히 인지한 상태에서 각자가 처한 상황을 세밀하게 들여다보자는 것이다. 그런 뒤 맥락과 상황에 민감한 결정을 내리는 게 좋을 것이다. 이때 필요한 것은 당면한 문제가 어디서 왔는지 성찰하고 이후 어디로 갈 것인지 상상하는 능력이다. 이 능력을 키우고자 하는 독자를 위해 제안하고 싶은 것이 서사윤리이다.

우리는 아이에게 윤리를 가르치려고 동화를 읽어주곤 한다. 거짓말을 하면 안 된다는 것을 알려주기 위해 〈양치기 소년〉을 읽어주는 식이다. 심심풀이로 "늑대가 나타났다!"라고 외치던 양치기 소년은 결국 진짜 늑대가 나타났을 때 도움을 받지 못했다는 짧은 이야기지만 이런 이야기의 흐름은 아이에게 비도덕적 사건의 발생과 경과와 결말을 깨닫게 해준다.

하지만 이야기의 흐름에는 감춰진 전제들이 있다. 〈양치기 소년〉은 어떤가? 양치기 소년처럼 거짓말을 하면 너는 고립될 것이다. 고립된 자는 위험이 닥쳤을 때 타인으로부터 도움을 받을 수 없으며, 그것이 너의 파멸을 초래할 것이다. 이를테면 소년이 거짓말을 했어도 늑대를 혼자서 상대할 수 있다면(〈다윗과 골리앗〉의 다윗처럼) 이 이야기는 거짓말을 하면 안 된다는 교훈을 아이에게 전달할 수 없다.

어떤 이야기를 세심하게, 특히 그 윤리적 측면을 자세히 살피는 일은 우리가 암묵적으로 전제하는 윤리적 가정이 무엇인지를, 우리가 그 상황에서 어디로 흘러가게 되리라고 기대하는지를 알려준다. 때론 그 이야기가 우리의 윤리적 가정과 충돌해 우리를 고민에 빠뜨리기도 한다. 그렇지만 때로 그 이야기는 우리가 기대하지 못했던 방향으로 튀어 나가 우리의 소망과 꿈을 보여주기도 한다. 이것이 바로 해석과 상상의 능력이며, 우리는 이를 윤리 사례에 그대로 적용할 수 있다.

의료윤리적 문제 상황, 해석과 상상으로 풀어나가기

해석과 상상으로 의료윤리적 문제 상황에 다시 접근하는 일은 당면한 상황을 더 깊이 이해하게 하고, 가능한 여러 결말 중 연관 당사자(환자와 보호자는 물론이고 의료인과 사회도 포함) 모두에게 최선이 무엇인지 생각해볼 수 있게 한다. 이런 접근은 원칙에서 나오는 무딘 결정("생명권이 중요하니 낙태를 금지해야 한다", "자기결정권이 다른 무엇보다 우선하니 감염병 상황에서 공중보건적 접근을 철폐해야 한다")을 피하는 길로 이끈다.

이를테면 치매 환자와 후견 제도의 문제에서 후견 제도가 무조건 잘못됐다는 생각은 적절치 않다. 후견 제도가 필요한 경우도 분명 있고, 반면에 환자나 주변인에게 짐이 되는 경우도 있다. 필요한 것은 어떤 제도가 도움이 되는지 분별할 수 있는 눈과, 미래를 꿈꾸며 그것을 현실에서 구현하려는 의지다.

여기서 나오는 결론은 판결이 아닌 조정과 방향 설정이다. 의료윤리가 판결을 내리는 일을 하는 경우가 있는데("생명권과 여성의 자기결정권이 충돌한다고요? 자, 현대적 의미의 자율성은 무엇보다 소중하니 임신중절 허용으로 결정하시죠."), 이럴 필요가 있을 때도 간혹 있다. 하지만 의료윤리가 해야 하는 역할은 최종 결정을 내리는 것이 아닌, 참여자 모두가 인정할 수 있는 윤리적 방향으로 결론을 맺을 수 있도록 이끌어가는 것이다. 내 가족의 일을, 내 진료를, 우리 지역사회의 결정을 외부의 '초연한 관찰자'가 와서 툭 던지고 가는 것은 적절하지 않다. 윤리적 판단은 과학이 아니며, 심지어 의료적 행위 또한 물리학과 동일한 의미의 과학이라곤 말할 수 없다. 의료윤리학자는 윤리적 갈등으로 깨진 이야기를 모아서 그다음 단계로 이어질 수 있도록 재구성해내야 한다.

서사윤리는 구체적 상황에 적용해 당사자 모두가 최선의 결론으로 나아갈 방법을 제시하는 데도 쓰이지만 제도의 변화를 살피는 데도 활용된다. 예를 들어, 4장에서 살펴본 감염병을 향한 차별과 배제 문제에 서사윤리는 어떻게 접근할 수 있을까? 기존의 의료윤리학이 차별과 배제를 다루는 방식은 어찌 보면 단순하다. 차별은 '있어선 안 되는 것'이다. 그것은 정의에 반하는 일이므로 철폐해야 한다. 차별 멈춰!(만약 여기서 2012년에 도입됐다가 2021년 초 인터넷에서 조롱조로 다시 유행한 '학교폭력 멈춰!'를 떠올린 독자가 있다면 그렇다, 바로 그 얘기다.)

나 또한 그런 단순한 방법, 선언, 원칙만으로도 차별이 근절될 수 있기를 바란다. 아니, 그렇게 되길 꿈꾼다. 하지만 현실은 그렇지 않다. 차별의 대상과 실천은 무척 복잡한 문화적 교환 안에 얽혀 있어 결코 쉽게 빼낼 수 있는 젠가 블록 같은 것이 아니다.(어쩌면 젠가 블록에 비유하는 게 적절할지도 모르겠다. 억지로 빼내려 하면 우르르 무너져버리니 말이다.) 게다가 감염병을 향한 차별, 혐오, 배제는 오늘날엔 SNS 등을 타고 더 빨리 확산할 수 있기에 큰 문제가 된다. 때로 혐오는 자기 자신을 지키기 위한 감정이라는 식으로 정당화돼 역으로 자기보다 약자라고 생각되는 사람 또는 우리가 사회에서 지워버릴 수 있다고 여기는 집단에 대한 폭력으로 번지기도 한다. 이런 상황에서 그저 "차별은 안 돼요"라고 말한다고 해서 사회가 하루아침에 달라지진 않는다.

서사윤리가 물론 최상의 해결책을 제시하진 않을 테지만 적어도 단순한 해법을 제시해놓곤 만족스러운 웃음을 짓고 있진 않는다. 서사윤리는 차별하는 자와 차별받는 자의 이야기를 듣고 차별이 어떤 구조에서 나오는지를 확인하며(단지 차별하는 자와 차별받는 자의 존재 자체가 현재 진행되는 감염병에 의한 차별의 모든 것을 담아내는 것은 아니므로), 차별과 혐오의 상황에서 지워져버린 목소리들을 찾아 나선다.

그 목소리들이 들릴 때에야 우리는 차별과 배제와 혐오를 해결하기 위한 길로 한 걸음 더 내디딜 수 있다. 최근 여성이나 장애인을 향한 차별을 문제시할 때 여성과 장애인 당사자의 목소리에 힘을 실어주는 행위가 의식적·무의식적으로 일어나고 있다. 그리고 그러한 시도가 미친 여파를 추적해보면, 이런 노력이 사회문화적으로 작동해 어떤 결과를 불러오는지 확인할 수 있을 것이다. 문제를 해결하고 싶다면 우리는 먼저 들어야 한다. 무슨 일이 있었는지, 차별과 혐오의 경험은 무엇인지, 그 바깥에 존재하는 우리가 알지 못하고 듣지 못하고 보지 못했던 것은 무엇인지.

그러한 바탕 위에서 구체적 정책을 논의해야 할 것이다. 차별과 혐오를 줄이기 위한 정책은 가해자 편의 금지를 요청하기도 하지만 피해자 편의 해방을 요구하기도 한다. 두 가지 일이 함께 진행돼야 하며 이것이 정책으로 구현되도록 하려면 양쪽 모두를 잘 이해해야 한다. 사회란 상이한 생각을 가진 여러 집단이 함께 사는 곳이기에 어느 한쪽의 목소리만으로 문제를 재단하지 말아야 한다. '생각이 다른 둘이 화해할 수 있을까?' 하고 묻는 것이 서사윤리의 기본 접근 방법이자 목표다.

그리고 우리는 서사윤리를 활용해 서사적 해결책을 찾아볼 수도 있다. 배제와 차별의 문화가 담긴 서사는 실제로 배제와 차별을 강화할 것이다. 즉 뉴스와 인터넷, 영화와 소설 등의 매체를 타고 우리 사이에서 무의식적으로 차별의 서사가 퍼져나가기도 한다. 성소수자를 향한 혐오, 특정 인종과 민족을 향한 혐오가 만들어진 것은 오랜 역사 탓도 있지만, 그것을 비판 없이 재현한 매체 때문이기도 하다. 그렇다면 서사학narratology이 말하는 대항서사counternarrative의 활용이 하나의 문제 해결 방법이 될 것이다. 헤게모니를 쥐고 있는 혐오의 표상에 대항하는 다른 이야기를 말하고 응원하는 것. 비록 이것이 매우 작은 실천일지 몰라도 대상을 바라보는 우리의 방식을 조금씩 바꿔준다. 서사윤리의 실천은 그런 식으로 스며들어 간다.

이를 위해선 훈련이 필요하다. 많은 책을 읽고 토론해야 하며, 자기 생각을 정확히 표현할 수 있어야 한다. 그런 점에서 서사윤리를 한다는 건 결코 쉽지 않은 일이며, 현대의 바쁜 의료 환경에서 곧바로 적용하기엔 어려움도 있다. 하지만 그래서 더더욱 이런 접근이 절실하다.

속도에 저항하며 나아가기

현대는 그 빠른 속도로 인해 많은 것을 놓친다. 의료 현장에서도 그렇다. 이를테면 환자는 자기 몸에 관한 결정이 이토록 빠른 시간 내에 무뚝뚝하게 내려지는 데서 불편함을 느낀다. 의료인은 환자에게 온전히 집중할 시간을 빼앗기고 기계적으로 반응할 수밖에 없는 환경에서 좌절을 겪는다. 더 많은 제도로 복잡해지고 있는 현대의 의료 환경은 온갖 알고리즘과 지침으로 뒤덮여 막상 두 '사람'이 자유롭게 만날 공간은 점점 사라진다.

급변하는 의료 환경 속에서 조금이라도 숨통이 트이려면 어찌해야 하는가? 억지로라도 한 걸음 늦게 떼는 것이다. 상당한 노력을 들여 현대의 가속에 저항하는 것이다. 하지만 그 저항이 무위無爲여서는 안 된다. 속도를 늦추는 것 또한 환자와 의료인을 위한 '어떤 행동'이어야 한다.

나는 의료윤리를 통해 그런 일이 가능하다고 믿는다. 환자와 의료인 각자의 필요에 민감하게 반응하고, 질환으로 인해 몸과 마음이, 삶과 생활이 깨진 이들을 다시 하나로 불러 모으는 일을, '의료윤리'를 생각함으로써 해낼 수 있으리라 믿는다. 이를 위해선 무엇보다 먼저 감속의 의료가 필요한 것이고 그 감속의 방법을 서사윤리학에서 찾을 수 있다고 생각한다.

그런데 이 감속이라는 방법이 비단 의료윤리학자만을 위한 것은 아니다. 환자 또한, 자신이 질환을 겪으며 경험한 상황을 이해하고 정리하며, 다음 단계로 나아가고자 할 때 이 방법을 활용할 수 있다. 오랫동안 권위주의적이고 가부장적으로 운영돼온 한국의 의료계와 관련 정부 부처가 답을 주는 데 익숙한 우리의 의료 풍경에서 벗어나 환자 스스로 답을 찾으려면 제대로 고민해봐야 한다. 그러한 성찰은 '안아키' 식의 현대 의료 거부 운동이나 최근에도 종종 확인되는 전문직 멸시의 관점으론 결코 달성될 수 없다. 두말할 나위 없이 환자에겐 의학이, 의료인이 필요하다.

의료인도 마찬가지다. '3분 진료'의 속도와 삭막함에 지친 의료인은 환자를 차분히 '볼' 시간도 여유도 갖지 못한다. 그저 어떻게든 자기 분야 전문가로 살아남기 위해 그동안 쌓은 모든 지식과 쏟아부은 모든 노력을, 재빨리 결정하고 향후 문제 발생 소지가 없도록 만드는 데 투여해야 하는 한국의 의료인은 불행하다. 이런 형국에서 벗어나려면, 환자에게 그렇듯 의료인에게도 상황을 제대로 볼 수 있는 관점과 기술이 필요하다. 달리 말해, 의료인에게도 환자가 필요하다.

'질환'으로 만난 서로가 좀 더 행복해지기 위해 그 둘에게 필요한 것은 서로를 제대로 만나고 싶어 하는 마음과 그 방법이다. 그러려면 서로를 좀 더 알아야 한다. 상대방이 고민하고 괴로워하는 이유를 좀 더 구체적으로 파악할 수 있어야 한다. 이 책에 담은 다양한 이야기가 그 방법을 찾는 데 도움을 주기를 바란다. 이를 통해 우리가 서로를 보듬어 안는 의료윤리로, 의료로 나아가길 바란다.

이 책은 끝이 아니라 시작이다. 더 많은 읽기와 쓰기를 부르는, 그리하여 우리가 서로를 좀 더 긴밀하게 만나기 위한 시작이다. 그러면서 우리의 이 결함 많은 의료는 조금씩 바뀌어갈 것이다. 약자를 위한 의료로, 병을 끌어안는 의료로, 의료인의 괴로움을 보듬는 의료료, 사회와 환자가 힘을 얻는 의료로. 이 책에서 거듭 이야기한 '윤리'는 바로 그 꿈을 위한 것이다.

미주

1장 연명의료 중단과 안락사

1. Geddes LA, "The history of artificial respiration", *IEEE Eng Med Biol Mag*, 2007;26(6):38-41.
2. 노르베르트 엘리아스 지음, 김수정 옮김,《죽어가는 자의 고독》, 문학동네, 2012.
3. 〈[팩트체크] '차별금지법 반대' 보수 기독교계의 핵심주장 7가지〉,《한겨레》, 2020.10.1. Retrieved from: http://www.hani.co.kr/arti/society/society_general/964194.html.
4. Kodish E, "Paediatric ethics: a repudiation of the Groningen protocol", *The Lancet*, 2008, 371(9616):892-893.
5. 유영규·임주형·이성원·신융아·이혜리 지음,《간병살인, 154인의 고백》, 루아크, 2018.
6. 정영수,〈더 인간적인 말〉,《2018 제9회 젊은작가상 수상작품집》, 문학동네, 2018.
7. 최지연·장승경·김정아·이일학,〈연명의료결정법과 의료기관윤리위원회: 현황, 경험과 문제점〉22(3):209-233,《한국의료윤리학회지》, 2019.
8. 〈[특집] '죽음의 미래'―③의학은 돌봄을 가르치지 않았다〉,《시사IN》, 2020.11.18. Retrieved from: https://www.sisain.co.kr/news/articleView.html?idxno=43175.
9. 호스피스·완화의료 및 임종과정에 있는 환자의 연명의료결정에 관한 법률 제1장 제1조.
10. Nordenfelt L, *On the Nature of Health: An Action-Theoretic Approach*, 2nd ed., Dordrecht: Springer Science+Business Media, 1995, p. 89.
11. 이승묵,〈의학적 의사결정에서 환자의 결정과 가족의 결정〉,《한국의료윤리학회지》, 2009;12(4):323-334.
12. 최경석,〈호스피스·완화의료 및 연명의료결정에 관한 법률의 쟁점과 향후 과제〉,《한국의료윤리학회지》, 2016.
13. 표도르 미하일로비치 도스또예프스끼, 홍대화 옮김,《죄와 벌》, 열린책들, 2009.

2장 낙태죄가 사라진 빈자리에서

1 "낙태죄 폐지 앞두고 의료계 '선별적 낙태 거부에 나서겠다'", 연합뉴스, 2020.12.28.
2 전효숙·서홍관, 〈해방 이후 우리나라 낙태의 실태와 과제〉, 《의사학》, 2003; 12(2):129-143.
3 "낙태죄는 국가주의가 씌운 형벌이다", 프레시안, 2018.3.4.
4 박형민, 《낙태의 실태와 대책에 관한 연구》, 한국형사정책연구원, 2011.
5 인구정책50년사 편찬위원회, 《(한국 인구정책 50년) 출산억제에서 출산장려로》, 보건복지부, 2016.
6 앞의 책.
7 DiMoia JP, *Reconstructing Bodies: Biomedicine, Health, and Nation-Building in South Korea Since 1945*, Stanford: Stanford University Press, 2013.
8 김진영, 《상처로 숨 쉬는 법: 철학자 김진영의 아도르노 강의》, 한겨레출판, 2021.
9 모자보건법 제14조(인공임신중절수술의 허용한계).
10 Thomson JJ, *A Defense of Abortion*, Philosophy & Public Affairs, 1971;1(1):47-66.
11 김준혁, 《아픔은 치료했지만 흉터는 남았습니다》, 계단, 2021.
12 "일본에 66년생 말띠가 적은 까닭", 〈중앙SUNDAY〉, 2012.8.5.
13 김명중, 〈인구감소시대에 진입한 일본의 저출산 현황과 대책〉, 《국제노동브리프》, 2006;4(1):70-79.
14 인구정책50년사 편찬위원회, 《(한국 인구정책 50년) 출산억제에서 출산장려로》, 보건복지부, 2016.
15 "목표는 망하는 것… 소신진료의 끝을 보여주겠다", 〈메디컬타임즈〉, 2013.7.11.
16 "'불법 낙태 처벌' 논란 점화", 〈한겨레〉, 2010.2.3.
17 손명세, 〈전국 인공임신중절 변동 실태조사〉, 보건복지부, 2011.10.
18 "'불법낙태' 은근슬쩍 다시 는다", 〈조선일보〉, 2010.5.18.
19 김새롬 외, 〈선택을 넘어 권리로, 권리를 넘어 정의로: 임신중지와 재생산 정의〉, 시민건강연구소, 2019.
20 김새롬 외, 〈선택을 넘어 권리로, 권리를 넘어 정의로: 임신중지와 재생산 정의〉, 시민건강연구소, 2019.

21 전윤정, 〈성·재생산권으로써 낙태권리를 위하여: 낙태제도 변동의 쟁점과 방향〉,《페미니즘연구》, 2020;20(1):3-36.

22 신옥주, 〈낙태죄 헌법불합치 결정의 의미와 합헌적 법제정비 방향〉,《젠더리뷰》, 2019; 53:26-41.

23 "2021년 1월 1일 1시 낙태죄 사망, '큰 기회가 왔다'", 오마이뉴스, 2020.12.28.

24 미셸 푸코,《안전, 영토, 인구》, 오트르망·심세광·전혜리·조성은 옮김, 난장, 2011.

25 인구정책50년사 편찬위원회,《(한국 인구정책 50년) 출산억제에서 출산장려로》, 보건복지부, 2016.

26 백영경 외,《배틀그라운드: 낙태죄를 둘러싼 성과 재생산의 정치》, 후마니타스, 2018.

27 "신비롭지 않은 임신을 위하여", 〈한겨레〉, 2020.12.11.

28 Bearak J, Popinchalk A, Ganatra B, Moller AB, Tunçalp Ö, Beavin C, et al., "Unintened pregnancy and abortion by income, region, and the legal status of abortion: estimates from a comprehensive model for 1990-2019", *Lancet Global Health*, 2020;8(9):e1152-e1161.

29 Ganatra B, Gerdts C, Rossier C, Johhnson Jr BR, Tunçalp Ö, Assifi A, et al., "Global, regional, and subregional classification of abortions by safety, 2010-2014: estimates from a Bayesian hierarchical model", *The Lancet*, 2017;390(10110):2372-2381.

30 Say L, Chou D, Gemmill A, Tunçalp Ö, Moller AB, Daniels J, et al., "Global causes of maternal death: a WHO systematic analysis", *Lancet Global Health*, 2014;2(6):e323-e333.

31 Epner JE, Jonas HS, Secklinger DL, "Late-term Abortion", *JAMA*, 1998;280:724-729.

32 Major B, Appelbaum M, Beckman L, Dutton MA, Russo NF, West C, "Abortion and Mental Health: Evaluating the Evidence", *American Psychologist*, 2009;64(9):863-890.

33 최예훈, 〈[미프진 특집] 미페프리스톤 가이드(2): 약을 이용한 임신중지 가이드라인〉, 셰어, 2020.5.30.

34 WHO, Medical Management of Abortion, 2018.

35 Analysis of Medication Abortion Risk and the FDA report "Mifepristone U.S. Post-Marketing Adverse Events Summary through 12/31/2018", ANSIRH, 2019.4.

36 Costeloe KL, Hennessy EM, Haider S, Stacey F, Marlow N, Draper ES, "Short term outcomes after extreme preterm birth in England: comparison of two birth cohorts in 1995 and

2006"(the EPICure studies), *BMJ*, 2012;345:e7976.

37 Johnson HM, "Unspeakable Conversations", *The New York Times Magazine*, 2003.2.16.
38 이삼식, 〈저출산·고령화 대책의 현황과 정책과제〉, 《보건복지포럼》, 2016.1.
39 김정혜, 〈임신중단권 보장을 위한 법·정책 방향〉, 《젠더리뷰》. 2019;53:42-52.
40 이현석, 〈다른 세계에서도〉, 《2020 제11회 젊은작가상 수상작품집》. 문학동네, 2020.

3장 치매와 돌봄의 윤리

1 천선영, 〈노망과 치매사이〉, 《한국사회학회 사회학대회 논문집》, 2001:507-531.
2 이동우·성수정, 〈대한민국 국가치매관리종합계획: 1차에서 3차까지〉, 《대한의사협회지》, 2018;61(5):298-303.
3 유재언, 〈치매관리정책의 현황과 향후 과제〉, 《보건복지포럼》, 2019;6-18.
4 권중돈, 〈노인 인권과 사회복지실천〉, 《한국노인복지학회 학술대회 자료집》, 2016;6(2):5-22.
5 현외성, 〈한국 노인복지법의 형성과 변천과정〉, 《노인복지연구》, 2001;14:67-99.
6 최영희·이영희, 〈노인들의 장수에 대한 관념〉, 《대한간호학회지》, 1993;23(4):649-663.
7 한숙원, 〈우리나라 치매노인 복지에 관한 고찰〉, 《노인간호학회지》, 1999;1(1):97-106.
8 〈공적노인요양보장체계 개발연구〉(요약본), 공적노인요양보장추진기획단 정책 보고서, 2004.6.
9 조기현, 《아빠의 아빠가 됐다: 가난의 경로를 탐색하는 청년 보호자 9년의 기록》, 이매진, 2019.
10 이민경·정덕유, 〈치매두려움에 대한 개념분석〉, 《지역사회간호학회지》, 2018;29(2):206-219.
11 톰 비첨·제임스 칠드리스, 박찬구 외 공역, 《생명의료윤리의 원칙들》, 제6판, 부크크, 2017.
12 Tauber AI, "Sick Autonomy", *Perspect Biol Med*, 2003;46(4):484-495.
13 박인환, 〈고령인지장애인의 인권보호와 성년후견〉, 《저스티스》, 2015;146(1):5-44.
14 박인환, 〈UN장애인권리협약과 성년후견 패러다임의 전환: 의사결정대행에서 의사결

정지원으로〉,《가족법연구》, 2014;28(3):171-220.
15 Committee on the Rights of Persons with Disabilities, "Concluding observations on the initial report of the Republic of Korea", Oct 29, 2014.
16 Convention on the Rights of Persons with Disabilities, *Treaty Series*, *United Nations*. 2006:2515:3.
17 제철웅·김효정·박인환, 〈치매국가책임제와 의사결정지원제도〉,《의생명과학과 법》, 2019;21:81-107.
18 하정화·이창숙, 〈치매·인지 기능 저하에 따른 사전 돌봄 계획(Advance Care Planning)의 필요성과 실천 과제〉,《보건사회연구》, 2019;39(3):41-72.
19 박완서,《해산바가지》, 문학동네, 1999.
20 윤이재,《아흔 살 슈퍼우먼을 지키는 중입니다》, 다다서재, 2020.

4장 감염병과 윤리

1 Zheng S, "Face masks and coronavirus: how culture affects your decision to wear one", *South China Morning Post*, Mar 14, 2020.
2 정창권,《근대 장애인사》, 사우, 2019.
3 주윤정,《보이지 않은 역사: 한국 시각장애인들의 저항과 연대》, 들녘, 2020.
4 서기재, 〈한센병을 둘러싼 제국의학의 근대사: 일본어 미디어를 통해 본 대중관리 전략〉,《의사학》, 2017;26(3):417-453.
5 정근식, 〈한국에서의 근대적 癩 구료의 형성〉,《보건과 사회과학》, 1997;1(1):1-30.
6 김재형, 〈식민지기 한센병 환자를 둘러싼 죽음과 생존〉,《의사학》, 2019;28(2):469-508.
7 김학균, 〈당신들의 천국에 나타난 한센병의 은유 고찰〉,《한국현대문학연구》, 2011;35: 405-430.
8 김재형, 〈한센병 치료제의 발전과 한센인 강제격리정책의 변화〉,《의료사회사연구》, 2019; 3:5-40.
9 김재형, 〈부랑나환자 문제를 둘러싼 조선총독부와 조선사회의 경쟁과 협력〉,《민주주의

와 인권》, 2019;19(1):123-164.

10 김원중, 〈한센병 강제격리 정책의 전환 요인: 코크레인 보고서를 중심으로〉,《아세아연구》, 2020;63(1):159-190.

11 정충실, 〈1970, 1980년대 한국영화에서 한센병 재현〉,《인문연구》, 2018;83(1):209-240.

12 국가인권위원회, 〈고령화 측면에서 본 한센인 인권상황 실태조사 결과보고서〉, 국가인권위원회, 2019.

13 서보경·권미란·나영정·손문수·이인규, 〈한국의 HIV 낙인과 장기 요양 위기〉,《비판사회정책》, 2020;67:71-111.

14 박윤재, 〈방역에서 강제와 협조의 조화?: 식민지 시기를 중심으로〉,《역사비평》, 2020; 168-188.

15 마쓰모토 다케노리·정승진, 〈호남 지역의 위생·의료문제: 일제 '위생규율'의 식민지 지역사회에 대한 침투와 한계〉,《의사학》, 2018;27(3):357-396.

16 "일제 강점기 조선인 생활수준의 진실은?", 프레시안, 2011.7.8.

17 Hazel JW, Clayton EW, "Law Enforcement and Genetic Data", The Hastings Center. Jan 21, 2021. Available from: https://www.thehastingscenter.org/briefingbook/law-enforcement-and-genetic-data/.

18 [2108443] 병원체자원의 수집·관리 및 활용 촉진에 관한 법률 일부개정법률안(변재일의원 등 13인), 의안정보시스템, 2021.3.2. Available from: http://likms.assembly.go.kr/bill/billDetail.do?billId=PRC_H2S1R0W2E0M5H1T0Q4U5C3F5D8U2V7.

19 Daniels N, "Accountability for reasonableness: Establishing a fair process for priority setting is easier than agreeing on principles", BMJ, 2000;321(7272):1300-1301.

20 신규환, 〈제1·2차 만주 폐페스트의 유행과 일제의 방역행정(1910-1921)〉,《의사학》, 2012; 21(3):449-476.

21 김택중, 〈1918년 독감과 조선총독부 방역정책〉,《인문논총》, 2017;74(1):163-214.

22 "대법원, '안아키' 운영 한의사 징역형 최종 확정", 청년의사, 2019.5.30.

23 이반 일리치, 박홍규 옮김,《병원이 병을 만든다》, 미토. 2004.

24 김종현, 〈안티백신운동의 최근 동향 및 대처〉,《소아감염》, 2007;14(1):37-42.

25 "'코로나 백신에 위치 추적 칩이…?' 백신 가짜 뉴스 4가지", JTBC 뉴스, 2020.12.3.

26 Kupferschmidt K, Vogel G, "A rare clotting disorder may cloud the world's hopes for AstraZeneca's COVID-19 vaccine", Science, 2021.3.27.

27 Greinacher A, Thiele T, Warkentin TE, Weisser K, Kyrle PA, Eichinger S, "Thrombotic Trombocytopenia after ChAdOx1 nCov-19 Vaccination", NEJM, 2020, doi: 10.1056/NEJMoa2104840.

28 "독일 '아스트라제네카 백신, 당분간 60살 이상에만 접종'", 〈한겨레〉, 2021.3.31.

29 WebMD, "FAQ: What to know about the J&J vaccine pause", 2021.4.13.

30 "코로나19 예방접종대응추진단 접종기획팀. 일부 보류되었던 아스트라제네카 백신 접종 내일(4월 12일)부터 다시 시작", 질병관리청, 2021.4.11. https://www.korea.kr/news/pressReleaseView.do?newsId=156445793.

31 "MHRA issues new advice, concluding a possible link between COVID-19 Vaccine AstraZeneca and extremely rare, unlikely to occur blood clots", Medicines and Healthcare products Regulatory Agency, 2021.4.7. https://www.gov.uk/government/news/mhra-issues-new-advice-concluding-a-possible-link-between-covid-19-vaccine-astrazeneca-and-extremely-rare-unlikely-to-occur-blood-clots.

32 "Winton Centre for Risk and Evidence Communication. Communicating the potential benefits and harms of the Astra-Zeneca COVID-19 vaccine", University of Cambridge. 2021.4.7. https://wintoncentre.maths.cam.ac.uk/news/communicating-potential-benefits-and-harms-astra-zeneca-covid-19-vaccine/.

33 "AstraZeneca vaccine: How do you weigh up the risks and benefits?", BBC News, 2021.4.8.

34 Schroeder A, "Vaccine hesitancy: How behavioural sciences can help us understand this phenomenon", London School of Economics and Political Science Blog. 2021.3.22. https://blogs.lse.ac.uk/psychologylse/2021/03/22/vaccine-hesitancy-how-behavioural-sciences-can-help-us-understand-this-phenomenon/.

35 강준만, 《감정독재》, 인물과사상사, 2014.

36 코로나19 예방접종대응추진단, "요양병원·시설 발생비율 9.7%→2%… 백신접종 효과", 대한민국 정책브리핑, 2021.4.9.

37 "West and Central Africa expands access to HIV treatment, but falls short of targets", WHO Regional Office for Africa, 2019.12.3.

38 HIV/AIDS, WHO Regional Office for Africa, 2021, https://www.afro.who.int/health-topics/hivaids.

39 "More than 814 million shots given: Covid-19 tracker", Bloomberg, 2021.4.14. (최종 접속 2021.4.15.) https://www.bloomberg.com/graphics/covid-vaccine-tracker-global-distribution/#global.

40 "WHO Concept for fair access and equitable allocation of COVID-19 health products", WHO, 2020.9.9.

41 Emanuel EJ, Persad G, Kern A, Buchanan A, Fabre C, Halliday D, et al., "An ethical framework for global vaccine allocation", Science, 2020, doi: 10.1126/science.abe2803.

42 Schmidt H, Pathak P, Sönmez T, Utku Ünver M, "Covid-19: how to prioritize worse-off populations in allocating safe and effective vaccines", BMJ, 2020;371:m3795, doi: 10.1136/bmj.m3795.

43 Lopez III L, Hart III LH, Katz MH, "Racial and ethnic health disparities related to Covid-19", JAMA, 2021;325(8):719-720. doi: 10.1001/jama.2020.26443.

44 National Academies of Sciences, Engineering, and Medicine, *Framework for Equitable Allocation of COVID-19 Vaccine*, 2020.

45 Adhikari B, Jayasundere R, Islam N, Nag D, Rashid F, "Vaccine rollout in South Asia: a good start but a long way to go", Devpolicy Blog, 2021.3.19.

46 "Coronavirus: WHO chief criticises 'shocking' global vaccine divide", BBC, 2021.4.10.

47 "Without access to vaccines, COVID will continue widening inequality everywhere", UN News, 2021.4.9.

5장 유전자조작의 실현

1 김중호·구영모·구인회·이경상·홍석영, 〈'생명윤리및안전에관한법률'에 대한 비판적 분석〉, 《한국의료윤리학회지》, 2005;8(1):21-33.

2 이영희, 〈황우석 사태는 얼마나 한국적인가?: 황우석 사태의 보편성과 특수성 읽기〉, 《과학기술학연구》, 2007;7(2):23-46.

3   김철중, 〈황우석 파동 전말과 교훈〉, 《대한병원협회지》, 2006;35(2):125-129.
4   김병수, 〈황우석 사태 이후의 배아줄기세포 연구〉, 《사회과학연구》, 2014;26(2):235-251.
5   서울대학교 조사위원회, 〈황우석 교수 연구의혹 관련 조사결과 보고서〉, 서울대학교; 2006.
6   이재목·이정현, 〈생명의학연구에서의 기관생명윤리심의위원회(IRBs)의 기능과 역할: 황우석 연구윤리 사건을 계기로〉, 《인권과정의》, 2006;361:109-129.
7   김환석, 〈황우석 사태의 원인과 사회적 의미〉, 《경제와사회》, 2006;71:237-255.
8   Tachibana M, Amato P, Sparman M, Gutierrez NM, Tippner-Hedges R, Ma H, et al., "Human Embryonic Stem Cells Derived by Somatic Cell Nuclear Transfer", Cell, 2013;153(6):1228-1238.
9   김현철, 〈'생명윤리 및 안전에 관한 법률'의 역사와 쟁점〉, 《과학과기술》, 2018;2:11-15.
10 하대청, 〈사전주의의 원칙은 비과학적인가?: 위험 분석과의 논쟁을 통해 본 사전주의 원칙의 '합리성'〉, 《과학기술학연구》, 2010;10(2):143-174.
11 이상헌, 〈신생기술들에 대한 사전예방원칙 적용의 윤리적 근거 연구: 생명과 환경에 대한 위험 이해를 중심으로〉, 《생명연구》, 2015;35:177-214.
12 김은주, 〈리스크 규제에 있어 사전예방의 원칙이 가지는 법적 의미〉, 《행정법연구》, 2008; 20:67-89.
13 이상헌, 〈신생기술들에 대한 사전예방원칙 적용의 윤리적 근거 연구: 생명과 환경에 대한 위험 이해를 중심으로〉, 《생명연구》, 2015;35:177-214.
14 참여연대 시민과학센터, 〈외국운동단체소개 ⑧과학과 환경보건 네트워크(SEHN)〉, 《시민과학》, 2000;14:39-40.
15 하대청, 〈사전주의의 원칙은 비과학적인가?: 위험 분석과의 논쟁을 통해 본 사전주의 원칙의 '합리성'〉, 《과학기술학연구》, 2010;10(2):143-174.
16 김은성, 〈사전예방원칙의 정책타당성 분석 및 제도화 방안: 유전자변형생물체, 광우병, 테러를 중심으로〉, 한국행정연구원, 2010.
17 클라이브 폰팅. 이진아·김정민 옮김, 《클라이브 폰팅의 녹색 세계사》, 민음사, 2019.
18 김두얼, 〈비용편익분석 입문: 기초원리와 사례〉, 한국법제연구원, 2017.
19 하대청, 〈사전주의의 원칙은 비과학적인가?: 위험 분석과의 논쟁을 통해 본 사전주의 원칙의 '합리성'〉, 《과학기술학연구》, 2010;10(2):143-174.

20 〈'유전자 드라이브' 부작용 없는 새 유전자 편집 기술 나왔다〉,《동아사이언스》, 2021.6.3.
21 Sunstein CR, *Laws of Fear: Beyond the Precautionary Principle*, Cambridge University Press, 2005.
22 Gardiner SM, "A Core Precautionary Principle", *J Polit Philos*, 2006;14(1):33-60.
23 Koplin JJ, Gyngell C, Savulescu J, "Germline gene editing and the precautionary principle", Bioethics, 2020;34:49-59.
24 Schaefer GO, "What is the sufficientarian precautionary principle?", *Bioethics*, 2019;33:1083-1084.
25 Ledford H, "CRISPR treatment inserted directly into the body for first time", *Nature*, 2020.3.5.
26 필립 K 딕, 박중서 옮김,《안드로이드는 전기양의 꿈을 꾸는가》, 폴라북스(현대문학), 2013.
27 김쥰희·한의진·김예영, 〈생명자원으로서의 합성생물학에 대한 고찰과 전망〉,《생명자원연구》, 2017;25:63-74.
28 김환석·김숙진·김은주 외,《21세기 사상의 최전선: 전 지구적 공존을 위한 사유의 대전환》, 이성과감성, 2020.

6장 보건의료에서 정의 말하기

1 "'인공혈관 수가 낮다'며 '고어' 철수… 3살 민규의 위태로운 생명", 〈한겨레〉. 2019.3.7.
2 Gorman L, "The History of Health Care Costs and Health Insurance", Wisconsin Policy Research Institute, 2006.
3 Gorman L, "The History of Health Care Costs and Health Insurance", Wisconsin Policy Research Institute, 2006.
4 Webster C, *The National Health Service: A Political History 2nd Edition*, Oxford: Oxford University Press, 2002.
5 강명세, 〈한국 복지국가의 기원: 의료보험제도의 기원과 변화〉,《사회과학연구》, 2006; 14(1): 1-28.
6 황병주, 〈1970년대 의료보험 정책의 변화와 복지담론〉,《의사학》, 2011;20(2):425-462.

7   "'인공혈관 공급중단' 제조사 탐욕탓? 복지부 졸속행정이 원인이다", 뉴스톱, 2019.3.15.

8   "의대협이 인공혈관 공급 중단 성명 철회한 이유", 청년의사, 2019.3.20.

9   "장기이식 대기자 3만8천977명… 기증자는 매년 감소", 연합뉴스, 2019.10.1.

10 "장기이식 대기자 3만8천977명… 기증자는 매년 감소", 연합뉴스, 2019.10.1.

11 김명수, "간장 응급도 기준 개선방안 연구: 한국형 멜드시스템의 학술적 배경", *J Korean Soc Transplant*, 2016;30:51-58, doi: 10.4285/jkstn.2016.30.2.51.

12 홍성완, 〈담뱃값 인상에 따른 담배소비세 변동 분석〉, 《지방세포럼》, 2015;21:48-58.

13 앞의 글.

14 "국민 70% '술·탄산음료 제조기업에 건강세 부과해야'", 〈한겨레〉, 2018.6.21.

15 "2018회계연도 국민건강증진기금 결산보고서", 보건복지부, 2019.9.20, http://www.mohw.go.kr/react/modules/viewHtmlConv.jsp?BOARD_ID=3700&CONT_SEQ=293430&FILE_SEQ=266002.

16 Valles SA, *Philosophy of Population Health*, New York: Routledge, 2018.

17 Segall S, *Health, Luck, and Justice*, Princeton: Princeton University Press, 2010.

18 윌 킴리카. 장동진·장휘·우정열·백성욱 옮김, 《현대 정치철학의 이해》, 동명사, 2018.

19 조성일 외, "청년 흡연행태 심층조사", 질병관리본부, 2017, https://library.nih.go.kr/ncmiklib/archive/report/reportView.do?upd_yn=Y&rep_id=REPORT_0000000008065.

7장 의료 정보는 어디까지 지켜야 할까

1   반덕진, 〈의사의 직업전문성과 「히포크라테스 선서」〉, 《의철학연구》, 2011;12:73-93.

2   Thompson IE, *The nature of confidentiality*, J Med Ethics, 1979;5:57-64.

3   "서울대병원 의료진, 진료기록 무단 열람… 처벌 수위는?", KBS 뉴스, 2018.11.9.

4   "유명 디자이너 앙드레김 사망", 〈경향신문〉, 2010.8.12.

5   "서울대병원, 노 前 대통령 진료기록 유출자 색출 나서", 머니투데이, 2011.5.4.

6   "고 백남기 농민 사망진단서 '병사'→'외인사'로 수정", 〈한겨레〉, 2017.6.15.

7   "'백남기 농민 의료기록 열람' 서울대 의료진 대거 형사처벌", 뉴시스, 2018.11.8.
8   "김종대 '이국종 교수 직접 만나 사과하겠다…불철주야 헌신에 감사'", 〈경향신문〉, 2017. 11.23.
9   "'4000모 이식한거 맞아?'…모발 이식 사진은 의료기록인가, 아닌가", 〈경향비즈〉, 2021.7.13.
10 "'귀순병 인권 침해' 비난 반박한 이국종 '깊은 자괴감'", 〈중앙일보〉, 2017.11.22.
11 "[디지털 낙인 NO!] 코로나19로 인한 디지털 낙인… '확진자 마음 병든다'", 〈조선일보〉, 2020.3.10.
12 World Values Survey, "Findings and Insights", World Values Survey [Internet], Undated.
13 어슐러 르 귄, 최용준 옮김, 《바람의 열두 방향》, 시공사, 2014.
14 마이클 샌델, 김명철 옮김, 《정의란 무엇인가》, 와이즈베리, 2014.
15 McGlynn C, Rackley E, Houghton R, "Beyond 'Revenge Porn': The Continuum of Image-Based Sexual Abuse", Fem Leg Stud, 2017;25:25-46.
16 "[보도자료] 디지털 성범죄(몰래 카메라 등) 피해 방지 종합대책", 국무조정실[전자매체]. 2017.9.26, Retrieved from: http://www.opm.go.kr/opm/news/press-release.do?mode=view&articleNo=86318&srYear=2017&article.offset=10&articleLimit=10&srMonth=09.
17 BRIC, "[바이오토픽] Big Brother: 범죄 해결 외해 7천만 명 남성의 DNA를 수집 중인 중국", 2020.7.8.
18 Islam N, Sharp SJ, Chowell G, et al., "Physical distancing interventions and incidence of coronavirus disease 2019: natural experiment in 149 countries", *BMJ*, 2020; 370:m2743, doi: 10.1136/bmj.m2743.
19 "COVID-19 and the call for solidarity: challenges for informal settlements", Mail & Guardian, 2020.4.12., https://mg.co.za/article/2020-04-12-covid-19-and-the-call-for-solidarity-challenges-for-informal-settlements/.
20 "Coronavirus: we are at war-Macron", BBC News, 2020.3.16., https://www.bbc.co.uk/news/av/51917380/.
21 Goulder AW, "The Norm of Reciprocity: A Preliminary Statement", *Amer Soc Rev*, 1960;25(2):161-178.

22 미셸 배들리, 노승영 옮김, 《행동경제학》, 교유서가, 2020.
23 Prainsack B, Buyx A, "Thinking ethical and regulatory frameworks in medicine from the perspective of solidarity on both sides of the Atlantic", *Theor Med Bioeth*, 2016;37:489-501.

8장 환자와 의료인이 만나다

1 "한약분쟁의 해결사 'S 전 장관'", 〈의학신문〉, 2015.8.17.
2 "[창간특집] 통일된 목소리 못 낸 의사들, 똘똘 뭉친 약사들에 패하다", 〈의학신문〉, 2020.5.19.
3 "의약분업 정책 소개", 보건복지부 약무정책과, 2018년 1월 26일, https://www.mohw.go.kr/react/policy/index.jsp?PAR_MENU_ID=06&MENU_ID=06290401&PAGE=1&topTitle=/
4 김동숙·이다희, 〈OECD 통계로 본 한국 의약품 사용 현황〉, 《정책동향》, 2018;12(4):33-44.
5 "의약분업, 재난인가 은총인가", 청년의사, 2000.11.30.
6 "정부 '불신' 배경은 처절한 의약분업 투쟁 학습효과", 메디칼타임즈, 2020.9.2.
7 DiMoia JP, *Reconstructing Bodies: Biomedicine, Health, and Nation-Building in South Korea Since 1945*, Stanford University Press, 2013.
8 "한국 결핵 발생률·사망률, 여전히 OECD 1위", 청년의사, 2019.10.17.
9 "잠복기간 최대 14일… 치사율, 메르스-사스보다는 낮은 수준", 〈동아일보〉, 2020.1.29.
10 "의대 정원 2022년부터 400명 증원… 10년간 4000명 양성", 메디칼옵저버. 2020.7.23.
11 "국회, 공공의대 설립 등 의사 증원법 심사 '개시'", 의협신문, 2020.7.15.
12 "의사협회는 왜 의대정원 확대에 반대할까", 노컷뉴스, 2020.7.24.
13 "의대 정원 갈등 다시 수면 위로 부상", 메디칼옵저버, 2021.8.9.
14 "의협 'AZ 잔여백신 30~40대 접종 재허용에 심각한 우려'", 연합뉴스, 2021.8.17.
15 안덕선, "의사파업도 법으로 보장된 국민 기본권", 의료정책포럼, 2019;17(2):5-7.
16 김훈, 〈화장〉, 《2004년 제28회 이상문학상 수상 작품집》, 문학사상, 2004.
17 장피에르 보, 김현경 옮김, 《도둑맞은 손》, 이음, 2019.

18 에베소서 1:22-23.
19 밀턴 프리드먼, 심준보·변동열 함께 옮김,《자본주의와 자유》, 청어람미디어, 2007.
20 토머스 헤이거, 양병찬 옮김,《텐 드럭스》, 동아시아, 2020.
21 "[단독] '가습기살균제' 원료 유해성, SK케미칼은 알고 있었다", 〈경향신문〉, 2020.5.13.
22 이주연, 〈의료법 개정을 통해서 본 국가의 의료통제〉,《의사학》, 2010;19(2):385-432.
23 몰리에르, 정연복 옮김,《상상병 환자》, 창비, 2017.
24 앨버트 존슨, 이재담 옮김,《의료윤리의 역사》, 로도스, 2014.

아픈 자 돌보는 자 치료하는 자
모두를 위한 의료윤리

1판 1쇄 발행일 2021년 10월 18일
1판 3쇄 발행일 2024년 3월 18일

지은이 김준혁

발행인 김학원
발행처 (주)휴머니스트출판그룹
출판등록 제313-2007-000007호(2007년 1월 5일)
주소 (03991) 서울시 마포구 동교로23길 76(연남동)
전화 02-335-4422 **팩스** 02-334-3427
저자·독자 서비스 humanist@humanistbooks.com
홈페이지 www.humanistbooks.com
유튜브 youtube.com/user/humanistma **포스트** post.naver.com/hmcv
페이스북 facebook.com/hmcv2001 **인스타그램** @humanist_insta

편집주간 황서현 **편집** 이문경 남미은 **디자인** 이수빈
조판 홍영사 **용지** 화인페이퍼 **인쇄** 삼조인쇄 **제본** 해피문화사

ⓒ 김준혁, 2021

ISBN 979-11-6080-722-6 03190

- 이 책은 저작권법에 따라 보호받는 저작물이므로 무단 전재와 무단 복제를 금합니다.
- 이 책의 전부 또는 일부를 이용하려면 반드시 저자와 (주)휴머니스트출판그룹의 동의를 받아야 합니다.